하루 한 권,
그림책 공감 수업

아이의 마음을 여는 주제별 그림책 읽기

하루 한 권,
그림책 공감 수업

예태숙 지음

학교
도서관
저널

추천사

그림책에 미친 교사의
친절한 안내서

이태숙은 미쳤다. 책에 미치고, 그림에 미치고, 나무에 미치고, 식물에 미치고, 건축에 미치고, 도자기에 미치고…… 아니, 무엇보다 아이들에 미쳐 있다. 이태숙은 따뜻하고 깊이 있는 마음의 눈으로 아이들을 살피고 보듬고, 아이들 삶에 깊숙이 관여해 변화시키는 교육에 미친 교사다.

이태숙이 매일 실천하는 그림책 읽어주기 또한 아이들과 아름다운 세계를 함께하고 싶다는 사명감에서 비롯된 것이다. 매일 아침 20분씩 쪼개어 아이들에게 그림책 속에 담긴 아름다운 세상이 물 흐르듯 자연스럽게 스며들길 바라며 읽어주는 그의 모습이 구도자처럼 아른거린다.

그러니 그림책을 1천 권 넘게 모으고 탐독한 끝에 엄선해 만든 이 안내서가 어찌 반갑고 고맙지 않겠는가. 아이들의 수준에 맞게 그림책을 주제별로 정리하고, 시기별로 적용방법까지 안내해 친절하기 그지없다. 어디 그뿐인가. 간과하기 쉬운 그림책의 면지 읽기부터 그림과 색감을 읽어내는 방법, 주제를 파악하는 과정, 읽기 후 하브루타 수업까지… 또 아이들의 마음이 상하지 않도록 조심하고 세심하게 배려하는 마음도 묻어난다.

내가 아는 이태숙은 문학과 철학적 사색의 깊이가 장난 아니다. 그가 읽어낸 책의 양은 상상을 초월한다. 박물관, 미술관 전시를 놓치지 않고 다니고, 배움의 기회만 있으면 어디든 발품을 아끼지 않는 그가 그림책을 읽어내는 혜안은 전문가 이상이다.

그리하여 이 책은 단순한 그림책 안내서 이상의 역할을 해낸다. 삶의 내공과 철학으로 이리 깊이 있게 그림책을 읽어내고 분석한 안내서를 본 적이 없다. 무엇보다 성대가 상할 정도로 1년 내내 아이들에게 그림책을 읽어주며 아이들의 변화과정과 반응을 온몸으로 겪어낸 흔적이 이 책에는 고스란히 묻어나온다.

사람 좋아하고, 사람과 사람 사이를 무장해제하는 술자리를 좋아하는 이태숙과 함께한 시간이 자랑스럽다. 아이들 이야기며, 독서치료 이야기, 그림책 이야기를 할 때면 눈빛이 빛나고 목소리는 달뜨고 시간 가는 줄 모르던 이태숙은 천생 교사다. 교사의 공부나 활동은 단순한 보여주기나 실적 쌓기가 아니라 아이들 삶을 변화시키는 진짜배기여야 한다. 이태숙의 교직생활 30년은 그러한 배움의 본질을 증명한다.

이태숙을 만난 아이들은 행운아다. 그 아이들은 분명 어느 자리에 서건 이 세상의 큰 빛이 되리라 믿어 의심치 않는다. 이 고마운 책을 통해 이태숙의 헌신적인 그림책 교육 철학이 널리 전파되길 바란다.

이영선
인천사리울초등학교 교사

머리말
매일 아이들에게
그림책을 읽어주는 이유

"선생님, 오늘 졸업식이잖아요. 오늘도 그림책 읽어요?"
"에이~ 졸업도 하는데 오늘은 읽지 말아요."
수군거리는 아이들에게 미소를 지으며 한 명 한 명 눈을 바라보았다.
"졸업이니까 그림책을 읽어야죠. 선생님이 읽어주는 마지막 그림책이에요. 왜 이 책을 마지막으로 읽어주고 싶었을까? 여러분에게 해주고 싶은 말이 있기 때문이겠죠? 우리가 헤어지는 날에 읽는 마지막 그림책, 나름 역사적인 책이에요. 꼭 새겨듣길 바랍니다."
교탁 속에 미리 넣어놓았던 책을 슬며시 꺼내 아이들에게 보여주었다. 아이들은 이제 체념했다는 듯 조용히 나를 바라본다. '마지막 책'이라는 미끼가 통했나 보다. 작가와 책에 대해 간단히 소개하고, 책장을 펼쳤다. 그림책에는 면지에도 작가의 의도를 알 수 있는 중요한 실마리가 있다. 면지 그림도 살펴보고, 이리저리 아이들과 추측도 해본 후 책 속으로 들어간다. 두 페이지가 넘어가기도 전에 아이들은 책의 내용에 몰입해 안타까움의 탄성을 토해냈다. 졸업식은 이렇게 시작됐다.

매일 아침 8시 40분. 아이들이 하던 일을 멈추고 내게 집중하는 시간이다. 아니, 내가 아니라 내가 들고 있는 책에 집중하는 시간이다. 나는 교탁 옆에 서서 그림책을 아이들이 잘 볼 수 있게 펼쳐서 보여주며 책을 낭독한다. 그러면 아이들은 책의 주인공이 되어 그림 속으로 빠져든다. 그 모습을 보고 있으면 내가 이 시간을 무척 좋아하고 있음을 느낀다. 5년이 넘도록 매일 그림책 읽어주기를 실천했다. 그 사이 성대는 고장이 나서 삐걱거리지만 책 읽어주기는 현재진행형이며 교단을 떠나는 날까지 계속할 생각이다.

책 읽어주기를 하기 전에는 아침 독서 시간을 운영했다. 교실에 들어오면 교사나 학생들이나 책부터 펼치는 시간이다. 그럼에도 여전히 책을 읽지 않는 아이들이 있어서 안타까웠다. '얼마나 재미있는지 안다면 저러지 않을 텐데….' 어떻게 책을 읽지 않는 아이들도 함께 독서에 빠져들게 할까를 고민하다가 '그냥 책을 읽어주자' 결심했다.

1학기에는 그림책으로 시작해 차츰 글밥이 많은 책으로 읽어줬다. 내용이 긴 책을 다 읽어주지 못하면 결말을 알고 싶어 하는 아이들은 도서관에 가서 책을 찾아 읽기도 했다. 또 한 번 읽기 시작하면 손에서 놓기 어려운 시리즈들도 읽어주곤 했는데, 아이들에게 최고 인기가 많은 '건방이' 시리즈를 읽어주고 며칠 후에 한 아이의 인사는 "선생님 건방이 시리즈 새 책 나왔는데 아세요?"였다. "오늘 가져왔는데…" 하니 그 녀석은 좋아서 입이 쫙 벌어졌다. 시간이 지나 아이들이 "선생님, 이 책 읽어주세요" 하며 책을 가져오는 일도 생겼다. 아이가 가져온 책을 읽어줄 때는 이 책은 누가 가지고 왔는지, 얼마나 유명한 책인지, 작가의 다른 작품은 어떤 게 있는지 등을 좀 과하다 싶을 정도로 장황하게 설명한 다음 읽어준다. 그러면 아이들은 자기가 재미있게 읽었던 책을 가져와 읽어 달라고 성화다.

한 권의 그림책을 읽는 데 걸리는 시간은 보통 15~20분이다. 어떤 책은 읽고 난 뒤에도 신경을 잡아당겨 몇 번이나 더 들춰보게 한다. 뜬금없는 기억을 떠올리게 하고, 내 삶을 돌아보게 하고, 마음을 불편하게 하고, 계속 질문을 던지게 하는 책들을 만나자 '그림책은 아이들이나 보는 책'이라는 선입견이 송두리째 무너졌다. 아이들에게 읽어주다 말고 눈이 시뻘게져 눈물이 뚝뚝 떨어지는 경우가 부지기수였다. 그림책을 읽으며 치유받은 것은 나 자신이었다.

아이들에게 어떤 책을 읽어줘야 교육적 효과가 크고 잔소리하는 횟수를 줄일 수 있을까를 고민했다. 그래서 생각한 것이 '주제별 읽기'였다. 특히 '자존감 높이기'와 '독서 습관'은 늘 학기 초에 읽어주는 주제들이다. 주제별로 책을 읽어주자 잔소리하지 않고 책 속의 이야기만 들려주어도 아이들의 마음이 움직인다는 것을 확인했다. 또 주제별 책 읽기로 아이들은 편협한 사고에서 벗어나 새로운 관점에서 생각하는 법을 배워갔다. 작년 1학기에는 '자존감', '독서 습관', '친구 관계', '가족', '환경', '인권' 등의 주제를 가지고 아이들에게 책을 읽어줬다. '친구 관계'까지가 학기 초에 서로 마음을 다지는 과정이라면, 과학의 날 즈음에는 '환경'을 주제로 책을 읽어주고, 5월 가정의 달에는 '가족'을 주제로 책을 읽어줬다. 현충일, 5·18 광주항쟁일 등 역사적인 날과 연결해 '인권' 그림책을 읽어주기도 했다.

『하루 한 권, 그림책 공감수업』은 5년간 아이들에게 매일 책을 읽어준 기록을 모은 것이다. 내가 담임을 맡은 학급이 고학년이라 여기에 수록된 그림책이 고학년에 맞는 책이라고 판단할 수도 있다. 아이들에게 읽어준 책들은 소장하고 있는 책들 중에 고른 것이라 절대적이라고 할 수 없다. 어디까지나 참고용 목록이라는 점을 먼저 밝힌다. 이 책을 읽고 선생님이나 학부모께서 그림책 읽어주기를 실천하고 싶다면 도서관에 있는 책으로, 학년 수준에 맞는 책으로 목록과 주제를 만들어 읽어주면 된다. 그러면 아이들은 그림책을 비교하며 자신만의 세계를 구축할 것이다. 나의 경험과 아이들의 이야기가 책을 읽어주고 싶다는 마음이 들게 한다면 바랄 것이 없겠다.

앞서 졸업식 날 읽은 책은 『샘과 데이브가 땅을 팠어요』(맥 바넷, 시공주니어)였다. 그림은 단순하고 서사도 많지 않은 책이라 아이들은 표지만 보고 어린애 취급하는 거냐는 표정을 지었다. 샘과 데이브는 어마어마하게 멋진 것을 발견하기 위해 땅을 팠다. 계속 땅을 파다가 바로 옆에 있는 엄청난 크기의 다이아몬드를 발견하기 전에 중단하고 만다. 조금만 더 인내심을 가지고 땅을 팠다면 얻을 수 있는 결실이었다. 하지만 온종일 땅만 파느라 고생한 샘과 데이브는 "정말 어마어마하게 멋졌어"라고 말하며 집으로 돌아간다.

  난 이 책을 읽어주며 아이들에게 꿈을 이루기 위해 최선을 다하기를, 도전을 두려워하지 않기를 바란다는 당부를 전하고 싶었다. 아이들이 포기하고 싶을 때, 계속하기가 정말 힘들 때, 이 책을 기억하고 '조금만 더' 용기 내기를, 결실을 얻지 못하고 실패하더라도 그 경험은 의미 있는 것이라는 메시지가 전달되기를 바랐다.

  내게 주어진 교단생활이 그리 길지 않다. 교단을 떠나기 전에 의미 있는 일을 하고 싶다는 생각을 하다가 그림책 읽어주기를 전파해야겠다고 결심했다. 유난히 더운 폭염의 나날에도 머릿속은 책을 쓰고, 읽는 일로 꽉 차 있었다. 이렇게 책이 나오고 나니 정말 '어마어마하게 멋진 일'이었음을 깨닫는다.

  평생 독자로 살아온 사람이 '책 쓰기'라는 전혀 새로운 일을 시작하려고 했을 때 주변에서 '할 수 있다'라고 응원해주지 않았다면 여기까지 오지 못했을 것이다. 가족의 지지가 없었다면 몇 글자 쓰고 말았을 것이다. 원고를 살펴보고 격려를 해준 조카와 친구들이 없었다면 가능하지 않았을 일이다. 학교도서관저널과 이은진 편집자를 만나지 못했다면 이 책은 세상의 빛을 보지 못했을 것이다. 감사하고 감사하다.

하늘에 계신 부모님께서 보신다면 어떤 말씀을 할지 망연히 올려다본다, 파란 하늘을.

2019년 6월

이태숙

차례

추천사 | 그림책에 미친 교사의 친절한 안내서 　　　　　　　　　5

머리말 | 매일 아이들에게 그림책을 읽어주는 이유 　　　　　　8

1장 자존감 높이기

너는 소중한 사람이야 _『너는 최고의 작품이란다』,『너는 특별하단다』　22
다른 게 정상인 걸 _『내 귀는 짝짝이』　31
나에 관한 중요한 사실은 _『중요한 사실』　40
내 길은 내가 선택한다! _『고슴도치 X』　48
완전한 삶, 완전한 죽음 _『100만 번 산 고양이』　56
생각 너머 생각 | 수업의 핵심은 질문 만들기 _『치킨 마스크』　62

2장 독서 습관 기르기

지식의 맛은 달콤해 _『꿀벌 나무』,『고맙습니다, 선생님』　74
책 읽기의 목적은 변화와 성장이다 _『도서관의 비밀』　82
밥 타는 냄새도 잊게 만든 독서 _『책만 읽고 싶어 하는 아이』　88
함께 읽는 즐거움 _『브루노를 위한 책』　94
누구나 작가가 될 수 있어! _『도서관 생쥐』　100
생각 너머 생각 | 급하게 먹는 밥은 체한다 _『와작와작 꿀꺽 책 먹는 아이』　105

3장 친구가 좋다

사실 나도 관계는 쉽지 않단다 _『친구 사귀기』　　　　　　　　116

나의 상상 친구 _『알도』　　　　　　　　　　　　　　　　　122

한마디의 용기 _『알사탕』　　　　　　　　　　　　　　　　129

선생님, 저를 위해 그렇게 울지 마세요 _『넌 왕따가 아니야!』　135

기다림과 내어줌 _『큰 늑대 작은 늑대』　　　　　　　　　　141

생각 너머 생각 | 성격이 다른 친구는 어때? _『네가 있어 난 행복해!』　148

4장 우리 가족 이야기

가족이라는 그늘 _『우리 가족입니다』　　　　　　　　　　　158

엄마로 산다는 것 _『삐약이 엄마』　　　　　　　　　　　　164

나의 그리운 아버지 _『고릴라』　　　　　　　　　　　　　　170

부모의 이혼을
어떻게 받아들여야 할까 _『아빠는 지금 하인리히 거리에 산다』　177

마음은 천천히 열리는 것 _『기억의 끈』　　　　　　　　　　184

생각 너머 생각 | 어머니의 숭고한 사랑 _『파랑새』　　　　　192

5장 환경, 어떻게 지킬까?

놓아주렴, 샐리 제인 _『미스 럼피우스』, 『강물이 흘러가도록』   202

매일 파란 하늘을 볼 수 있다면 _『탁한 공기, 이제 그만』,   208
　　　　　　　　　　　　　　　_『죽음의 먼지가 내려와요』

인간과 자연은 공존할 수 있을까 _『모아비』   215

그해 검은 바다에서 생긴 일 _『피터의 바다』   223

신념과 끈기로 만든 희망 _『나무를 심은 사람』   228

생각 너머 생각 | 동물원이 꼭 필요할까? _『서로를 보다』   234

6장 인간은 모두 소중하다

천사들의 아버지, 야누슈 코르착 _『천사들의 행진』, 『블루카의 일기』   244

평화는 쉽지 않다 _『잃어버린 아이들』, 『집을 잃어버린 아이』   251

다름을 받아들이는 삶 _『내 동생 버지니아 울프』,   258
　　　　　　　　　　_『누나에겐 혼자만의 세상이 있어』

불편해도 직시해야 할 이야기 _『꽃할머니』   265

자기 안의 부리가 부러진 사람 _『부러진 부리』, 『영이의 비닐우산』   271

생각 너머 생각 | 레이의 인생이 바뀐 계기 _『달려!』   278

7장 그림책이 내게로 오다

청소부의 행복을 나는 안다 _『행복한 청소부』　　　　　　　　　288

긍정과 환희로 가득 찬 삶 _『리디아의 정원』　　　　　　　　　294

왜 이러고 살아야 하지? _『돼지책』　　　　　　　　　　　　　299

얼마나 내 인생을 사랑하는가 _『강아지똥』　　　　　　　　　　306

꼬마가 걸었던 외로운 그 길 _『까마귀 소년』　　　　　　　　　311

생각 너머 생각 | 진솔한 글쓰기로 성장한 어린이 작가들 _ 그림책 만들기 프로젝트　317

부록 | 아이들에게 읽어준 그림책　　　　　　　　　　　　　　324

1장

자존감 높이기

3월,
설레다

'어떤 아이들과 1년을 보내게 될까?' 신학기 새 학급 명단을 받으면 마음이 설렌다. 아이들이 어떻게 생겼는지, 어떤 성격일지, 어떤 꿈을 꾸고 있는지, 어떤 것들을 좋아하는지 궁금해진다.

교실에 들어서면 기대와 설렘으로 눈빛이 반짝반짝 빛나는 아이들을 만난다. 아이들에게 내 소개를 하고, 어떤 활동을 중요하게 여기는지 이야기한다. 그리고 매일 아침 수업 시작하기 전에 그림책을 읽어줄 거라고 말한다.

매일 하는 책 읽어주기에는 목표가 있다. 책을 읽고 주제를 파악하는 과정에서 바른 인성을 기르고, 독서의 즐거움을 알아갔으면 하는 것이다. 그러다 보니 읽어주는 책은 시기에 따라 일정한 주제의 패턴이 자리 잡았다. 새 학기 시작을 여는 주제는 바로 '자존감 높이기'다.

정신과 전문의들은 현대인들이 가장 어려움을 느끼는 문제가 '대인관계'라고 한다. 어른으로 성장해 스스로 잘 대처할 것 같은 이 문제는 평생의 고민거리다. 문제의 원인은 다양하겠지만, 대체적으로는 '애착'과 '자존감'으로 집결된다.

　윤홍균의 『자존감 수업』(심플라이프)에서는 '자존감'을 '자신을 어떻게 평가하는가?'로 정의한다. 자신을 높게 평가하는지, 낮게 평가하는지에 대한 레벨을 의미하는 것이다. 또 자존감을 '자신을 사랑하는 정도'라고도 하는데 이것도 맞는 표현이다. 스스로 쓸모없다고 느끼거나, 감정 조절을 못하거나, 마음 상태가 안정되지 못한 사람은 자존감이 낮은 상태라 자신을 사랑하기 어렵고 다른 사람을 사랑하기도 어렵다. 그래서 자신을 얼마나 사랑하는가는 자존감의 상태를 가늠하는 잣대가 된다.

　이렇게 중요한 자존감을 학교 현장에서 어떻게 높여줄 수 있을까 신학기 각오를 단단히 하고 올라왔을 아이들에게 '너는 얼마나 소중한 존재인지 알고 있니?'라고 질문하는 책들을 읽어주며 자존감을 회복하는 시간을 제일 먼저 갖는다. 상처받은 마음을 위로하고, 긍정적 자아상을 갖도록 이끄는 아름다운 책이 아주 많다. 아이들 수준과 흥미에 맞는 책을 읽어주면서 마음을 보듬어 주면 좋겠다.

너는
소중한 사람이야

『너는 최고의 작품이란다』, 『너는 특별하단다』

'어휴, 책이나 읽어야겠다.' 내가 속으로 자주 하는 말이다. 남들은 내가 책을 많이 읽는다고 감탄하지만 나의 내면은 책으로 도망치고 싶어서 읽을 때가 많다. 읽고 싶은 책의 목록을 열심히 만들고, 읽을거리를 찾아보고, 책이 도착하면 작은 흥분을 누르며 택배상자를 풀어본다. 그리고 빳빳한 책을 살며시 열고 구겨지지 않도록 조심조심 읽어 내려가는 기분은 아는 사람만 알 것이다. 그렇게 책을 좋아하지만, 책으로 숨어들어 다른 사람이 내게 다가오는 것을 막고 힘들 때마다 책 속으로 도피하고 있다는 것도 부인할 수 없다.

남들과 뒤엉킨 상태나 새로운 관계를 맺는 것은 늘 부담스럽다. 자신감이 부족하다. 어려서도 마찬가지였다. 남들에게 스스럼없이 다가가 말을 걸지 못하고 쭈뼛거리기 일쑤였고, 어른들에게 인사도 제대로 하지 못했다. 교사가 된 후로 그런 내 성격은 많이 개선된 것처럼 보이지만 실상을 들여다보면 여전히 자신감 없고 무언가 뒤에 숨어버리는 어린아이 모습 그대로다.

그래서일까. 학교에서도 유독 그런 아이들이 눈에 잘 들어온다. 학기가 시작되고 아이들과 어느 정도 시간을 보내고 나면 내가 신경 써야 할 아이들을 비교적 쉽게 알아볼 수 있다. 바로 내 모습과 비슷한 아이를 찾아보면 된다.

자존감에 관한 그림책을 보면서 주인공을 나와 동일시하고 공감하는 경우가 많다. 그의 아픔이 나의 아픔이 되기도 하고, 문제가 해결되는 과정을 보면서 흐뭇해하기도 하고, 응원을 보내기도 한다. 이런 내 마음은 결국 내 자신에게 보내는 응원인 셈이다.

새로운 아이들과 만나는 첫날, 그리고 이튿날 읽어주는 책은 맥스 루케이도의 작품이다. 주로 고학년 담임을 맡게 될 때가 많은데, 아이들에게 이 작가의 책을 읽어주기 전에 꼭 설명하고 넘어가는 사항이 있다. 바로 기독교적 관점이 담긴 작품이라는 것이다. 작가이자 목사인 맥스 루케이도의 작품에는 종교적인 성향이 많이 드러난다. 다종교 국가에서 종교적인 색채가 짙은 작품은 마음 편하게 읽어주기가 어렵다. 그럼에도 이 작가의 작품은 매년 꼭 읽어준다. 아이들

너는 최고의 작품이란다
맥스 루케이도 글, 글루웍스 애니메이션 그림, 두란노, 2003

너는 특별하단다
맥스 루케이도 글, 세르지오 마르티네즈 그림, 아기장수의 날개 옮김, 고슴도치, 2002

에게 너는 소중한 존재라고, 특별한 존재라고 귀에 못이 박이도록 들려주고 싶기 때문이다. 책을 읽어줄 때 주의하는 단어가 하나 있는데, '하나님'을 '하느님'으로 바꿔 읽는 것이다.

『너는 최고의 작품이란다』는 애니메이션으로 제작된 작품을 그림책으로 출판한 것이다. 처음에는 컴퓨터 그래픽 형식의 그림에 대한 거부감과 종교적인 색채 때문에 읽어줘도 될까 고민을 많이 했다. 하지만 자존감 낮은 사람에게 이 책만큼 도움이 되는 책은 없다는 생각에 늘 첫 시간에 읽어준다.

주인공 허미와 워미는 생김새도 평범하고 재능도 특별한 게 없는 애벌레들이다. 그래서 친구들에게 놀림을 받기도 하고, 재능 있는 친구들을 부러워하기도 한다. 허미는 답답한 마음에 하느님께 하소연한다. "하느님, 왜 저를 이렇게 볼품없는 애벌레로 만드셨나요?" 이 장면을 읽어줄 때 나는 "똑, 똑" 소리를 내면서 하늘에 노크하는 모션을 취한다. 허미와 워미는 멋진 친구를 만날 때마다 하느님을 찾는다. 줄무늬 애벌레의 무늬가 부러워서 똑똑, 무거운 솔방울을 지고 가는 개미의 강한 힘이 부러워서 똑똑, 무당벌레의 아름다운 점이 부러워서 똑똑…. 하느님은 허미와 워미가 그럴 때마다 "허미야, 워미야. 걱정하지 말거라. 너희가 얼마나 예쁜데 그러니? 나는 너희 모습 그대로 사랑한단다. 그리고 기대하렴, 나는 너희를 최고의 작품으로 만드는 중이란다"라고 대답한다.

자존감이 낮을 때 우리는 스스로를 보잘것없고 쓸모없다 여기는 왜곡된 자아상을 가지게 되고, 남과 나를 비교하며 자신을 낮게 평가한다. 이런 생각은 누구나 가지고 있지만, 단지 다음 행동에 어느 정도로 영향력을 미치느냐가 문제다. 자존감이 높은 사람이라면 자신을 낮게 평가하다가도 '뭐, 이 정도면 괜찮지' 하는 마음이 생겨 툴툴 털고 일어나지만, 자존감이 낮은 사람은 감히 용기를 내지 못해 주저앉을 수도 있다. 그래서 자존감 낮은 사람들이 이 책을 읽고 내가 왜 소중한지, 왜 특별한 존재인지를 생각했으면 좋겠다. 지금 조금 부족하고 서툴게 느껴져도 '난 특별하게 만들어지는 중'이기 때문이다. 나는 소중한 존재이고, 내가 어떤 노력을 하는가에 따라서 내 특별함이 달라질 수 있다는 것을 아이들에게 알려주고 싶다.

더불어 이런 질문도 스스로에게 던져 보았으면 한다. '나는 현재 애벌레인가, 나비인가?' '애벌레는 하찮고 나비가 되어야 최고의 작품이 되는 것인가?' '나는 어떤 친구가 부러운가? 왜 부러운가?' '부러운 점이 시간이 지나면서 계속 변하는가?' '나는 어떤 점이 특별할까?' 이런 질문들을 던져 보면 또 다른 사고의 세계가 열리는 것을 경험할 수 있다.

책을 읽어줄 때 아이들은 내 목소리와 행동에 편안하게 웃는다. 손을 쭉 뻗어 하늘을 두드리는 동작을 하며 "똑, 똑" 소리를 내면 아이들은 "하느님!" 하고 반응해 준다. 미리 지시한 적이 없는데도 허미와 워미의 반복되는 기도에 아이들은 즐거워하며 동참한다. 신학기 첫날에 이런 반응을 보인다면 그 반은 아주 활동성이 강하고 에너지 넘치는 아이들이 많다는 뜻이다. 와, 신나는 한 해를 보내겠구나!

이튿날 읽어주는 맥스 루케이도의 또 다른 책은 『너는 특별하단다』이다. 물론 이 작품도 작가의 기독교적인 성향이 드러나지만, 읽다 보면 온전히 내용에만 집중하게 된다. 자존감은 남과 비교하면서 낮아지기도 하지만, 남들의 평가에 예민해져서 낮아지기도 한다. 주인공 펀치넬로도 남들에게 칭찬보다 무시를 많이 받아서 사람들 앞에 나가는 것조차 두려워한다.

언덕 위에 사는 목수 엘리 아저씨는 '웸믹'이라는 나무 사람들을 만든다. 웸믹들은 금빛 별표와 잿빛 점표가 든 상자를 들고 다니며 만나는 나무 사람들마다 서로 별표나 점표를 붙여주는 일을 매일 반복한다. 멋지고, 아름답고, 힘이 세고, 노래를 잘 부르고, 멋진 옷을 입은 특별한 웸믹에게는 별표를 붙여주고, 지저분하고, 멋지지도 않고, 칠이 벗겨지고, 별다른 재주가 없는 웸믹에게는 점표를 붙인다. 재주가 없는 펀치넬로는 별표를 받기 위해 늘 애를 썼지만 웸믹들은 너도나도 달려들어 점표를 붙였다. 점표가 가득 붙은 펀치넬로는 또 점표를 받을까 봐 밖에 나가는 것도 두려워한다. 그러던 어느 날, 펀치넬로는 아무것도 붙어 있지 않은 루시아를 만난다. 루시아는 그 어떤 표를 받아도 금방 떨어져 나갔다. 루시아의 비밀이 궁금했던 펀치넬로는 엘리 아저씨를 찾아가고, 아저씨에게서 루시아의 비밀에 대해 듣게 된다.

"펀치넬로, 남들이 어떻게 생각하느냐가 아니라 내가 어떻게 생각하느냐가 중요하단다. 난 네가 아주 특별하다고 생각해."

"루시아는 남들이 어떻게 생각하느냐보다 내가 어떻게 생각하느냐가 더 중요하다고 마음먹었기 때문에 표가 붙지 않는단다. 그 표는 네가 붙어 있게 하기 때문에 붙는 거란다."

엘리 아저씨는 점표든 별표든 내 몸에 붙어 있는 것은 내 마음에서 비롯된 것이라는 이야기를 한다. 남들의 평가를 민감하게 받아들일수록 몸에 붙어 있는 표는 떨어지지 않는다는 것이다. 그리고 아저씨는 인자한 목소리로 다음과 같이 펀치넬로를 위로한다.

　　"너는 단지 너라는 이유만으로 특별하단다."

　아이들을 향해 책을 읽어주지만 이 대사는 내 폐부 깊숙이 파고 들어온다. 부디 아이들 가슴에도 스며들기를 바라는 마음으로 힘주어 낭독한다. 잘난 것 하나 없는 내가, 내세울 것 하나 없는 내가, 남들 앞에서 자꾸 작아지는 내가, 어째서 특별하다고 말하는 것인가. 내게 덕지덕지 붙어 있는 그 많은 점표들을 어떻게 떨쳐낼 수 있단 말인가. 주춤거리게 하고, 망설이게 하고, 주눅 들게 하는 이 점표들로부터 어떻게 자유로워질 수 있단 말인가.
　책을 읽고 나서 아이들과 특별한 활동을 했다. 아이들이 스스로 자신에게 점표라고 생각하는 것을 기록해서 몸에 붙이고 돌아다니면 친구들이 이를 보고 구체적인 이유를 들어 그렇지 않다고 말하며 그 점표를 떼어주는 것이다. 영이는 "난 목소리가 너무 커"라고 기록한 점표를 붙이고 돌아다녔다. 이를 본 친구는 "예전에 내가 달리기할 때 그 목소리로 응원해줘서 힘이 났어"라고 말하며 점표를 떼어주었다. 이 활동은 아이들이 자신에 대해 부정적으로 생각하는 부분을 긍정적으로 볼 수 있도록 해주었다. 시간이 지날수록 아이들의 표정이 개운하고 밝아지는 것이 느껴졌다. 다음에는 내 점표들을 다 까발리고 아이들에게 위로받는 시간을 가지고 싶다는 생각도 들었다.

내 고향은 충남 서산군 음암면이다. 신설 중학교 1회 졸업생이 된 후, 시골 아이가 겁도 없이 천안의 인문계 여고를 가겠다고 고집을 부렸다. 그때 아버지는 병환 중이서서 집 근처 여고라도 가면 다행인 형편이었다. 가족 중 누구도 내 고집을 꺾지 못해 천안의 여고로 진학할 수 있었다. 입학식에서 어머니는 처음 보는 아이와 함께 살라고 자취방을 구해줬다. 생전 처음 내가 밥을 지어먹고 도시락을 싸서 학교를 다녀야 했다. 내 손으로 다 알아서 해야 하는 상황이 버거웠다. 학교에서는 같은 반 친구들이 모두 잘나 보였고 영특해 보였다. 나만 바보 같았다. 공부는 집중이 안 되고, 열등감은 갈수록 커져갔다. 숫기도 없고, 공부도 못하고, 존재감 없는 나날들을 보냈다. 그러던 어느 날, 모의고사 성적표가 복도 벽에 붙었다. 당연히 도시 아이들 틈에서 나는 꼴찌일 거라 생각했는데 비교적 앞쪽에 이름이 있는 것이었다. 난 몇 번이고 다시 그곳에 가서 내 이름 석 자를 바라보고 '괜찮아, 저 정도면 아주 괜찮은 거야' 하며 스스로를 치켜세웠다. 하지만 일시적인 위안으로 바닥에 떨어진 자존감이 쉽게 올라가진 않았다.

난 나의 낮은 자존감을 독서로 치유했다. 처음에는 책을 읽으며 나를 잊으려 했다. 내 본모습을 외면하고 도망치려 한 것이다. 그러다가 어느 순간 내 모습이 보였다. 작고 초라하지만 책을 좋아하고 나름의 소신을 가지고 있는 아이. 나쁘지 않다고 생각했다. 그래서 더 다양한 책을 읽고 새로운 작가를 찾았다.

교실에서 자존감이 낮은 아이를 만나면 내가 거쳐 온 방법을 그 아이에게 권한다. 아이와 함께 도서관으로 가서 내용이 재밌고 쪽수가 많지 않은 책들이 있는 서가로 데리고 가 하루에 두 권씩 읽도록 다짐을 받는다. 사서 선생님께도 특별히 부탁한다. 아이가 오면 칭찬을 많이 해주고 말을 붙여 달라고. 그리고 수시로 점검한다. 아이에게 책은 재미있는지, 매일 읽고 있는지 물어보고 조금씩 과제를 부여해 나간다.

그렇다. 자존감을 높이는 나만의 처방전은 바로 독서다. 독서의 즐거움을 알게 되면 아이는 변화할 거라고 믿는다. 시간을 두고 쌓아온 독서가 나를 변화시킨 것처럼.

다른 게 정상인 걸

『내 귀는 짝짝이』

나이가 쉰이 넘고부터는 학급 운영을 조금 자율적으로 하고 있다. 내가 공부해 보고 괜찮다 싶은 것이 있으면 아이들과 함께 프로젝트를 만들어가곤 한다. 그중 제일 먼저 한 것이 '독서치료 프로젝트'였다. 5년 전, 유독 정서에 문제가 있는 아이들이 우리 반에 몰렸다. 사회성이 부족한 아이, 엄마와 떨어져서 애착결손이 생긴 아이, 분리불안이 있는 아이 등 안타까운 아이들이 많았다. 10여 년 전에 어설프게 공부한 독서치료가 생각나 이것이라도 활용해봐야겠다는 생각으로 다시 공부를 하고 프로그램을 짰다. 예전이라면 주변 눈치 보느라 실행을 못 했겠지만, 그 사이 배짱과 용기가 생겨 '아이에게 도움이 된다면 해야지' 하며 과감하게 실행하는 성격으로 변해 있었고, 꾸준히 심리학과 상담에 관한 책을 읽으며 자신감이 생긴 것도 한몫했다. 독서치료 프로젝트의 명칭은 '마음을 보듬는 독서'라 정하고, 횟수와 회기는 그해의 학년에 맞게 정했다.

'마음을 보듬는 독서'는 일주일에 한 번, 방과 후 2시간 동안 진행되는데, 처음에는 말을 잘 안 하고 눈치만 보던 아이들이 시간이 지날수록 말을 많이 하고 마음을 드러냈다. 활동이 끝나고 나면 "언제 저렇게 시간이 지난 거야!" 하며 아쉬움을 드러내는 아이들을 볼 때면 내 마음까지 뿌듯했다.

처음에 실시한 '마음을 보듬는 독서'를 잊을 수 없다. 마지막 시간에 전체 수업을 돌아보고 설문지를 작성한 후 소감을 발표하는 시간을 가졌다. "다음에 기회가 된다면 이런 활동에 또 참여하고 싶은가요?"라는 질문에 한 아이의 대답이 눈길을 끌었다. "아니요, 절대로 안 할 거예요. 이 활동은 나를 너무 많이 울게 했어요."

설문지를 살피다가 이 문장을 보고 왈칵 눈물이 터져 나왔다. 이 대답을 한 아이는 윤이였다. 윤이는 3학년으로 사회성이 부족하고 동생으로부터 많은 스트레스를 받는 아이였는데, 정말 매시간 눈물을 흘렸다. 윤이가 속한 팀은 내가 말하지 않아도 윤이가 격해진 감정이 가라앉기를 기다려주었고, 윤이의 슬픔에 공감해 주었다. 윤이의 대답을 보고 한참을 울다가 난 결심했다. '교단을 떠나는 날까지 마음을 보듬는 독서는 반드시 진행해야겠다.'

내 귀는 짝짝이
히도 반 헤네흐텐 지음, 장미란 옮김,
웅진주니어, 1999

『내 귀는 짝짝이』는 인연이 깊은 책이다. '마음을 보듬는 독서' 시간에 몇 년간 활용하고 있다. 이 책을 읽을 때면 늘 울컥하는 감정이 든다. 리키의 행동과 표정이 나의 마음속 깊은 감정을 들쑤시기 때문이다. 하지만 책을 읽다가 마지막 반전을 맞이하면 마음이 후련해지고 개운해진다.

책 표지에는 토끼가 한 손에는 당근을 들고 있고, 다른 한 손은 한쪽 귀를 잡고 있다. 표정은 아주 행복하다. 작가는 왜 토끼가 손을 올려 귀를 잡고 있는 모습을 그렸을까? 혹시 귀가 짝짝이인 것을 슬쩍 감추려는 의도는 아닐까.

책의 면지에는 당근이 가득 그려져 있다. 모두 크기와 생김새가 다른 당근들이다. 면지를 펼쳐 보여주고 아이들에게 묻는다.

"왜 작가는 면지에 당근을 잔뜩 그렸을까요?"

질문하지 않으면 무심하게 넘겼을 면지인데, 면지에 대한 질문을 던지며 책의 주제에 접근해간다.

"토끼가 당근을 좋아하기 때문이지요."

"그렇구나, 토끼는 당근을 좋아하지. 자세히 보면 당근의 모습은 어때요?"

"다 달라요."

"왜 다 다르게 그렸을까요?"

"원래 다르게 생겼으니까요."

"그렇죠. 당근은 다 다르게 생겼죠. 작가는 이 그림을 그리면서 무슨 말을 하고 싶었을까요?"

"원래 다 다르다는 걸 말하고 싶은 거 같아요. 당근도, 사람도."

"우와, 정말 대단한 생각을 했네요!"

아이들은 예민하다. 질문을 주고받으면 선생이 얘기하고 싶어 하는 게 뭔지, 작가가 의도하는 게 뭔지 금세 알아챈다.

세상에는 통통한 '사람'이 있고, 홀쭉한 '사람'도 있어요. 키 큰 '사람'도 있고, 키 작은 '사람'도 있어요. 똑똑한 '사람'이 있으면 멍청한 '사람'도 있고 깔끔한 '사람'이 있으면 털털한 '사람'도 있죠. 남자 '사람'이 있으면 여자 '사람'도 있고요.

아이들에게 책을 읽어주면서 '토끼'라는 낱말을 '사람'으로 바꿔서 다시 한번 읽는다. 아이들은 또 단박에 나의 의도를 알아버린다. 이 이야기는 사람 이야기이고, 우리 이야기라는 것을.

주인공 리키는 왼쪽 귀가 쫑긋 서 있고, 오른쪽 귀는 뉘어진 짝짝이 귀를 가지고 있다. 그런데 이 남들과 다른 귀의 생김새 때문에 리키는 매번 아이들에게 놀림을 받는다. 어느 누구 하나 위로해주거나 친절하게 대하지 않고 "짝짝이 귀 리키"라고 놀리기만 한다. 그럴 때마다 리키는 좌절하고 슬퍼한다. 이런 상황이라면 집 안에 틀어박혀 밖으로 나오지 않을 것도 같은데 리키는 다른 방법을 사용한다. 귀를 세우는 갖가지 방법을 생각해내고 시도한다. 어쩜 그리 쉬지 않고 새로운 도전을 하는지, 안쓰러울 정도인데 다른 토끼들은 리키가 그럴 때마다 자지러지게 웃는다. 책을 읽을수록 리키가 대견하기보다는 안쓰럽고 안타까운 마음이 든다. 아니나 다를까 지친 리키는 비웃는 친구들을 향해 고함을 치고 쓰러진 나무줄기에 앉아 대성통곡한다. 리키의 슬픈 마음이 뭉클하게 다가온다. 아이들도 이 부분에 이르면 얼굴이 어두워진다. 손으로 얼굴을 감싼 아이의 눈에는 눈물이 그렁그렁해 있다.

하지만 괜찮다. 리키는 속 시원하게 울고는 '의사 선생님이라면 고쳐주실지도 몰라' 생각하며 의사 선생님을 찾아간다. 의사 선생님은 리키의 귀를 꼼꼼하게 진찰하더니 "네 귀는 멀쩡하단다. 조금 힘이 없긴 하지만 소리를 듣는데 아무 이상이 없어. 원래 귀들은 모두 다르단다"라고 한다. 리키는 의사 선생님 이야기 덕분에 귀는 잘 듣기 위해 있는 것이고, 귀가 늘어져 짝짝이인 것은 별일이 아니라는 것을 깨닫는다. 그리고 리키는 놀리는 친구들에게 당당하게 말한다. "얘들아, 당근을 귀에 매달아 봐. 한쪽 귀는 서 있고, 한쪽 귀는 누웠네."

내가 남들과 달라 상처를 받은 적이 어디 한두 번인가. 원래 다른 것이 정상인데, 남들과 조금만 다르면 놀리고 다 똑같아져야 한다는 듯이 이야기한다. 그러면서 또 본인이 남들과 다른 것으로 인해 불안해하고 마음의 상처를 받는다. 요즘은 신체나 외모뿐만 아니라 생각이나 행동이 보통 사람들과 조금 다르다는 이유로 사람들 입에 오르내리기도 한다. 그러니 관계의 어려움이 많아지고, 관계 맺기를 두려워해 혼자만의 세계로 빠지는 사람도 있다. 그에 비해 리키는 남들과 같아지기 위해 노력하고 용기 있게 행동한다. 지치지 않고 여러 시도를 해 보고, 혼자만의 시간을 가지며 감정을 폭발시키다가 자신의 모습을 직면한다. 완고한 벽에 온몸을 부딪치다 혼자 해결할 수 없다는 것을 인정하고 전문가의 도움을 요청하는 리키는 슬기롭다. 결국 '다른 것이 정상'이라는 깨달음을 얻음으로써 자신의 문제에서 자유로워진 리키. 정말 사랑스럽고 지혜롭다는 감탄이 절로 나온다.

아이들과 이 책으로 수업하면서 어떤 부분이 인상적이고 기억에 남느냐고 물어보면 대체로 리키가 귀를 세우려고 여러 방법을 고안해내는 과정과 문제가 해결되어 다 같이 웃는 장면을 선택한다. 기발한 시도에 감탄하거나, 안쓰러워서 인상 깊다고 말하고, 문제가 해결되었을 때는 함께 안심하며 마지막 장면을 선택하는 것이다. 그런데 윤이는 숲에 가서 고함을 치고 소리를 지르다 혼자 우는 리키의 뒷모습을 선택했다. 슬며시 "왜 그 장면을 인상 깊은 장면이라고 생각했어요?"라고 물으니 벌써 윤이 눈에 눈물이 고인다. 힘이 세고 형을 이기려는 드센 동생 때문에 너무 억울한데 가족 중 누구도 자신의 마음을 알아주는 사람이 없단다. 그럴 땐 방으로 들어가 문을 잠그고 소리 지르며 엉엉 울고 나면 속이 좀 시원해진다고 한다. 짠하고 마음이 아렸지만 엄지를 '척' 올려주고 마음의 화나 분노를 털어내는 엄청 좋은 방법을 누구보다 먼저 터득했다고 응원했다.

윤이는 오랫동안 혼자의 세계에서 놀았고 친구와의 관계를 힘들어했다. 윤이는 집에서는 동생에게, 학교에서는 친구에게 상처를 받아 억울함이 많았지만, 자신의 행동을 잘 돌아보지는 못했다. 3학년이 되어서야 "미안해"라는 말을 할 수 있었다. 윤이는 '마음을 보듬는 독서'를 진행하면서 참 많이 울었다. 그런데 신기하게도 수업이 끝날 때쯤이면 얼굴이 맑아지고 목소리가 가벼워져 있었다.

아이들은 밝고 건강하고 아무 문제없이 잘 자라는 것처럼 보인다.

요즘 부모들은 우리 어렸을 때 부모처럼 아이의 정서에 무지하지도 않다. 주변에서 상담받아보라는 말을 듣기도 전에 상담소를 찾아갈 정도다. 그렇지만 아이의 마음을 매 순간 공감해주고 해소시켜주기는 어렵다. 평소에 함께 책을 읽고 책 이야기를 나누며 아이들의 마음을 들여다보면 어떨까? '마음을 보듬는 독서'를 진행할 때마다 좀 더 자주 아이의 마음을 들여다보면 좋겠다고 생각했다. 어느 책이어도 좋다. 함께 읽은 책 이야기를 나누다가 아이의 내면에 관한 대화로 나아가면 누구나 아이의 마음을 보듬어줄 수 있다. 그러면 아이의 내면에 쌓인 감정의 찌꺼기들을 지우개로 지우고 마음 청소를 할 수 있을 것이다. 우리 눈에 보이지는 않지만.

여담 한 가지. 아이들 눈은 참 밝다. 몇 년간 『내 귀는 짝짝이』로 수업을 해왔는데, 마지막 장면에 담긴 유머를 발견한 것은 최근의 일이다. 마지막 장면은 리키가 다른 친구들의 귀에 끈으로 당근을 묶어 친구들과 리키의 모습이 같아지고, 친구들이 그 일을 재미있는 놀이로 받아들이는 장면이다. 모두 귀에 당근을 매달고 웃고 있는데 지이는 "선생님, 이 토끼 좀 보세요. 얘는 딴전 피우고 있어요." "어머, 여기에 이런 장면이 있었어? 이 녀석 먹보로구나" 하면서 작가가 만들어 놓은 유머 장치에 그림처럼 입을 크게 벌리고 웃은 적이 있다. 지이가 발견한 토끼는 구석에서 당근을 귀에 매달지 않고 신나게 먹고 있었다. 어디서든 '즐거움'과 '재미'를 좋아하고 찾아다니는 지이 덕분에 이 책을 읽을 때면 한 번 더 웃는 기회가 생겼다.

나에 관한
중요한 사실은

『중요한 사실』

"선생님, 영 품으로 들어오지 않고 계속 시비를 거는 녀석이 있는데 어떻게 하지요?"

"어떻게 시비를 거는데요?"

"뭔가를 하자고 하면 고작 초등학교 2학년 녀석이 '그걸 왜 해야 해요?' 하면서 딴지를 걸어요. 사사건건 그러는 녀석이 얄미워서 '안 해도 됩니다' 할 때도 있다니까요."

"그러면 그 애는 어떻게 해요?"

"가만히 있어요. 하는 것도 아니고, 안 하는 것도 아니고요. 그래서 할 수 없이 불러서 다독이고 함께 하자고 하지요. 전 그러는 과정이 아주 싫어요."

"그 애가 왜 그럴까? 그 행동의 본질이 뭘까요?"

"나에게 관심 좀 주세요, 그런 걸까요?"

"내가 보기엔 그런 것 같아요."

"도대체 그런 말버릇은 왜 생긴 걸까요? 좀 예쁘게 말하면 얼마나 좋아요."

"그걸 선생님이 가르쳐야지요."

어느 봄볕 좋은 날, 노천카페에서 후배 교사와 차를 마시며 나눈 대화다. 우리는 가끔 본인도, 상대방도 감정의 본질을 몰라 소통이 잘 안 되는 경우가 있다. 마음은 이런데 말을 다르게 하는 경우 말이다. 차근차근 따져보지 않으면 그 본심을 찾아내기가 어렵다. 아홉 살 아이가 그 과정을 잘할 수는 없을 것이다. 그러니 어른이 살펴보고 따져보고 마음의 주름을 펴주는 수밖에 없다. 차근차근 아이의 말과 행동을 되짚어 보던 후배는 비로소 미소를 지으며 말했다.

"맞네요. 그렇게 말하면서 도대체 나보고 어떻게 제 마음을 읽으라는 건지 모르겠어요."

"그걸 읽어낸 선생님이 능력자이지요."

우리는 후련하게 웃었다. 어떤 사물이나 문제의 본질을 파악하고 그 본질에 충실하게 사용하거나 문제를 해결하는 것은 사실 어렵다. 하물며 사람의 마음속을 꿰뚫어 본질을 파악한다는 것은 더더욱 어려운 일이다.

중요한 사실
마거릿 와이즈 브라운 글, 최재은 그림, 최재숙 옮김, 보림, 2005

『중요한 사실』은 '본질'에 대한 질문을 담은 책이다. 이 작품은 한 차례 읽어서는 재미를 느낄 수 없다. 소리 내어 읽어 입 속에서 굴려지는 운율을 느껴보고 낭송되는 소리를 들어 리듬을 느껴야 한다. 또 화가가 그림 곳곳에 어렸을 때 읽었던 이야기들을 숨겨두고 있어서 서브스토리처럼 그림을 읽으면 더 흥미를 느낄 수 있다. 이 책의 원제는 『The Important Book』이다. 표지는 선물포장으로 그려져 있고, 리본 밑에 꽂은 하얀 태그에 제목이 있다. 작가 소개도 책 제목과 연관지어 "글쓴이 마거릿 와이즈 브라운에 관한 중요한 사실은 그가 언제나 어린이의 눈으로 세상을 바라보았다는 것이다"로 되어 있다. 속표지에는 선물 포장지가 벗겨진 책이 있는데 그 책이 바로 우리가 읽으려고 하는 『중요한 사실』이다.

숟가락에 관한 중요한 사실은 숟가락으로 밥을 먹는다는 거야. 숟가락은 작은 삽처럼 생겼고, 손에 쥐는 것이고, 입에 넣을 수 있고, 숟가락은 납작하지 않고, 숟가락은 오목하고, 그리고 숟가락으로 뭐든지 뜨지. 하지만 숟가락에 관한 중요한 사실은 숟가락으로 밥을 먹는다는 거야.

책에는 이처럼 사물이 존재하는 이유, 사물의 본질을 파악하는 문장들이 가득하다. 가끔 우리는 생김새나 하는 일로 그 사물을 파악하고 말하면서 본질을 따지지 않는다. 시간과 장소에 따라, 사람에 따라 사물의 본질은 달라지기도 한다. 작가는 주변 사물에 관한 '중요한 사실'을 말한다. 글을 따라서 읽다 보면 잔잔하고 아름다운 목소리가 여기저기 돌아다니다가 내게로 온다. 책이 내어주는 아름다운 언어를 만나면서 마음이 뭉클해진다. 그러다 마지막 장에 이르면 거울에 비친 내 얼굴을 마주한다. '너를 정의해 봐' 하는 마음의 소리가 들린다. "흰 머리가 나고 눈가에 주름이 있는 너는, 누구니?"

글은 잔잔하지만 그림은 결코 잔잔하지 않다. 집 안에서 수프를 먹으며 시작된 여행은 창 밖 데이지 꽃밭으로 인도한다. 꽃밭에 도착하니 펼쳐진 책 위로 비가 내린다. 비를 피하기 위해 노란 장화를 신고 노란 우산을 쓰고 길을 나섰다. 숲속 집을 향해 가는 도중에 비는 그쳤다. 집에 도착해 사과를 베어 먹고 바람에 날려 하늘로 간다. 징검

다리를 건너 나를 만난다. 이 과정 자체가 환상여행이다. 한여름에서 한겨울이 되기도 하고, 내가 다닌 곳들은 마지막 장에 보면 액자 속 그림으로 걸려 있다. 글만 보고 이런 화면을 연출해낸 화가의 상상력이 존경스럽다.

어디 그뿐인가? 숟가락에 관한 중요한 사실을 말하는 장면을 보면 세 개의 그릇에 수프가 들어 있고 창밖으로 곰 세 마리가 보인다. 그림에 담긴 이야기는 우리가 잘 아는 노래 '곰 세 마리'다. 데이지가 나오는 장면에는 토끼와 시계가 감춰져 있다. '이상한 나라의 앨리스'다. 풀에 관한 이야기를 전할 때는 '아기 돼지 세 마리'가 있고, 눈에 관한 중요한 사실을 이야기하는 장면에는 르네 마그리트 화풍의 '눈의 여왕'이 있다. 비에 관한 장면에는 '메리 포핀스', 하늘에 관한 장면에는 '장화 신은 고양이'가 숨겨져 있다. 이처럼 우리가 잘 아는 동화, 이야기가 숨겨진 그림은 몇 번이고 다시 들여다보게 하는 힘이 있다.

그림책을 읽을 때는 먼저 서사의 아름다움이 마음을 뭉클하게 하고, 그림을 다시 읽을 때 이야기가 더 풍성해지는 경험을 한다.『중요한 사실』또한 그렇다. 철학적인 질문을 이끌기 위해 글 작가는 평소에 접하기 쉬운 사물에서 '바람'이나 '하늘'처럼 정의하기 어려운 것으로 확장하며 깊이 있는 사고를 이끌어낸다. 그리고 마지막에 책을 읽고 있는 독자에게 '너는 누구니?' 하고 묻는다. 그림은 글로는 상상할 수 없는 세계를 보여준다. 글 작가의 철학적인 글에 풍성한 이야기를 더한 최재은 작가의 그림이 참 멋스럽다.

"칠판에 관한 중요한 사실은 교실에 있으면서 글씨를 쓰는 곳이라는 거야." 칠판의 예시를 들며 아이들에게 주변 사물의 본질을 찾아보자고 제안했다. 그러자 아이들은 시간 가는 줄 모르고 정의 내리기에 빠졌다. "컴퓨터에 관한 중요한 사실은 묻기만 하면 대답하는 척 척박사라는 거야", "의자에 관한 중요한 사실은 네 개의 다리가 있고 피곤한 사람을 쉬게 해준다는 거야"…. "학교에 관한 중요한 사실은?" 하고 물으니 "방학하면 오고 싶지만 개학하면 오기 싫은 곳", "일요일 저녁을 싫어하게 하는 곳", "시험으로 나를 옥죄는 곳", "시끄러운 소음이 가득한 곳"이라며 여러 이야기들이 쏟아져 나온다. 이 활동을 하고 나서 나만의 책을 만들어 봐도 좋다. 글 작가의 음률이 살아 있는 말투를 흉내내 나만의 책을 만들어 발표하면, 그것만으로도 즐거운 시간이 된다.

책을 읽고 난 후 질문을 하는 것과 하지 않는 것의 차이를 참으로 크게 느낀다. 스스로에게 질문을 던지는 것만으로도 나를 되돌아보고 잊고 있던 기억이 되살아나는 경험을 하는데, 함께 책을 읽은 사람이 질문을 해준다면 한 권의 책으로 우리는 참 많은 것을 느끼고 생각하고 상상할 수 있을 것이다. 질문에서 끝이 아니라 말하게 하고, 그림 그리게 하고, 글을 쓰게 한다면 책 한 권으로 아이들은 감성이 풍부해지고 바른 인성을 기를 수 있을 것이다. 이것이 바로 전인교육 아니겠는가.

앞서 소개했던 후배 교사는 지금 돌이 지난 아들과 육아전쟁을 치르는 중이다. 하루 종일 말도 통하지 않는 아기를 상대로 혼잣말을 하고 나면 자신은 없고 아기와 똑같은 언어를 구사하는 덩치 큰 아기만 남은 기분이라고 한다. 아기 덕분에 많이 웃고 행복하지만 순간순간 '나는 어디에 있지?' 하는 생각이 들면 앞이 캄캄해진다고 한다. 말은 그렇게 하면서 아이와 행복하게 웃고 있는 사진을 문자로 보내준다. 내가 그림책 작가 이세 히데코를 좋아한다고 아기가 『나무의 아기들』(이세 히데코, 천개의바람)을 보는 사진을 보내주고, 인고의 시간을 거쳐 처음으로 뒤집기한 동영상도 보내주었다. 아기는 뒤집기를 시도하다 안 되니까 발버둥을 치며 엉엉 울다가 다시 도전하더니 마침내 뒤집기에 성공한다. 히야, 물개박수다! 세상만사 고통 없이 얻어지는 것이 없다는 후배의 말이 깊게 새겨진다. 어찌 아기의 뒤집기만이 그러겠는가.

"(석면공사로) 휴업했다 다시 나가시는 학교, 괜찮으세요?"
"아주 좋음."
"천직이십니다. 울 아들 5학년 될 때까지 기다려 주세요."
"미치겠다. 몇 년을 기다려야 하노? 속성으로 자라야겠네."

그림책에 빠진 엄마를 만난 저 아기는 복도 많다. 아마도 마음이 따뜻하고 배려심 많은 사람으로, 호기심 많고 지혜로운 어른으로 자랄 것이다.

내 길은
내가 선택한다!

『고슴도치 X』

"강당에서 운동하면 안 돼요?"

"5학년 운동장에 없는데 운동장에서 축구하면 안 돼요?"

"점심시간에 강당 갔는데 에어로빅 선생님이 나가라고 하셨어요. 점심시간에는 우리가 쓸 수 있어야 하잖아요."

6학년 남자아이들과 씨름하다 보면 흔하게 만나는 질문들이다. 아이들이 넘치는 에너지를 해소하려면 근질거리는 몸을 움직여줘야 하는데 그 요구를 다 들어주기 어려울 때가 많다. 요즘같이 미세먼지가 하늘을 뒤덮고 있으면 "운동장에 나가 놀아라"라는 말을 쉽게 할 수 없다. 운동장이 좁아서 학년별로 나가는 날이 정해져 있는데, 황사가 가득하거나 비라도 오는 날에는 내가 원인을 제공한 것도 아닌데 모든 원성과 불만을 들어야 한다. 차분히 설명해도 아이들은 설득 당하지 않는다. 이유를 말하는 나도 참 궁색해진다. 운동에 목숨이라도 건 것처럼 달려드는 아이들에게 점심시간에 교실에서 활동하게 하거나 책을 읽으라고 하기가 무척 어렵다. 사람마다 성향이 다른데 한 가지 활동만을 강요하는 규칙은 나도 싫다. 나의 느슨함을 눈치챈 아이들은 마음의 틈을 비집고 들어와 나를 괴롭힌다.

개성이 다른 아이들에게 똑같은 행동을 하게 하는 것은 쉽지 않다. 아이들의 마음은 늘 재미와 놀이를 따라가기 마련이라 아주 단순한 행동도 두 번 반복하면 지루해한다. 모둠활동을 시켜놓고 채 한 바퀴를 돌기 전에 변형 활동을 발견하는 것은 어려운 일이 아니다. 그 정도로 아이들은 개성적이고 자기만의 방식을 좋아하고 규칙 바꾸기를 좋아한다.

노인경의 『고슴도치 X』를 처음 펼쳤을 때 〈새마을 노래〉가 떠올랐다. "이상사회를 따라 오세요. 행복은 보장합니다"라며 해맑은 미소로 안내하는 늘씬한 미인의 모습이 보이는 듯했다. 내가 어렸을 때는 '새마을운동'이 한창이었다. 마을마다 마을회관이 만들어지고, 회관 안에는 방송시설이 있었다. 아침이면 어김없이 스피커에서 노래가 흘러나와 온 동네 사람을 깨웠다. "새벽종이 울렸네, 새 아침이 밝았네, 너도 나도 일어나 새 마을을 가꾸세, 살기 좋은 내 마을 우리 힘으로 만드세…" 정말 노래 가사처럼 마을의 초가집들은 슬레이트 지붕으로 바뀌고, 원색의 페인트가 칠해졌으며, 도랑은 다듬어지고 도로는 넓어졌다. 노래가 현실이 되는 시대였고 어디를 가나 마을회관에는 새마을기가 달리고 동네 입구에는 커다란 돌로 만든 동네 표지석이 세워졌다. 말 그대로 전 국토가 '새마을'이었다.

> 새털 같은 세월 올올이 쌓여
> 마침내 이루었네 완벽한 도시
> 오, 안전한 도시 '올'
> 오, 세련된 도시 '올'

도시 '올'의 아침은 거리마다 스피커에서 흘러나오는 도시의 찬가와 집집마다 '가시부드럽게비누'를 배달하는 트럭 소리가 가득하다. 올에서는 정해진 규칙을 지키며 살아야 한다. 아침마다 '가시부드럽게비누'로 몸을 씻어 가시를 부드럽게 만들어야 한다는 규칙만 지키면 완벽한 도시에서 행복하게 살 수 있다. 하지만 어느새 '가시부드럽게비누'는 '뾰족이빨둥그렇게치약'으로 변해 이빨의 모양을 바꿀지도 모른다. 안에 있으면 보이지 않던 것들이 한 발 물러서서 바라보면 보이는 법이다.

주인공 고슴도치 엑스는 '가시부드럽게비누'로 거품목욕을 하지

고슴도치 X
노인경 지음, 문학동네어린이, 2014

만 에너지가 많고 성질이 급해 완벽하게 하지 못한다. 학교에 가면 '가시검사기'를 통과해야 하는데 엑스는 뾰족 가시 세 개가 나와 '교양 있는 가시 교육'을 받고, 벌로 도서관 청소를 하게 되었다. 엑스는 도서관 청소를 하다가 꽁꽁 봉인한 비밀의 책을 발견한다. 홀리듯 읽은 책에는 뾰족 가시로 도시의 문제를 해결한 '영웅 고슴도치' 이야기가 실려 있었다. 가시는 죄악이 아니었다. 오히려 가시가 추앙받던 때도 있었다!

고슴도치로서 정체성을 찾은 엑스는 도시 '올'의 규칙을 무너뜨릴 계획을 세운다. 엑스는 가시를 모두 세우고 가시의 힘을 기르기 위해 단련했다. 아침부터 저녁까지 고된 훈련이 지속되었지만 힘겨워하지 않고 나날이 발전하는 가시의 힘에 기쁨을 느꼈다. 엑스의 가시가 나무를 뚫고 벽돌을 뚫고 바위를 뚫자, '올'엔 비상벨이 울리고 가시제거반이 출동한다. 가시제거반은 엑스의 몸에 돋은 가시를 털실로 올올이 감싸서 '초강력세팅펌기계'에 연결한다. 하지만 기계는 시스템 오류를 일으키고 그사이 엑스는 안전하고 세련된 도시 '올'을 떠난다. 다양하고 화려한 색의 숲은 엑스를 그대로 받아들인다.

책장을 덮으면서 세상이 위험하다고, 아이들은 안전해야 한다며 행동 범위를 좁히기에 급급했던 우리 모습이 보였다. 거대한 털실뭉치로 표현된 '올'은 부모가 만들어놓은 세상이고, 말 잘 듣는 국민을 만들기 위한 체제라는 생각이 든다. 세상은 넓고 사람은 모두 다르고 개성을 지닌 존재라고 열심히 떠들며 가르치는데, 막상 얼마나 아이들의 개성을 존중하고 응원했는가를 물으면 떳떳하게 답할 수가 없다.

> 아이들에게는 자기를 알아가고 찾아가고 격려할 시간이 필요합니다.
> 아이에게 스스로의 팬이 될 기회를 주세요.

작가 노인경의 말에 고개를 끄덕이면서도 그 말이 가시가 되어 스스로가 찔리는 느낌이다. 고슴도치 엑스는 자신의 현재 상황을 직면하고, 스스로 정체성을 깨달아 두려움 없이 도전하는 젊은 열정이 있었다. 힘든 수련의 과정을 이겨내고, 세련되고 안전한 도시 '올'에서 스스로 추방당하는 모습은 감탄이 나온다. 우당탕 놀고 싶은 마음은 하늘을 찌르는데 놀 만한 장소도 없고, 이런저런 이유로 교실 밖 생활도 줄고, 학교가 끝나도 방과 후 수업에, 학원에 마음 편하게 놀 시간이 없는 우리 아이들이 애처롭다. 또 자신이 하고 싶은 뭔가에 빠져보려고 해도 부모님의 강요에 의해 밀려나기 일쑤다. 내 삶의 주인은 바로 나인데 주인으로 살지 못하는 현실이다.

이 책을 읽어주면 아이들의 얼굴이 확 펴진다. 엄마의 잔소리를 매일 들어도 좀처럼 바뀌지 않는 자신의 모습이 성격 급한 고슴도치 엑스처럼 느껴지기도 하고, 억압당하는 상황을 장군처럼 유유히 빠져나가는 모습은 승리자처럼 보이기도 할 것이다. 엑스가 가시를 단단하게 만들기 위해 매일 단련하는 모습을 보면 대견하고 귀엽게 느껴지는데, 이는 그림이 전하는 분위기 때문이다. 땀을 뻘뻘 흘리는 고된 모습보다는 한 컷 한 컷 성취의 순간을 강조한 그림을 보면 독자도 뿌듯한 기분이 든다.

'난 무슨 꿈을 이루고 싶은 거지?' '그 꿈을 이루려면 어떤 도전과 훈련을 해야 하지?' '내가 살던 곳을 떠나 혼자 개척해 나가려면 무엇을 어떻게 해야 하지?' '자신이 가지고 있는 본질(개성)을 누군가가 막는다면 어떻게 하지?' '나를 통제하고 못하게 하는 사람을 어떻게 설득하지?'

고슴도치 엑스가 유유히 숲으로 들어가면서 남은 우리에게 무수히 많은 질문을 던진다.

오늘 모로코 사막에서 찍은 사진이 문자 메시지로 날아왔다. 아들이다. 서로 다른 피부색의 얼굴들이 환하게 웃고 있다. 아름답다. 아들은 겁 많고 경계심이 많아 관계를 잘 맺지 못하는 나와는 완전 딴판이다.

어느 날 아들은 재수까지 하며 힘들게 들어간 대학을 그만둔다고 했다. 이유를 물으니 자신이 하고 싶은 일이 있는데 대학을 다니려니 시간과 돈이 너무 아깝다고 했다. 우리 부부는 시간을 가지고 좀 더 고민을 해보라고 했다. 그래 놓고도 잔소리하고 싶은 마음이 굴뚝같은데 정말 꾹 참고 기다렸다. 그사이 아들은 많은 사람을 만났다. 학원을 찾아가 상담도 하고 알바를 하면서 여러 어른들과 이야기를 나눴는지 하루는 자신이 내린 결정을 말해왔다.

"남들이 들어가고 싶어 하는 대학을 어렵게 들어가서 그냥 나오는 것은 안 된다고 대학을 마치라고 하는 분들이 많았어요. 지금 전공하고 있는 과를 졸업한 분도 만났는데 취직하기 쉬운 학과니 포기하지 말라고 하셨어요. 많이 고민해봤는데 일단 대학을 다니면서 준비해볼게요."

아들은 학기 중에 학과 공부를 열심히 했다. 고등학교 때보다 더 열심히 하는 게 느껴졌다. 방학이 되면 프랑스어 공부에 열을 올렸다. 그리고 대학을 졸업하자마자 어학원도 통하지 않고 스스로 프랑스 유학길을 뚫었다. 프랑스 예술대학에 입학해 새로운 공부를 하는 아이의 선택을 우리는 지켜보고만 있다. 공무원인 부모 입장에서 유학비를 넉넉하게 대주지도 못한다. 하지만 아들은 정말 아껴 쓴다. 구제시장에서 옷 하나 건지면 싱글벙글이다. 마트에 갈 때도 스스로 비닐봉지를 챙겨 나가고 여행가방 속 지퍼백은 몇 년 째 쓰는지 모르겠다.

가끔 '고등학교 때 공부 안 한다고 불안해하지 않고, 잔소리도 하지 않았다면 어떻게 되었을까?' 하는 생각을 해본다. 이제야 하는 생각이지만 말하기 전에 잔소리임을 알아차리고 하지 않는다면 관계는 더 좋아지고 아이들은 자신의 길을 더 잘 찾아갈 것 같다.

완전한 삶,
완전한 죽음

『100만 번 산 고양이』

남은 날이 2년이라는 말을 듣자 십수 년 동안 나를 괴롭힌 우울증이 거의 사라졌다. 인간은 신기하다. 인생이 갑자기 알차게 변했다. 매일이 즐거워서 견딜 수 없다. 죽는다는 사실을 아는 건 자유의 획득이나 다름없다.

사노 요코의 책 『사는 게 뭐라고』(마음산책)에 나오는 글이다. 책을 읽으며 요리 좋아하고, 한국 드라마를 좋아하는 할머니 작가의 소소한 일상을 들여다보는 것이 즐거웠다. 작가의 거침없는 말과 행동이 시원하고, 죽는 게 뭐 별거냐고 손사래 치는 모습이 멋있어 보였다. 평소에 사노 요코의 그림책을 좋아했는데, 특히 좋아하는 작품은

『100만 번 산 고양이』와 『태어난 아이』(거북이북스)다.

『100만 번 산 고양이』는 아이들보다 어른들과 함께 자주 읽었다. 처음에 이 작품을 만났을 때 당혹스러웠다. 백만 번이라니? 이게 하나씩 세어 나갈 수 있는 횟수인가? 고양이는 사랑스러운 구석이라고는 하나도 없이 고집 세고 자기만 아는 제왕 같은 모습이다. 그런 고양이의 모습에 속으로 투덜거리면서도 자꾸 마음이 가는 책이었는데, 사노 요코의 산문집을 읽고 나니 고양이가 그냥 그녀 같다.

『100만 번 산 고양이』는 백만 번이나 태어난 얼룩 고양이의 이야기이다. 백만 번이나 죽고 백만 번이나 살았던 얼룩 고양이를 백만 명의 사람들이 귀여워했고, 백만 명의 사람들이 얼룩 고양이가 죽었을 때 울었다. 그러나 고양이는 단 한 번도 울지 않았다. 한때 임금님의 고양이였던 그는 임금님을 싫어했다. 고양이를 데리고 나간 전쟁터에서 고양이는 화살에 맞아 죽고, 임금님은 고양이를 껴안고 울었다. 한때 그는 뱃사공의 고양이였다. 어느 날 고양이는 바다에 빠져 죽고 뱃사공은 엉엉 울었다. 한때 서커스단 마술사의 고양이였다가 죽었다. 한때 도둑의 고양이였다가 죽었다. 한때 할머니의 고양이였다가 죽고, 또 한때 여자아이의 고양이였다가 죽었다. 고양이는 죽는 것 따위는 아무렇지도 않았다.

한때 고양이는 누구의 고양이도 아니었다. 고양이는 처음으로 자

100만 번 산 고양이
사노 요코 지음, 김난주 옮김, 비룡소, 2002

기만의 고양이가 되었다. 고양이는 자기를 무척 좋아했다. 암고양이들이 얼룩 고양이의 신부가 되고 싶어 했지만 그럴 때마다 고양이는 "나는 백만 번이나 죽어 봤다고, 새삼스럽게 이게 다 뭐야!" 하면서 자기 자신만을 사랑했다. 그런데 한 새하얗고 예쁜 고양이는 얼룩 고양이를 본 척도 하지 않았고, 그가 뭐라고 말하든 시큰둥해했다. 얼룩 고양이가 더욱 자신을 떠벌리며 허세를 부려도 마찬가지였다. 결국 얼룩 고양이는 하얀 고양이에게 다가가 자신의 본심을 말했다. "네 곁에 있어도 괜찮겠니?"

둘은 늘 붙어다녔고, 귀여운 새끼 고양이를 많이많이 낳았고, 얼룩 고양이는 하얀 고양이와 새끼 고양이를 자기 자신보다 더 좋아했다. 새끼 고양이는 자라서 뿔뿔이 흩어졌고, 하얀 고양이는 할머니 고양이가 되었다. 얼룩 고양이는 하얀 고양이와 오래오래 같이 살고 싶다고 생각했다. 어느 날 하얀 고양이가 움직임을 멈추었고, 얼룩 고양이는 처음으로 눈물을 흘렸다. 밤이 되고 아침이 되도록, 또 밤이 되고 아침이 되도록 백만 번이나 울다가 얼룩 고양이는 하얀 고양이 곁에서 움직임을 멈췄다. 그리고 고양이는 두 번 다시 태어나지 않았다.

 누군가의 고양이가 되어 백만 번이나 생을 거듭 살아도 자기 자신으로 산 단 한 번의 생과는 비교할 수 없다. 아무리 사랑을 받고, 관심과 다정한 손길을 받아도 누군가의 고양이로 산다는 것은 아무 의미가 없다. 백만 번이나 태어나고 죽었어도 삶의 의미를 깨닫지 못한 고양이가 자기만의 고양이가 되어 자신을 사랑하고, 다른 이를 사랑하고, 온전히 죽음을 맞이하는 이야기. 완전한 죽음의 이야기다. 활활 타오르는 삶으로 내부의 에너지를 다 발산해 세상에 조금의 미련도 남기지 않은 채 완전하게 맞이하는 죽음이다.
 '싫다'는 감정만 가지고 그 누구도 가슴에 품을 수 없었던 고양이, 내 모습이 아니냐고 자문해 본다. 다른 이를 품어내지 못하고 받으려고만 하다가 매번 똑같은 수렁을 헤매고 있는 내 모습이 뭐가 다른가. 온전히 나 자신이 되어 스스로를 사랑하고 다른 사람을 사랑할 줄 알아야 감정의 폭이 넓어지고, 온전한 슬픔을 느낄 때 사람은 완성되는 것이 아닐까.

이 책을 아이들에게 읽어주면서 책의 의미를 온전히 이해하기를 기대하지 않았다. 한 번 읽어서 마음에 스며드는 책은 아니기 때문이다. 아이들에게는 자기 자신을 사랑하고, 스스로가 주인공으로 살아야 한다고 말했다. 아마 이것이 인연이 되어 다시 만날 기회가 생기겠지. 그때는 지금과 다른 느낌으로 이 책이 다가올 것이다.

이 글을 쓰는 날 부고를 받았다. 67세 하진주 선배의 부고였다. 선배와는 2년 정도 같은 학교에서 근무했지만 밀접한 관계를 맺진 못했다. 그러나 늘 미소가 떠나지 않는 분이어서 멀리서 보아도 포근함이 전해졌다. 평소에 우스갯소리도 잘해서 선배 옆에만 가면 늘 웃을 준비를 했었다. 한번은 선배의 교실을 갔는데, 1층이라 정원의 나무가 그대로 보이는 눈이 참 시원한 교실이었다. 주로 고층 교실에 있던 나로서는 상상도 못 해본 1층 교실의 아름다움이었다. "여기는 교실이 아니라 커피 향이 나는 카페가 어울리겠는데요" 하며 마냥 좋아했던 기억이 난다.

퇴직 후 5년도 채우지 못한 선배의 생이 너무 안타깝다. 3월 초 건강검진에서 췌장암 진단을 받은 후 한 달 정도 투병생활하다 세상을 떠났다고 했다. 죽음은 그렇게 느닷없이 찾아오는 것인가. 선배의 명복을 빈다.

죽음을 준비 없이 맞기 싫다. 그렇다고 겁먹고 두려움에 떨고 싶지도 않다. 내일 죽어도 아쉬울 것 없는 생활을 하며 죽음을 준비할 필요가 있겠다는 생각이 들어 생활지침을 만들었다. 다섯 가지 정도로 만들었는데 유서를 작성하는 기분이 들었다. 두려움 없이 죽음을 맞이하기 위한 나의 생활지침을 적어본다.

첫째, 다른 사람에게 상처 주는 말을 하지 않는다. 되도록 너그럽게 이해하고 따뜻하게 대하며 내가 먼저 손을 내민다.

둘째, 하루를 온전히 산다. 축복받은 하루를 이 날이 마지막 날인 듯 산다. 하는 일마다 정성을 다하고, 만나는 사람마다 마음을 준다.

셋째, 더 많이 가지려고 욕심내고 발버둥치지 않는다. 현상 유지도 큰 복이다.

넷째, 하루에 1만 보를 걷는다. 가족을 귀찮게 하지 않으려면 최소한 이것만이라도 지키며 살자.

다섯째, 긍정적으로 생각한다. 짜증과 분노보다는 수용하고, 웃고, 미소로 받아들이자.

이 지침을 방에 붙여놓고 볼 때마다 다짐한다. 아쉬움 없이 세상을 떠나고, 주변 사람들이 나를 '살면서 은은한 향기를 남긴 사람'으로 기억해주었으면 좋겠다.

생각 너머 생각

수업의 핵심은 질문 만들기

'생각 너머 생각'은 금요일마다 진행하는 하브루타 수업용 공책의 이름이다. 생각 너머의 생각까지 끌어내라는 의미로 이름을 붙였다. 매일 아침 정규 수업 시작하기 전에 그림책을 읽어주고 있지만, 시간이 빠듯해 아이들의 생각을 알 수 없어 아쉬움이 많았다. 그래서 2년 전부터 일주일에 하루, 금요일마다 한 시간씩 하브루타 수업을 진행하고 있다.

하브루타 수업이 생각을 확장하고 창의적 사고를 기르는 데 좋은 수업방법이라고 들었지만, 어떻게 진행해야 할지 막막해 관련 서적을 몇 권 구입해 읽고 연수를 받으며 수업 방법을 익혔다. 일주일에 다섯 권의 그림책을 읽어주는데, 금요일 책 읽기는 1교시 하브루타 수업과 연결해 진행했다. 그동안 하브루타 수업을 진행하면서 아이들의 생각이 성장하는 것을 눈으로 확인할 수 있었다.

이제 아이들은 하브루타 수업을 손꼽아 기다린다. 매주 금요일에는 주간학습안내문을 나눠주며 학교 행사나 체육 대회 등 다음 주에 진행되는 중요 사항을 말해주는데, 아이들은 안내문에 적힌 책 목록을 확인한다. 특히 하브루타 수업 책에 관심이 많다. 금요일에 학교

행사라도 잡히는 날이면 아이들은 얼굴을 찡그리며 툴툴거린다. "그럼 하브루타 수업 못 하잖아요?"

이를 어쩐다, 나도 아이들만큼 아쉽지만 어쩔 수가 없다. 다만 그 볼멘소리를 흐뭇한 마음으로 달래며 다음 하브루타 수업은 더 알차게 준비해야겠다고 다짐할 뿐이다.

하브루타 수업이란

'하브루타'란 친구를 의미하는 히브리어 '하베르'에서 유래한 용어로, 학생들이 서로 짝을 이루어 질문을 주고받으며 논쟁을 하는 유대인의 토론교육 방법을 말한다. 내가 진행하는 하브루타 수업의 과정은 다음과 같다.

> 책 낭독 → 감상 나누기 → 질문 만들기 → 짝 토론 하기 → 나만의 생각 쓰기

먼저, 금요일에 선정된 책을 낭독하고 책에 대한 감상을 나눈다. 책의 내용에 대한 생각이나, 자신의 느낌 등을 솔직하게 말하는 시간이다. 그렇게 서로 감상을 나눈 다음, 질문 만들기에 들어간다. 아이들은 자신들이 만든 질문을 바탕으로 짝과 토론을 한다. 이때 아이들은 친구와 생각의 차이를 확인하기도 하고, 질문의 답을 나름대로 궁

리해 내기도 한다. 그렇게 다양한 생각을 나누면서 자신의 생각을 정립한다. 토론을 끝낸 후 책에 대한 생각과 짝 토론 내용을 바탕으로 '나만의 생각 쓰기'를 하며 마무리한다.

내가 가장 중요하게 생각하고 기대하는 부분이 바로 '질문 만들기' 시간이다. 생각을 확장하고자 하는 수업이므로 책 안에 정답이 있는 질문은 만들지 말라고 아이들에게 당부한다. 정답이 없는 질문을 만들라니? 아이들은 처음에 질문 만들기에 어려움을 느꼈다. 하지만 곧 자신이 만든 질문으로 짝 토론을 하고 글을 쓰는 과정을 경험하며 아이들은 더 깊이 있고 철학적인 질문을 만들어 나갔다. 이것이 하브루타 수업의 목표이기도 하다. 질문하지 않으면 사고의 확장은 일어나지 않는다. 잘 만든 질문으로 채워가는 알찬 수업을 통해 아이들의 생각과 내면은 한층 성장한다.

나의 마스크는 무엇일까?

『치킨 마스크』
우쓰기 미호 지음, 장지현 옮김, 책읽는곰, 2008

주인공 치킨 마스크는 스스로 잘하는 것이 없다고 여기며 열등감에 사로잡혀 있다. 올빼미 마스크처럼 공부를 잘하는 것도, 햄스터 마스크처럼 손재주가 있는 것도, 장수풍뎅이 마스크처럼 씨름을 잘하는 것도 아니다. 의기소침해 있는 치킨 마스크에게 어느 날 다른 친구들의 마스크를 써볼 기회가 생긴다. 하지만 다른 능력을 가진 친구들의 마스크를 써볼수록 자신이 어떤 마스크가 되고 싶은지 혼란스럽기만 하다.

남들은 유능해 보이는데 치킨 마스크는 잘하는 게 없어서 힘들다. 책을 읽어주고 나니 아이들은 조용해졌다. 자신의 이야기 같은 구절을 만나서 그랬을까? 친구의 능력을 부러워한 경험이 있는 아이들은 치킨 마스크에게 많이 공감했을 것이다. 이 책은 '나에게 주어진 마스크는 무엇일까?' '그 마스크가 내 인생 전체의 마스크일까?' '스스로 다른 마스크를 만들 수는 없을까?'를 묻게 만든다. 자신의 마스크를 모르는 아이들에게 이를 생각해보게 하고, 자아를 탐색하는 시간을 만들어주고 싶어 이 책을 하브루타 수업 책으로 선정했다.

책을 읽어주고 나서, 질문을 만들어보기로 했다. 책에 정답이 없는 질문을 해야 한다고 하니 아이들은 어리둥절했다. 그동안 교과서를 공부하고 그 안에서 질문을 만들고 지문을 통해 답을 찾는 공부 방법에 익숙했던 아이들이니 당황스러울 수밖에 없을 것이다. 아이들에게 알기 쉬운 힌트를 주었다. 1년 전, 『도서관의 비밀』을 아이들에게 읽어주었을 때 동물을 사람처럼 표현한 것을 보고 한 아이가 "동물이 어떻게 2족 보행을 할 수 있어요?"라고 질문을 해서 모두가 웃은 적이 있었다. 그 아이의 질문 덕분에 반 아이들은 당연하게 받아들였던 책의 내용에 의문을 가지고 동물이 어떻게 사람처럼 걸을 수 있는지 즐거운 상상놀이를 했다. 난 이 경험을 아이들에게 들려주면서 책의 내용을 바탕으로 책의 내용을 뛰어넘는 질문을 만들라고 했다. 여전히 아이들은 고민했지만, 금세 좋은 질문을 만들었다. 책의 내용과 자신의 경험을 결부시키면 책 내용을 뛰어넘는 질문을 만들 수 있다는 것을 알아챘다. 난 함박웃음을 지으며 아이들이 질문을 만들 때마다 칭찬하고 감탄했다. 보통 수업시간에 다섯 개 정도의 질문을 만드는데 이날 아이들이 만든 질문은 다음과 같다.

- 내 재능 그릇에는 어떤 재능들이 들어 있을까?
- 나는 주로 어떤 마스크를 쓰고 있을까? 여러 개의 마스크를 가질 수는 없을까?
- 나는 어떤 마스크가 부러운가?
- 내가 새로운 마스크를 쓴다면 어떤 마스크이고 어떤 기분이 들까? 그 마스크를 쓰기 위해 어떤 노력을 해야 할까?

· 내 재능 그릇에 꼭 넣고 싶은 것이 있다면 무엇일까?

이 질문 중에 하나를 선택해 짝과 함께 토론하면 된다. 일반적으로 하브루타 수업은 짝과 함께 찬반토론을 진행해야 하는데, 꼭 그 규칙대로 하지는 않았다. 아이들이 만든 질문을 찬반이 되도록 다시 만들어야 하는데 시간상 그러기 어려웠다. 찬반토론을 할 경우에는 질문의 수를 줄이고, 1차 찬반토론을 하고 2차로 찬성과 반대의 입장을 바꾸어 토론했다.

돌아다니며 살펴보니 많은 아이들이 서로 자신이 부러워하는 마스크에 대해 이야기를 나누고 있었다. 서로 부러운 이유가 같으면 웃음이 터져 나오기도 하고, '맞아 맞아' 하면서 공감을 해주기도 했다. 그 모습이 예뻐서 지나가며 슬며시 '엄지 척' 올려주었다. 짝 토론 시간 동안 아이들의 표정은 매우 밝았다. 생각과 생각이 만나면 웃음이 터지고 할 말이 많아지나 보다. 10분 정도 토론 시간을 가지는데, 시간이 모자라 소곤소곤 목소리를 줄이며 토론을 더 이어나가는 팀도 여럿 보였다.

토론이 끝나면 마지막 10분 정도는 '생각 너머 생각' 노트에 '나만의 생각 쓰기'를 하는 것으로 마무리한다. 공책을 걷어 읽어보면 아이들의 성숙한 생각을 눈으로 확인할 수 있다. 아이의 생각에 칭찬과 공감하는 내용, 생각을 확장하는 질문 등을 댓글로 달아준다.

나처럼 '대충'에 길들여졌는지 한 아이는 토끼 마스크가 부럽다고 했다. 그러면서 부러운 점을 그대로 놓아두면 언제까지나 부러워하고만 있을 것이라며 '성실해지자'라는 목표를 세운 친구가 있었다. 그 글을 읽으니 저절로 미소가 지어지고 고개가 끄덕여졌다. 마치 내게 하는 말처럼 들렸다.

난 올빼미 마스크가 부럽다. 올빼미 마스크를 쓰면 공부를 잘해서 엄마께 칭찬받기 때문이다. 사실 난 내가 공부를 잘하고 싶다는 생각에서 부러운 것이 아니라 엄마를 기쁘게 해주기 위해서다. 내가 공부를 못하면 안 되니까…, 어떤 일을 해도 공부는 베이스로 깔고 가니까 공부를 잘해야 한다. 내 꿈인 신부도 신학교를 들어가야 하기 때문에 어느 정도 공부를 해야 한다. 그래서 난 올빼미 마스크가 부럽다. 올빼미 마스크가 부럽지 않게 내가 올빼미 마스크가 되어야겠다.(무겸)

나는 내 재능 그릇에 '그림을 잘 그리는 재능'을 넣고 싶다. 잘 그린 그림을 보고 있으면 뿌듯할 것 같다. 그리고 햄스터 마스크도 부럽다. 아빠가 만드는 걸 구경하다가 따라해 보았는데 몇 분 지나지 않아서 포기했다. 나도 그림을 잘 그리고 만들기를 잘하고 싶다.(승찬)

내 재능 그릇에는 레고 조립과 야구가 들어 있을 것 같다. 레고 조립은 예전부터 해서 조립 속도가 빨라 넣었다. 하지만 야구는 반신반의다. 어려서부터 야구를 좋아해서 타격은 잘하지만 빠른 공에 약하다. 수비로 빠른 공을 받을 때 두려움이 있다. 그래도 재능 그릇에 넣은 이유는 수비에 강점이 있기 때문이다.(동준)

내 재능 그릇에 무얼 넣어보고 싶을까? 나는 내 재능 그릇을 꽉꽉 채우고 싶다. 올빼미 마스크도, 치킨 마스크도, 햄스터 마스크도 넣고 싶다. 공부를 잘하고, 작은 것을 소중히 여길 줄 알며, 손재주가 뛰어나면 좋겠다. 재능은 원래 가지고 있는 것이 아니라 내가 그렇게 하려고 노력하면 재능이 뛰어나게 발전할 수 있다고 생각한다.(나령)

함께 읽으면 좋은 책

『누가 진짜 나일까?』 다비드 칼리 글, 클라우디아 팔마루치 그림, 책빛, 2017

『민들레는 민들레』 김장성 글, 오현경 그림, 이야기꽃, 2014

『베로니카, 넌 특별해』 로저 뒤봐젱 지음, 비룡소, 2008

『세상에서 제일 힘센 수탉』 이호백 글, 이억배 그림, 재미마주, 1997

『네 마음의 소리를 들어 봐』 수지 모건스턴 글, 상드라 푸아로 셰리프 그림, 밝은미래, 2017

『중요한 문제』 조원희 지음, 이야기꽃, 2017

『고약한 결점』 안느-가엘 발프 글, 크실 그림, 파랑새, 2017

『먹구름 청소부』 최은영 지음, 노란상상, 2017

『낡은 타이어의 두 번째 여행』 자웨이 글, 주청량 그림, 노란상상, 2018

『너도 사랑스러워』 윤여림 글, 채상우 그림, 웅진주니어, 2017

『난 내가 좋아!』 낸시 칼슨 지음, 보물창고, 2007

2장

독서 습관 기르기

책은 왜
읽어요?

 새 학년이 시작되면 아이들에게 '독서식사수첩'이라는 이름의 주간 플래너를 나눠준다. 그동안 매일 책을 읽으라고 지도했지만 점검하는 과정이 없으면 지속적인 습관으로 발전시키는 데 어려움이 있었다. 그래서 10여 년 전부터 플래너를 주문해 '독서식사수첩'이라는 이름을 붙여 아이들에게 나눠주고 있다. 매일의 식사로 육신의 에너지를 확보하는 것처럼, 매일 하는 독서가 영혼의 식사가 된다는 의미로 이름을 붙였다.

 '독서식사수첩'에 아이들은 아침에 내가 읽어주는 책의 제목과 쪽수를 적고, 매일 30분씩 스스로 독서한 내용도 기록한다. 매일 알림장과 함께 독서를 했는지 확인하고 도장을 찍어주는 것이 다이지만 아이들은 그 도장 하나에도 뿌듯해한다. 매주 금요일에는 일주일간 열심히 책을 읽은 보상으로 사탕을 준다. 이 사탕은 '독서 습관'을 주제로 읽어준 책에 나오는 유대인의 관습에서 따온 나만의 선물이다. 의미를 부여하면 사탕은 그냥 사탕이 아니다. 한 권의 책에서 얻게 되는 지혜와 용기와 모험에 대한 응원이 되는 것이다.

학기 말 아이들이 전한 편지에는 "작년까지 읽은 책을 모두 합한 것보다 올해 읽은 책이 더 많아요", "책이 이렇게 재밌는 줄 몰랐어요", "책 읽는 습관을 길러주셔서 고맙습니다" 하는 내용이 많다. 중학년이 되면 독서를 좋아하는 아이와 그렇지 않은 아이로 나뉜다. 이때 각별히 신경 쓰고 칭찬하며 지속적인 관리를 해주어야 정말 책을 좋아하고 스스로 찾는 아이로 자란다. 독서에 대한 신뢰가 있는 사람은 나이가 들어도 자연스럽게 책을 잡고 읽어나가는 것을 발견할 수 있으나, 반대의 경우는 아무리 책이 쌓여 있어도 눈길을 주고 호기심에 펼쳐보는 경우가 드물다.

아이들에게 '책은 정말 재미있고 나에게 유익한 존재다'라는 인식을 심어주고 싶다. 독서를 이야기하는 그림책이 정말 많다. 그중에서 독서에 대해 생각할 점을 일깨워주고 흥미를 갖게 하는 책을 골라 순서를 정해 읽어주면 아이들에게 독서를 많이 하고 싶다는 욕구를 불러일으킬 수 있을 것이다.

지식의 맛은 달콤해

『꿀벌 나무』, 『고맙습니다, 선생님』

"선생님, 책을 읽어주는 데 어떤 순서가 꼭 필요한가요?"

"책마다 전하고자 하는 메시지는 다 다르지요. 읽어주는 사람이 선택한 책으로 읽어줄 때는 '선택'이라는 행위에 의미가 생기기 때문에 순서가 생긴다고 생각해요."

"그럼 선생님은 읽어주는 순서가 정해져 있다는 뜻이로군요."

"예, 제가 아이들을 설득하겠다는 목적이 있을 때는 아무 책이나 손에 잡히는 대로 읽어주기보다는 계획적으로 준비하는 경우가 많아요. 특히 독서 습관을 길러주고자 할 때는 그림책 읽어주는 순서를 지키는 편입니다. 책을 왜 읽어야 하는지, 책을 읽으면 어떤 즐거움이 있는지, 책은 어떻게 읽어야 하는지를 알려주는 책으로 순서를 정해 읽어주는 편이에요."

아침마다 아이들에게 책 읽어주기를 하면서 다른 선생님들로부터 "어떤 책을 읽어주나요?" "어떻게 매일 읽어줄 수 있어요?" 하는 질문을 많이 받는다. 특히 읽어주는 책의 목록이 있는지, 무슨무슨 분야의 그림책 목록이 있는지 등의 요청이 많다. 하지만 '자존감 리스트', '진로 리스트', '전쟁과 평화 리스트', '인권 리스트'처럼 어떤 주제를 요청받으면 척척 내어줄 목록은 없다. 내가 정리하지 않은 탓도 있지만 그림책은 어떻게 해석하느냐에 따라 다양하게 읽을 수 있기 때문에 사람마다 목록은 달라지기 마련이다.

자투리 시간에 집에서 쉴 때는 일인용 소파를 그림책 서가 앞에 놓고 그림책의 제목을 쭉 훑어 나가면서 책 내용을 한 번씩 생각해 본다. 그러면서 '저 책이 저기에 있구나' 하며 위치를 익힌다. 천여 권이 넘는 책의 제목을 다 외우지는 못하지만 어느 책이 필요하다 싶으면 쉽게 찾을 수 있고, 우리 집에 있는 책과 없는 책은 구별해 중복되지 않게 책을 구입할 수 있다.

'자존감 키우기' 다음에 선택하는 주제는 '독서 습관 기르기'이다. 이미 신학기 초에 독서수업을 진행한 후라 담임이 어디에 관심이 많은지, 어떤 습관을 강조하는지 아이들은 파악하고 있어서 도입은 쉽게 들어갈 수 있다.

꿀벌 나무
패트리샤 폴라코 지음, 서남희 옮김,
국민서관, 2003

고맙습니다, 선생님
패트리샤 폴라코 지음, 서애경 옮김,
아이세움, 2001

 패트리샤 폴라코는 미국 작가이지만 어머니는 러시아계 유대인이다. 그의 그림책 『꿀벌 나무』와 『고맙습니다, 선생님』에는 유대인 부모가 자녀에게 독서의 중요성을 가르치는 내용이 담겨 있다. 처음에 『고맙습니다, 선생님』을 발견하고 독서를 주제로 아이들에게 읽어줘야겠다고 생각했는데, 나중에 『꿀벌 나무』를 만났다. 독서의 중요성이나 의미에 대해 호감을 불러일으킬 책으로 두 권 다 좋지만, 어떤 책을 먼저 읽어줄까를 고민하다가 『꿀벌 나무』를 먼저 읽어주었다. 책을 어떻게 읽어줘야 효과적일까를 고민하다 보면, 저절로 어떤 책이 먼저이고 나중인지 순서가 잡힌다.

 책 읽기를 싫어하는 아이에게 어떻게 책을 쥐여줄 수 있을까? 강제로 책상에 앉히고 독후감 숙제를 잔뜩 내준다고 해서 책 싫어하는 아이가 갑자기 책벌레로 돌변할까? 아이에게 어떻게 자연스럽게 독서의 재미를 알게 하고 맛들이게 할까는 교사나 학부모에게 늘 무거운 과제일 것이다. 『꿀벌 나무』는 독서의 즐거움을 자연스럽게, 아주 부드럽게 느끼게 해주는 그림책이다.

『꿀벌 나무』의 표지에는 꽃에서 꿀벌을 채취하는 검은 모자의 할아버지와 그 뒤에서 조심스레 들여다보는 여자아이가 있다. 속표지에는 여자아이가 소파에 멍하니 앉아 있는데 오른손에는 책을 한 권 쥐고 있고 바닥에도 책이 나뒹굴고 있다. '꿀벌나무'라는 제목과 달리 '책'에 관한 이야기임을 슬쩍 알려주는 그림이다.

주인공 초롱이는 할아버지에게 책 읽기 싫다고, 밖에 나가 놀고 싶다고 투정을 부리며 한숨을 푹푹 내쉰다. 그러자 할아버지는 꿀벌나무를 찾으러 가자고 한다. 책 읽기가 싫다고 하는데 웬 꿀벌나무? 할아버지와 초롱이는 유리병에 꿀벌 몇 마리를 다치지 않게 넣고, 한 마리씩 날리며 꿀벌나무를 찾아 나선다. 아기를 유모차에 태우고 산책하던 복조리 아줌마는 할아버지와 초롱이를 보고 꿀벌나무를 찾는 여정에 함께한다. 그 뒤 거위, 천둥소리 아저씨, 멋진 수염 씨와 연두, 완두 양, 금반짝양, 산노래군, 염소떼, 떠돌이 세 악사 등 여정에 합류한 이들이 점점 많아지고 소리도 야단스럽다. 끼이익, 타다닥, 덜컹덜컹, 꽥꽥, 매에~ 시끄럽고 야단스러운 여정은 낭떠러지를 지나

우묵땅으로 내려가고, 숲 앞에 다다라 마지막 벌꿀을 날려 꿀벌나무를 찾은 후에야 끝이 난다. 꿀벌나무에서 벌집을 뜯어내 한바탕 잔치가 벌어진다. 할아버지는 책 표지에 꿀을 한 숟갈 얹고 초롱이에게 맛보라고 권하며 다음과 같은 말을 한다.

"책 속에도 바로 그렇게 달콤한 게 있단다. 모험, 지식, 지혜…… 그런 것들 말이다. 하지만 그건 저절로 얻을 수 있는 게 아니야. 네가 직접 찾아야 한단다. 우리가 꿀벌 나무를 찾기 위해서 벌을 뒤쫓아 가듯, 너는 책장을 넘기면서 그것들을 찾아가야 하는 거란다."

초롱이와 할아버지가 꿀벌나무를 찾아가는 여정은 합류하는 친구들이 많아질수록 시끄럽고 흥겹고 호흡이 가빠지고 재미있다. 아주 신나고 즐거운 축제를 보는 듯하다. 낭독하는 나도, 듣고 있는 아이들도 신이 난다. 동물의 소리를 더 크게 내면서 박자를 맞추면 '쿡쿡' 웃음소리가 번진다. 이 모든 행동이 책 읽기 싫어하는 초롱이를 다시 책으로 불러들이기 위한 것임을 할아버지의 말을 듣고 알게 된 아이들은 어느새 침착해졌다. 아이들에게 나도 할아버지처럼 책 속에는 재미난 것들이 많고, 벌을 쫓아가듯 책장을 넘기며 찾는 사람이 되라고 당부했다.

밖에서 뛰어놀고 싶어 하는 초롱이를 마음껏 뛰게 하고 여러 어른들이 가세해 뿌듯하고 의미 있는 여정을 만들어가는 과정을 보면서 아이가 깨달음을 얻고 지혜를 찾아가는 과정에 어른들이 자연스럽게 동참하는 유대인의 관습이 세계를 이끌어가는 인재를 만드는 것이 아닐까 하는 생각이 들었다. 초롱이는 다시는 책 읽기가 싫다고 투덜거리지 않을 것이다. 초롱이의 여정에 동네 사람들이 즐거운 마음으로 동참하고 힘을 보태고 그 결실을 축하하는 모습이 아름다웠다.

『고맙습니다, 선생님』은 패트리샤 폴라코를 알게 해준 책이다. 작가의 자전적인 이야기를 담은 이 책은 난독증으로 고생하는 아이가 이를 극복하는 과정을 그리고 있다. 진정한 스승의 모습을 보여주는 이 책을 읽고 나서 '나는 교사 자격이 있는가' 하는 자괴감에 빠지기도 했다. 난독증에 관한 책을 구입해 읽으며 이해의 시간을 가졌다. 그만큼 이 책이 내게 준 충격은 컸다. 패트리샤 폴라코에 푹 빠져 아이들에게도 자주 읽어줬다. 이제 아이들은 그림만 보고도 폴라코의 책을 맞힐 정도다.

주인공 트리샤는 책을 좋아하는 분위기의 집안에서 자랐다. 할아버지도, 할머니도, 엄마도 언제나 트리샤에게 책을 읽어줬다. 가족들은 트리샤가 학교에 들어가면 책을 읽을 거라고 생각했다. 하지만 학교에 들어간 트리샤는 친구들이 1과, 2과 진도를 나갈 때 1과만 붙잡고 있었다. 트리샤는 아른거리는 글자 모양 때문에 글자를 읽을 수가 없고, 벙어리가 된 느낌이 들었다. 항상 격려해주던 할머니가 돌아가시고 트리샤 가족은 캘리포니아로 이사를 갔다. 새 학교에서 글자를 못 읽는 트리샤는 아이들에게 놀림을 받았고 그럴수록 학교에 가기가 싫었다.

5학년이 된 트리샤는 폴커 선생님을 만났다. 폴커 선생님은 트리샤가 난독증이라는 것을 알고 매일 특별수업을 했다. 어느 봄날, 트리샤는 책에 적힌 한 문장, 한 문장, 드디어 한 문단을 다 읽고 무슨 뜻인지 이해했다. 그날 숨도 안 쉬고 집으로 뛰어간 트리샤는 선반에서 할아버지가 보여준 책을 꺼내 꿀을 얹고 맛보았다. 할아버지는 트리샤에게 종종 이렇게 말했다.

"꿀은 달콤해. 지식의 맛도 달콤해. 하지만 지식은 그 꿀을 만드는 벌과 같은 거야. 이 책장을 넘기면서 쫓아가야 얻을 수 있는 거야."

트리샤가 글을 읽을 수 있게 되어 기쁨의 눈물을 흘리는 장면을 볼 때 나도, 아이들도 가슴이 먹먹해지고 눈가가 촉촉해졌다. 트리샤가 감당해야 했던 슬픔을 표현하는 그림은 글을 읽지 않아도 그 마음이 온전히 전해져 팽팽하게 줄을 당기고 억울함과 비애가 삐죽삐죽 나온다. 트리샤의 표정에 따라 아이들의 표정도 달라졌다. 에릭의 놀림을 받고 숨어 울고 있는 트리샤의 모습을 보고 자기 일인 양 흥분하고, 할아버지가 주신 책을 읽는 트리샤를 보면서 '이렇게 어렵게 글을 읽는 친구가 있구나!' 하며 자신의 처지를 다행으로 여기기도 했다. 이 책이 작가의 실제 이야기라고 하니 아이들의 반응은 더 뜨거웠다.

『꿀벌 나무』와 『고맙습니다, 선생님』을 읽고 나면 아이들은 금요일마다 먹는 사탕의 의미를 알게 된다. 일주일간 책을 읽고 얻은 지식의 달콤함이구나!

우리 학교 도서관은 본관 4층에 있다. 4층에는 주로 5, 6학년이 생활하는 곳인데 난 이 4층을 내려가기 싫다. "도서관에 다녀왔나요? 아직 안 간 사람은 빨리 다녀오세요"라는 말을 하루에 한두 차례 반드시 한다. 도서관이 이렇게 가까이 있는데 어떻게 가보지 않는단 말인가. 꼬박꼬박 얇은 책을 골라 읽는 아이도 있고, 일부러 두꺼운 책에 도전하는 아이도 있고, 판타지에 빠진 아이, 과학책에 빠진 아이 등 다양한 독서를 즐기는 모습이 보인다. 이런 행동이 학기 초의 일시적인 현상이 되지 않도록 하는 것이 나의 목표다. 교실이 도서관 가까이 있으니 금상첨화다. 아이들에게 독서에 대한 내적 욕구를 쑥쑥 키워주고 언제나 책으로 수다꽃을 피우는 교실을 꿈꿔본다.

책 읽기의 목적은
변화와 성장이다

『도서관의 비밀』

가끔 내가 문자중독이 아닐까 싶을 때가 있다. 무언가를 읽고 있지 않으면 불안하다. 그래서 늘 책을 과도하게 구입하고, 읽어야 할 책들이 책상 위에 쌓여 있다. 짧은 여유라도 생기면 읽어야 할 것 같은 불안에 휩싸이고 주말에 낮잠을 한바탕 자고 나면 개운하기보다는 시간이 의미 없이 훌쩍 지나갔다고 스스로에게 짜증을 부린다. 어디를 가든 읽을 책을 가방에 넣어야 안심이 된다. 왜 그렇게 읽으려고 할까. 어떤 불안이 나를 독촉하고 있는 것일까. 스스로에게 질문을 던져 본다. 주변 사람들은 책을 읽는 건 좋은 습관인데 그걸 왜 불편하게 생각하느냐고 고개를 갸우뚱하지만 나는 이런 습관이 불편하다. 씹지 않고 삼킨 음식물이 식도에 걸린 것처럼 거북하고, 다른 일을 수북하게 쌓아놓고 책 속으로 도피하는 건 아닌지 반성하기도 한다.

그렇다고 속독을 하는 것은 절대 아니다. 오히려 나는 매우 느리게 책을 읽는다. 요즘 아이들이 속독하는 것을 보면 부럽기도 하고 이해는 제대로 할까 걱정스럽기도 하다. 내 독서는 입말로 읽는 독서다. 눈으로 읽고 있지만 속으로는 한 문장 한 문장 소리 내어 낭독하고 있다. 입말로 읽다 보면 책의 운율과 장면이 살아나고 글 속 인물이 가깝게 느껴진다. 한 단어씩 꾹꾹 눌러쓰는 것처럼 천천히, 고된 노동 같은 독서를 한다.

지금도 노동 같은 책 읽기를 하고 있는 내게 『도서관의 비밀』은 읽는 일을 멈추면 안 된다고 말을 건네며 위로해주는 책이다. 분량이 짧은 그림책으로 추리 작품을 쓸 수 있을까 싶은데 이 책은 멋지게 해내고 있다. 이 책은 한 번 읽어서는 그림과 내용에 숨겨진 장치를 이해하기 어렵다. 다 읽은 다음에는 꼭 다시 되돌아가서 표지 그림부터 면밀하게 살펴보아야 한다.

표지는 빨간 원피스를 입은 소녀가 얼굴이 보이지 않을 정도로 많은 책을 안고 도서관 문에서 나오는 장면이다. 초록색 글씨의 제목 중 '의' 자에는 빨간색 안경이 씌어 있다. 면지는 정말 사랑스럽다. 하얀 바탕의 면지 오른쪽 아래에는 빨간 원피스 소녀가 책을 살짝 들춰

보는 장면이 그려져 있다. 호기심이 가득해 보인다. 그다음 장의 속표지에는 묶여진 서가 사이로 소녀가 살며시 내다 보고 있다. 서가 사이에는 통행이 가능하도록 공간이 존재해야 하는데 왜 묶여 있을까? 처음에는 이 그림의 의미를 알지 못하고 성급하게 내용에 들어가기 바빴다. 몇 차례 반복해서 읽고 나서야 이 속표지 그림의 의미가 이해되었다. 작가가 파놓은 함정에 그대로 빠졌던 것이다.

우리의 선입견을 보기 좋게 무너뜨리는 책이라 전달하는 메시지는 엄포에 가까운 협박처럼 무거운데도 기분이 좋아진다. 이 책을 발견하고 보물을 얻은 것처럼 뿌듯했다. 아이들에게 빨리 읽어주고 싶었다.

책을 읽기 전에 아이들에게 표지를 보여준다. "소녀가 나가는 장면일까요, 들어오는 장면일까요?" 질문을 던지자 아이들은 표지 그림을 자세히 보려고 목을 쭉 뺀다. 도서관 건물은 어디가 안이고, 어디가 밖인지 구분이 되지 않는다. "이 책은 추리하는 책이야. 다들 집중해서 잘 따라오세요" 하며 나는 무심하게 책을 읽어주었다. 아이들은 무척 집중하며 이야기에 빠졌다.

'나'는 도서관 사서다. 내가 도서관에서 근무한 지 사흘째 되는 날 어디선가 이상한 소리가 났다. 도서관에 또 다른 누군가가 있는 걸까? 나는 도서관 구석구석을 찾아다녔지만 아무것도 발견하지 못한

도서관의 비밀
통지아 지음, 그린북, 2009

다. 이상한 인기척은 다음 날, 또 다음 날로 이어진다. 인기척이 도서관을 휘젓고 다닐수록 책이 바닥에 흩어지고 도서관은 엉망이 된다. 가만히 살펴보니 이 정체 모를 인기척은 주로 빨간책이 있는 곳에서 났다. 나는 빨간책이 있는 곳에 함정을 파고 기다렸다. 꼬리가 길면 밟히는 법. 도둑의 정체는? 아니, 이게 어떻게 된 일이지? 더 이상은 말할 수 없다. 추리하며 읽어야 하는데 결과를 알려주면 맥이 다 빠진다.

이 책은 쫓는 자와 쫓기는 자를 묘사한 방식이 재미있다. 아이들은 추리 형식의 그림책이라는 것을 알고도, 작가가 파놓은 함정에 고스란히 빠지고 만다. 범인의 정체에 담긴 반전을 유쾌하게 받아들인다. 처음에 범인의 정체를 보고 "어?" 하다가 소리 높여 "하하하" 웃는다.

처음 책을 읽어줄 때 한 아이가 장면마다 두 인물이 나온다고 했다. 내 눈에는 빨간 원피스 소녀만 보였는데 아이의 말을 듣고 유심히 살펴보니 정말 한 명이 더 있었다. 우리가 사서라고 의심 없이 믿고 있던 인물 말고 진짜 사서의 모습이 조금씩 보이다 점점 크게 드러나고 있었다. 참 대단한 발견이다!

작가가 만들어 놓은 함정에 푹 빠지는 것이 재미이고 즐거움이다. 아이들은 함정에 빠지며 즐거운 탄성을 질렀다. 어차피 이 책은 한 번 읽고 끝낼 수 없는 책이므로, 다 읽고 나서 칠판 앞에 세워놓으면 아이들은 하루 종일 와서 책을 뒤적거리며 반복해 본다. 이미 결론을 다 아는데도 표정은 마냥 호기심이 넘친다.

얼마 전 책을 쓰기로 마음먹고 믿고 따르는 동료 교사에게 계획을 이야기했다.

"저 책을 한번 써보려고요. 끝까지 마칠 수 있을지는 모르겠으나 가는 데까지는 가볼 생각입니다."

"선생님은 멈추는 분이 아니라 늘 성장하는 분이세요. 분명 잘하실 수 있을 겁니다."

"제가 성장한다고요?"

"제가 지켜본 선생님은 공부를 하고, 그 공부를 늘 실천하셨어요. 그래서 해마다 아이들과 다른 경험을 하지요. 그렇게 하는 분은 많지 않아요."

　선생님과 대화하면서 나는 '성장'에 대해 다시 생각했다. 책은 나를 배움의 세계로 인도하기도 했지만, 내 자신을 바로 세우고 변화시키기도 했던 것이다. '책을 읽고 변하지 않으면 안 읽은 것이나 마찬가지다.' 늘 좌우명처럼 새기는 말이다. 생각이 변하고, 말이 변하고, 행동과 습관이 변하기를 꿈꾸며 지금도 책 읽기를 계속하고 있다. 그러니 내게 책 읽기의 속도와 권수는 의미가 없다. 서가에 책을 가득 채워 넣는 일도 마찬가지다. 내게 책 읽기의 기준은 오로지 '변화'와 '성장'이다.

밥 타는 냄새도
잊게 만든 독서

『책만 읽고 싶어 하는 아이』

중학생 시절 샬롯 브론테와 에밀리 브론테에 빠져 시간만 나면 그들의 책을 읽었다. 책만 본다는 엄마의 꾸지람에 무작정 책을 들고 밖을 나섰다. 추운 겨울에 마땅히 책 읽을 곳을 찾기가 쉽지 않았다. 하는 수 없이 초등학교 별관의 계단에 쭈그려 앉아 책을 읽었다. 운동장엔 군데군데 눈이 녹지 않았고, 지나가던 어른이 추운데 괜찮냐고 물은 게 기억난다. 나는 추위를 느낄 새도 없이 책 속으로 빠졌다. 그때는 읽을거리만 있으면 행복했다. 잔뜩 굶주린 아이처럼 게걸스럽게 읽을거리를 찾아다녔고, 등하교 길에 친구들은 내가 들려주는 책 이야기의 청중이 되어야 했다. 하굣길은 산을 하나 넘어야 하는 제법 험하고 긴 길이었는데 친구들은 내 이야기에 빠져 집에도 가지 못하고 멈춰 서서 이야기를 들었다.

  난 어른이 되면 당연히 소설가가 될 거라고 생각했다. 가슴 졸이는 삶의 이야기를 쓰고 싶었다. 비슷한 꿈을 꾸던 친구들 무리와 은신처도 만들었다. 집으로 가는 길에서 조금 벗어나면 사방이 나무로 가려져 있지만 안으로 들어가면 제법 햇빛이 잘 드는 작은 공터가 있었다. 토요일이 되면 호떡 하나를 사 먹고, 그 장소로 가서 우리만의 이야기를 쏟아냈다. 나는 일주일간 읽은 책을 모두 말로 토해냈다. 읽은 책 이야기를 친구들에게 하면 최고의 이야기꾼이 된 기분이었다. 중학교 시절 우리들의 은신처와 책 이야기를 빼면 추억할 것이 별로 없다. 그때 내게는 책이 있었고, 친구가 있었다.

  『책만 읽고 싶어 하는 아이』는 그렇게 독서에 열정을 다했던 중학생 시절을 떠올리게 한다. 한 아이가 읽어달라고 가져온 것을 다시 돌려주면서 군침 흘렸던 기억이 생생하다. 그러다가 작년에 중고서점에서 이 책을 다시 만났다. 책의 상태는 형편없었다. 낙서가 되어 있고, 책의 모서리는 하얀 속살을 드러냈으며, 군데군데 유리테이프가 붙어 있었다. 그러나 낡은 모습의 책은 여전히 사랑스러웠고, 아이들에게 읽어주면 돌아오는 반응도 무척 재미있었다. 고개를 갸웃거리며 '책이 그렇게 재미있나?' 의문을 갖게 하는 이 책은 아이들에게 독서에 대한 호기심을 불러오기 충분한 작품이다.

책만 읽고 싶어 하는 아이
소나 홀트 글, 안나-클라라 티드홀름 그림, 최선경 옮김, 킨더랜드, 2006

 이 책의 서사는 옛날이야기를 전해주는 입말로 되어 있다. "옛날에는 책만 읽고 싶어 하는 아이가 살았대." 첫 문장을 읽으면서 우리는 옛이야기의 과장된 전개도 다 이해할 마음의 준비를 하고 책에 들어간다. 문장이 어떤 식으로 서술되었느냐에 따라 이야기의 내용은 참 다르게 다가온다.
 책만 읽고 싶어 하는 아이는 언덕 위 오두막에 살았다. 밤에는 촛불을 켜고 책을 봐야 했는데, 그것이 불편했던 아이는 풍차를 돌려 전깃불을 켰다. 그러던 어느 날, 불이 들어오지 않아 밖에 나가보니 바람이 사라져 풍차가 돌지 않고 있었다. 아이는 바람을 찾아 나섰다. 동서남북 어디에도 바람은 없었다. 실망한 소녀가 집으로 돌아오는 길, 전화박스가 들썩거려 열어봤더니 바람이 한꺼번에 휩쓸려 나왔다.

 입말을 살려 책을 읽으면 아이들은 금세 몰두한다. 그림과 이야기가 맞물리면 더 재미있어진다. 색연필과 수채화 물감으로 그린 그림은 편안하게 다가온다. 그림 작가는 우리를 남쪽 사막 한가운데에 데려가고, 서쪽 바닷가 해변, 동쪽 사막의 만년설, 북쪽 유빙이 떠다니는 빙하에 데려다 놓는다. 글에 나타나지 않은 공간은 온전히 그림 작가의 상상이 만들어낸 산물이다. 소녀가 전화박스를 열자 바람은 화면 가득 거세게 불어오고, 나무는 쓰러질 듯 휘어지고, 사람들은 공중으로 붕 날아오른다. 마치 나한테까지 불어올 것 같은 바람이다.
 '책만 읽고 싶다'는 내면의 강렬한 욕구를 실현하기 위해 바람을 찾아 떠나는 소녀를 보면서 자꾸 나를 돌아보게 된다. 나는 이처럼 문제를 해결하기 위해 적극적으로 몸을 움직이고 나섰는지, 내면의 욕구는 들여다보지 않고 '그게 가능하겠어?' 하며 지레 포기하지는 않았는지 생각해본다. 소녀에게 '그렇게 책만 읽어서 뭐할 건데?'라고 질문을 던졌는데, 사실 그 질문이 필요한 것은 나였다. 소녀는 내면의 목소리에 따라 언제든지 문제를 해결하러 나설 준비가 되어 있기 때문에 걱정할 필요가 없었다. 소녀에게 책을 읽는 것은 내면의 소리를 듣는 과정이었다.

중학교 시절, 학교 도서관에서 학생 사서를 모집하기에 나도 신청한 적이 있다. 학생 사서의 위력은 대단했다. 도서관에 들어오는 책의 도서카드를 작성하고 선생님을 도와 대출 작업을 해야 했는데, 모든 새 책을 가장 먼저 뒤적여볼 수 있는 그 특권이 너무 좋았다. 책이 들어오면 등록대장에 올리고 카드 봉투를 붙이고 각각 대출카드를 만들어 봉투에 넣어야 대출이 가능했지만 어떤 책은 한 가지 조건이 더 붙었다. 선생님은 모르는 일인데 내가 읽고 나야 대출이 가능했던 것이다. 사춘기의 치기와 오기 같은 것이 나를 지배하고 있었는지도 모른다. 아련한 이야기다.

그 시절 어머니는 나를 잘 믿지 못했다. 무슨 일을 시키면 깔끔하게 처리하기보다는 다른 일에 빠져 그르치기 일쑤였기 때문이다. 책을 보고 있다가 어머니가 뭔가 시키면 대충 알겠다고 대답하고 까마득하게 잊어버리곤 했다. 어느 날 어머니는 부엌에서 저녁밥의 불을 조절하라고 했다. 풍로에 하는 밥은 물이 끓으면 불을 줄여 뜸을 들여야 했다. 난 그 일을 대수롭지 않게 여기며 부뚜막에 앉아 책을 읽고 있었다. 얼마나 지났을까, 밖에서 큰 소리가 들리고 부엌문이 활짝 열린 후 오빠가 뛰어들어왔다.

"왜 그래?"

"얘 좀 보게, 너 밥 타는 냄새 안 나?"

"밥 타는 냄새?"

그제야 밥 타는 냄새가 코를 찔렀다. 바로 옆에서 왜 그 냄새를 못 맡았을까. 밥솥 뚜껑을 열어보니 쌀의 가장자리는 완전히 타서 숯이 되었고, 가운데는 노랗고, 하얀 곳은 한가운데 아주 조금 남아 있었다. 그날 어머니로부터 엄청난 잔소리를 들은 것은 당연지사였다. 밥 타는 것도 모른 채 빠졌던 책의 제목은 뭐였는지, 어떤 내용이었는지 기억은 안 난다. 중학생 소녀를 떨리게 했던 연애소설은 아니었을까 싶다.

함께 읽는
즐거움

『브루노를 위한 책』

　괜찮은 책을 만나면 그 감동을 나누고 싶어 공연히 휴대전화를 만지작거린다. '이 책을 누구에게 권하면 좋을까?' 채팅창을 훑어보다가 늘 한군데에서 멈춘다. 친구들과 하는 대화방이다. 이 책이 참 좋다고, 한번 읽어보라는 메시지와 함께 책의 사진을 보낸다. 하지만 친구들이 내가 추천하는 책을 챙겨 읽는지는 모르겠다. 어쩌면 나와 공감하는 사람이 있을 거라는 착각에서, 다른 사람과 공감하는 책 읽기를 하고 싶다는 마음에서 비롯된 습관일 것이다. 좋은 책을 읽고 나면 주변 사람과 이야기를 나누고 싶다. 책을 좋아하는 사람에게야 즐거운 대화겠지만, 그렇지 않은 이에게는 그저 머리 아픈 이야기일 수도 있다. 내게 감동을 주는 책이 다른 이에게도 똑같은 감동을 준다는 보장도 없다. 그럼에도 종종 "요즘 어떤 책을 읽으세요?" "괜찮은 책 좀 추천해주세요" 하는 말을 듣는다. 매일 쏟아지는 책 속에서 책 고르기가 어려운 현실이니, 책을 붙들고 사는 내게 도움을 요청하는 것일 게다.

요즘 독서 트렌드는 '함께 읽기'다. 같은 책을 여러 사람이 읽고 대화를 나누면 혼자 읽고 생각할 때보다 훨씬 사고가 넓어지는 것을 경험할 수 있다. 또 머리를 맞대고 실천 거리를 뽑아내면 '삶이 변하는 독서'를 보다 수월하게 할 수 있다. '함께 읽는 독서'의 중요성은 갈수록 커지는 중이다.

2년 전부터 동료 교사들과 함께 그림책을 읽는 모임을 시작했다. 이름하여 '마음을 보듬는 독서 교사 모임'이다. 그림책을 아이들의 교육 자료로 읽는 것뿐 아니라 나를 위해 읽고, 나의 이야기를 다른 이들과 나누며 털어낼 것은 털어내고, 다시 세울 것들은 세워 나간다. 함께 읽는 것은 같은 책을 공유하고 더불어 함께 읽은 사람들의 삶을 이해하고 위로를 건네고 지지하는 과정이다. 의미를 나누는 독서에서 꼭 성인이 읽는 두꺼운 책으로 한정할 필요는 없다. 그림책을 읽으며 내 자신이 받은 위로를 다른 사람들과 나누고 싶어 모임을 계획했는데 매번 진한 인상을 남기며 성장하고 있다. 함께 읽기는 힘이 세다.

『브루노를 위한 책』은 함께 읽기의 출발점을 다룬 책이다. 표지에는 여자아이가 기다란 책을 타고 날아가면서 남자아이의 손을 잡고 이끄는 모습이 그려져 있다. 뒤표지는 소녀가 타고 있던 책 위에 뱀이 한 마리 똬리를 틀고, 독자를 매서운 눈으로 바라보고 있다. 뱀이 앉아 있는 책이 바로 '브루노를 위한 책'인가 보다.

책 읽기를 좋아하는 울라는 아빠의 서재에서 자주 놀았다. 매일 울라를 찾아오는 친구 브루노는 책 읽는 것을 시시하다고 여겼는데, 브루노와 함께 책을 읽고 싶은 울라는 작전을 세운다. 어느 날 집에 놀러온 브루노에게 울라는 목에 붙인 반창고를 보여주며 책에서 나온 뱀에게 물렸다고 이야기한다. 울라의 이야기를 믿지 못하는 브루노는 책을 읽기 시작하고, 울라와 브루노는 책 속으로 환상 여행을 떠난다.

브루노와 울라가 떠나는 환상 여행 장면에는 글이 없다. 책갈피 끈을 타고 환상의 세계로 들어가자마자 울라는 용에게 납치되고, 브루노는 아래로 미끄러져 해변에서 배를 타고 있는 까마귀를 만난다. 까마귀는 브루노를 도와 울라를 구하러 용의 섬으로 항해를 떠난다. 용에게서 울라를 구하는 것은 오로지 브루노의 몫이다. 울라와 브루노는 폭포에서 떨어질 때 갈피끈을 잡고 현실로 돌아오는데 갈피끈을 잡은 사람은 울라가 아닌 브루노였다. 이미 브루노는 울라의 적극적인 독서 친구가 된 것이다.

브루노를 위한 책
니콜라우스 하이델바흐 지음, 김경연 옮김, 풀빛, 2003

    독서 고수 울라의 독서 친구 만들기 작전은 무척 통쾌하다. 저런 훌륭한 친구를 둔 브루노가 부럽다. 앞으로 두 사람이 어떻게 성장할지 안 봐도 훤하다. 두 친구는 수많은 책을 타고 환상여행을 다니며 키도 생각도 쑥쑥 자랄 것이다. 울라는 마치 아이들을 독서의 세계로 안내하는 멋진 선생님 같다. 적당히 호기심을 자극하고 책에 퐁당 빠지게 만들면서 결코 서두르지 않는다.

    우리 아이들은 판타지 이야기를 무척 좋아하는데, 글 없이 그림만으로 진행되는 책의 이야기에 눈을 떼지 못했다. 처음에는 브루노만큼 이 책에 뜨뜻미지근한 반응을 보이다가, 브루노가 울라의 작전에 걸려 책 속으로 빠져드는 장면에 이르자 눈빛이 빛나기 시작했다. 환상여행을 하는 브루노가 마냥 부러운 표정이다. 다시 현실로 돌아오니 아이들은 책이 주는 재미에 푹 빠져 표정이 상기돼 있었다. 아이들도 책 읽기 마법에 걸린 것이다. 울라가 아이들에게 함께 읽는 즐거움을 누려보라고, 독서 친구를 만들어보라고, 친구와 함께 도서관에서 책 읽는 일이 무엇보다 행복한 일이 될 거라고 속삭이는 것 같다.

마음을 보듬는 독서 교사 모임은 처음에 두 달 정도 기간을 잡고 진행했다. 모임을 마무리하는 날, 계속 이어나갈지에 대해 이야기를 나눴다.
"선생님이 모임 끝내자고 할까 봐 조마조마했어요."
"저도 그랬어요."
다행이었다. 계속 모임을 이어가고 싶었지만, 여건상 힘들었다. 그래서 한 달 모임을 진행하고, 한 달은 쉬는 식으로 하자고 의견을 모았다.
공부방을 빌려 모임을 진행하는 날에는 웃음소리가 크다고 항의를 받기도 하고, 퇴근 후 배고픔을 달래려고 가져온 간식이 냄새난다는 타박을 받기도 하지만 우리는 마냥 즐겁다. 남들이 보면 무슨 어른들이 그림책 한 권으로 저렇게 감정이 오르락내리락하느냐고 이상하게 볼지도 모르겠지만, 우리는 '한 권의 책으로 어떻게 저런 생각을 할 수 있지?' 감탄하기 바쁘다.

한 권의 책으로 희로애락을 느끼는 것, 함께 읽기 때문에 가능한 일이다. 당장 시간을 내서 모임에 참석하는 것이 어렵다면, 친구와 함께 같은 책을 읽으며 소감을 나눠보는 것은 어떨까. 혼자 읽는 것과는 분명 다른 경험을 하게 될 것이다.

누구나
작가가 될 수 있어!

『도서관 생쥐』

　방학 동안 그림책 만들기 연수를 받고 우리 반 아이들도 하면 좋겠다는 생각이 들어 2학기부터 진행했다. 그림책 만들기로 미술수업을 대체하고, 9월에는 스토리 완성, 10월에는 손톱 스케치와 더미북 만들기, 11월 알맹이 그림책 완성, 12월 표지 및 발표 준비하기 등의 계획을 세우고 달려갔다. 아이들에게는 "자신이 가장 잘 아는 내용을 써야 해요. 내가 가장 잘 아는 것은 나 자신이죠. 나로부터 출발하면 보다 쉽게 이야기를 만들 수 있을 거예요"라고 당부했다.

　그림책 만들기를 하면서 아이들은 자기 허물까지 드러내는 솔직한 글쓰기를 통해 마음의 상처를 치유해갔다. 아이들의 이야기를 보면서 혼자 눈물을 훔친 적이 여러 번이다. 아이들의 이야기가 손수 그린 그림과 함께 표지, 책등, 서지정보의 형식까지 갖추면 내가 추천사를 뒤표지에 써주고 책으로 완성된다. 대장정의 끝이다.

그림책 만들기를 하기 전 꼬마 작가들에게 『도서관 생쥐』를 읽어줬다. 이 책은 독서 습관을 기르는 책이라기보다는 글쓰기 책에 가깝다. 그럼에도 난 '독서' 목록에 이 책을 꼭 끼워 넣고 주제가 끝나갈 무렵에 읽어준다. '도서관 생쥐' 시리즈 1, 2권을 같이 읽으면 글 작가와 그림 작가가 짝을 맞춰 책을 완성하는 과정도 볼 수 있다.

주인공 '샘'은 도서관의 벽에 나 있는 구멍에 사는 생쥐다. 샘은 사람들이 북적거리는 낮에는 낮잠을 자고, 밤이 되면 서가를 누비며 책을 읽었다. 그림책, 위인전, 시집, 추리소설 등을 섭렵한 샘은 책을 쓰기로 결심한다. "자신이 아는 것을" 쓰라는 글쓰기 책의 구절을 본 샘은 자신에 대해 글을 썼다. '찍찍! 어느 생쥐의 삶', '외로운 치즈', '생쥐집의 비밀' 등의 책을 써서 책꽂이에 꽂아뒀다. 도서관에 찾아온 아이들은 샘의 책을 무척 재미있게 읽었다. 이를 본 사서는 쪽지를 남겨 샘을 만나고 싶다는 내용을 전했다. 아이들을 만나는 것이 쑥스러웠던 샘은 고민을 하다가 기발한 아이디어를 생각해냈다. 작가와의 만남 당일, 책상 위 티슈 상자에는 연필 두 개가 붙어 기둥이 되고, 종이 현수막에 이렇게 적혀 있었다. "작가를 만나 보세요." 샘을 만나고 싶어 하는 아이들은 티슈 상자를 들여다보고 깜짝 놀란다.

도서관 생쥐
다니엘 커크 지음, 신유선 옮김, 푸른날개, 2007

도서관 생쥐2
다니엘 커크 지음, 박선주 옮김, 푸른날개, 2007

책을 읽어주면서 티슈상자와 현수막이 나오는 장면에서 꼭 한 템포 멈춘다. "저 티슈 상자에는 뭐가 들어 있을까? 혹시 샘이 있을까?" 하며 아이들의 호기심을 자극한다. 눈이 동그래진 아이들은 빨리 다음 장을 넘기라고 재촉한다. 일부러 늑장을 부릴수록 아이들은 더 안달한다. 이렇게 그림책 한 권으로 호기심을 자극하고 이야기의 재미를 느끼니 어찌 신나고 즐겁지 않을까!

이 책에 푹 빠진 한 아이는 '도서관 생쥐' 시리즈 다섯 권을 다 샀다고 자랑해왔다. 반 아이들은 그 친구에게 나머지 책들을 빌려 즐겁게 읽었다. 또 한 아이는 『도서관 생쥐』를 어려서 보았는데 지금도 가지고 있다며 빙그레 웃었다. 어려서부터 좋아했던 책을 그렇게 추억의 책으로 보관하는 아이들이 많았으면 좋겠다.

작가가 상상해내는 이야기가 기발해 독자를 휘어잡을 때가 있다. 『도서관 생쥐』도 그렇다. 뭔가를 써보자고 하면 뒷걸음질 치는 아이들에게 샘은 "너 자신을 믿고 써 봐. 넌 훌륭한 작가야"라고 응원해준다. 티슈 상자를 보고 작가의 정체를 확인한 아이들은 상자 옆에 쌓인 빈 미니북에 자기의 이야기를 써내려갔다. 마지막에 아이들이 만든 책으로 꾸민 서가는 참 아름다웠다. 그림책 프로젝트를 마치고 자신의 작품을 들고 환하게 웃는 우리 반 아이들 얼굴 같았다.

그림책 만들기 프로젝트를 마치고 출판기념회를 진행하기로 했다. 행사 일주일 전부터는 하루에 서너 작품씩 아침 독서시간에 아이들 작품을 읽어 주었다. 아이들은 친구들의 작품이 기성 작가의 작품처럼 재미있고 감동적이라고들 했다.

그해 12월에 학부모들을 초대해 출판기념회를 했다. 아이들은 '어린이 작가'로 청중 앞에 서서 그동안 책을 만든 과정에 대해 이야기하고, 작품 소개를 했다. <u>스스로</u> 하나의 작품을 훌륭하게 완성했다는 자부심과 작가로 인정받은 자긍심이 아이들 마음에 깊은 그림을 그려 놓는 시간이었다.

많은 관객들이 참석해 행사는 성황리에 마쳤다. 세상에 단 한 권밖에 없는 그림책을 그냥 집으로 돌려보내는 게 아쉬워, 자료를 미리 정리해 파일로 만든 다음 손님들에게 나눠줬다. 그만큼 작품에 자신이 있었다. 어느 한 작품 소중하지 않은 게 없었다.

저녁 시간에는 교사인 친구들과 동료 교사, 후배, 퇴임한 선배도 찾아와서 축하해줬다. 관객들은 어린이 작가들의 작품에 감탄하며 시간 가는 줄 모르고 포스트잇에 감상평을 써서 하나 하나 작품에 붙여주었다. "그림을 잘 그렸네!" "나도 우유가 싫어 ㅜㅜㅜ" "작품이 정말 재미있다!" "문학성이 뛰어난 작품이네" 등의 감상평을 아이들도 뿌듯하게 읽어갔다. 불이 꺼진 학교에 오로지 도서관만 늦게까지 환하게 불을 밝힌 밤이었다.

그날 뒤풀이 자리에서도 아이들과 그림책 만들기를 하면서 생긴 에피소드를 이야기하고, 팔불출처럼 아이들 자랑을 늘어놨다. 그림책 만들기 프로젝트는 계획대로였다. 아이들도 나도 성장한 시간이었다.

뒤풀이를 마치고 집으로 돌아가는 길에 친구가 한마디했다. "나라면 이태숙하고 동학년 안 할 거야." "왜?" "너랑 비교당하기 싫어서!" 그 자리에 있던 사람들 모두 유쾌하게 웃었다.

생각 너머 생각

급하게 먹는 밥은 체한다

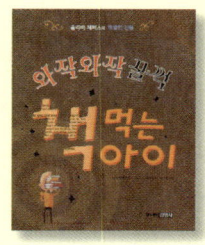

와작와작 꿀꺽 책 먹는 아이
올리버 제퍼스 지음, 유경희 옮김, 주니어김영사, 2007

헨리는 어느 날 시험 삼아 낱말 하나를 먹어보고, 한 줄, 한 장 먹다가 결국 책 먹는 것을 좋아하게 되었다. 모든 책을 다 좋아해서 이야기책, 사전, 지도책, 만화책은 물론 수학책까지 엄청난 속도로 와작와작 꾸울꺽 한입에 먹어치웠다. 그럴수록 헨리는 똑똑해졌다. 무엇이든 다 알고 싶었던 헨리는 무슨 책인지 신경 쓰지 않고 서너 권이나 되는 책을 한 번에 먹었다. 그러자 헨리의 몸이 아프기 시작했고 책을 먹어서 알게 된 지식이 엉망진창으로 섞여버렸다.

독서가 중요하다고 귀에 딱지가 앉도록 아이들에게 잔소리했는데, 아이들은 독서에 대해 이런 의문을 가지는 순간이 온다. '만화책이라도 읽기만 하면 되나?' '어른들이 읽는 책을 읽어도 괜찮을까?' '쉬운 책만 골라 읽어도 될까?' '골고루 읽지 않고 이야기책만 읽는데 괜찮을까?' '책만 많이 읽으면 다 괜찮은 건가?' 등의 궁금증을 가진 아이들과 함께 이야기하기 좋은 책이 바로 『와작와작 꿀꺽 책 먹는 아이』이다. 이 책을 읽고 나서 "독서는 우리에게 좋기만 할까?"라는 주제로 찬반토론을 진행했다.

찬반토론: 독서는 우리에게 좋기만 할까?

　찬반토론은 찬성과 반대의 입장으로 짝과 한 번 토론한 후, 서로 입장을 바꾸어 토론하고, 마지막으로 해결방법을 찾는 토론을 해야 한다. 입장을 바꿔서 토론할 때에는 앞 사람이 말한 근거를 들면 안 되고, 다른 근거를 들어야 한다. 아이들에게 활동지를 나눠주고, 기록하는 방법을 설명해주었다. 토론에 집중하도록 이야기를 나누고 난 뒤에 정리하도록 했다.

1차 토론 : 찬반토론

민들: 책을 읽는 것은 좋은 일이야. 지식을 얻을 수도 있고, 상상력도 풍부해지거든.

감서: 책을 읽는 것은 좋은 일이지만, 어떻게 읽느냐가 중요한 것 같아. 책을 너무 많이 읽으면 눈도 나빠지고 건강에도 좋지 않아.

민들: 책을 읽으면서 숨쉬기 운동만 하는 것은 아니야. 나는 거실을 돌아다니면서 책을 읽기도 하고, 중간 중간에 스트레칭도 하고 그래.

감서: 그렇지만 책에 너무 빠지면 몸을 움직이기가 쉽지 않아.

2차 토론 : 입장 바꾸기

감서: 책 읽기는 내가 가지고 있는 문제를 해결해줘. 예를 들어 조사 숙제 같은 거. 그래서 책 읽기는 좋은 일이야.

민들: 이제는 굳이 책을 읽지 않아도 인터넷으로 검색해서 해결할 수 있잖아. 책만 읽고 일을 하지 않는다면 가족은 어떻게 살지?

감서: 읽는 일이 직업이 될 수도 있지 않을까?

민들: 글쎄, 독서가 좋은 것은 맞지만 책만 보고 있는 아이에게 말 걸기가 어려워. 책에만 빠져 있으면 친구 관계를 이어가기도 힘들다고 생각해.

3차 토론 : 창의적 해결방법 생각하기

감서: 책을 읽는 것은 좋지만, 잘 읽어야 할 거 같아. 어떻게 읽는 것이 좋을까?

민들: 우리는 헨리처럼 먹지는 못하지만 씹어 먹듯이 이해하며 읽어야겠지?

감서: 물론, 차근차근 이해하고 마음으로 느끼며 읽어야 할 것 같아.

민들: 그리고 책은 적당히 쉬어가면서 읽어줘야 해. 다른 할 일도 하면서.

감서: 맞아. 놀기도 하고, 숙제도 해야 하고, 축구도 해야 돼.

민들: 넌 축구 빠지면 안 되지? 하하하.

감서: 맞아. 난 축구 꼭 해야 돼. 히히. 책은 어느 정도로 읽는 게 좋을까?

민들: 할 일에 지장이 없으려면, 사람마다 요일도 달라질 거 같아.

감서: 습관이 되려면 매일 읽는 것이 중요하다고 하잖아.

민들: 그럼 '매일 할 일을 마치고 적당한 시간에 책 읽기'로 하면 어때?

감서: 그것도 좋지만, 바쁜 날은 책 읽기를 안 할 것 같아.

민들: 그럼 '매일 30분~3시간 독서하기'는 어떨까?

감서: 그래, 그게 좋겠다.

찬성과 반대 측 아이들의 토론은 팽팽했다. 아이들은 나름대로 근거를 가지고 자신의 주장을 잘 펼쳐보였다. 어느 토론 시간보다 흥미진진했으며, 여기저기 웃음이 터져 나오기도 했다. 교실 안은 시장 안처럼 시끄러운데 다른 팀의 이야기가 들리지 않는지 고개를 옆으로 돌리지도 않았다. 친구를 설득하려다 보니 흥분하며 목소리가 커지는 아이도 있었다. "흥분하면 오히려 불리해요. 차분하게 설득하세요"라고 말하며 아이들을 진정시켰다. 돌아다니며 살펴보니 반대 입장이 우세한 것 같다. 아이들이 노트에 정리한 글을 보아도 책만 읽기보다는 다양한 활동과 경험을 더 중요하게 생각했다.

생각 글쓰기

창의적 해결방법을 마친 아이들에게 〈찬반토론 활동지〉에 토의 내용을 기록하라고 하니 옆 친구에게 물어보며 표에 토의 내용을 작성했다. 그리고 아이들은 책의 내용과 토의 내용을 바탕으로 자신의 생각을 펼치는 글쓰기를 했다.

<찬반토론 활동지>

주제	독서는 우리에게 좋은가?			
토론자(짝 이름)				
토론	찬성입장		반대입장	
	반대입장		찬성입장	
해결방법				
소감				

    책을 읽는 것은 아주 좋은 일이다. 지식을 쌓을 수도 있고, 상상의 범위가 넓어지기도 한다. 하지만 책을 어떻게 읽느냐에 따라 바뀌는 것 같다. 이 책의 주인공처럼 책을 많이 읽어도, 빨리 읽어도 완전히 이해하지 않으면 소용이 없다고 생각한다. 책을 너무 천천히 읽으면 읽는 시간이 오래 걸려 잘 연결시키지 못하는 경우도 있다. 우리 엄마는 책을 너무 오랫동안 한 자세로 읽어서 몸이 굳은 적도 있다. 그래서 엄마는 책을 많이 읽는 것도 좋지만 중간중간 쉬는 시간도 가지고 때와 장소를 가려 읽으라고 하신다. 독서가 나쁘진 않지만 잘못된 방법으로 읽으면 좋지 않다.(아름)

책 먹는 아이 헨리가 처음에 책을 찢어 먹을 때 무슨 맛이지? 대체 왜 먹는 걸까? 생각했지만 헨리가 선생님보다 똑똑해지는 것을 보고 '나도 먹어볼까?' 생각했다. 하지만 다 읽고 나니 노력도 않고 한꺼번에 똑똑해지는 것보다는 내가 직접 한두 권씩 읽어가면서 똑똑해지는 것이 더 자랑스럽고 뿌듯할 것 같은 기분이 들었다. 그래서 나는 책을 이해하면서 천천히 읽고 금방 똑똑해지는 게 아니라도 다 읽고 나서 성취감을 느끼고 싶다.(가인)

이 책의 제목을 보면서 『책 먹는 여우』를 생각했다. 그러나 먹는다는 점은 같았지만 먹는 방법이 조금 달랐다. 여우는 책을 먹을 때 소금이나 후추를 뿌려 먹었는데, 헨리는 그냥 먹었다. 토론을 하는데 짝꿍은 이 책에 대해 완전히 이해한 것 같지 않아서 먼저 설명을 해줬다. 그리고 나니 토론이 가능해졌다. 둘이서 이야기를 나누고 창의적 해결을 하고 나니 재미있었다.(유찬)

이 책은 일단 우리에게 익숙하게 들린다. 『책 먹는 여우』가 있기 때문이다. 책 먹는 여우는 책을 먹다가 들켜서 감옥에 가고, 그곳에서 할 일이 없자 글을 쓴다. 나중에 그 책이 엄청나게 팔린다는 이야기지만 이 책의 헨리는 책을 먹다가 금지령이 내려지고 먹는 것보다 읽는 것이 재미있다는 것을 알게 되어 책을 읽는다는 내용이다. 우리 팀 토

론의 결론은 '할 것부터 하고 읽고 싶을 때까지 책을 읽자'이다.(수현)

비교하며 읽기

아이들의 글을 읽으며 흐뭇한 미소가 번졌다. 책을 먹는 주인공을 보면서 자연스레 자신들이 예전에 읽은 『책 먹는 여우』(프란치스카 비어만, 주니어김영사)를 떠올리는 모습이 대견하고 귀여웠다. 이처럼 서로 다른 텍스트를 가지고 공통점과 차이점을 찾아내는 것을 '상호 텍스트성'이라고 한다.

상호 텍스트성은 한 작가의 여러 작품을 비교할 수도 있고, 같은 주제를 다른 방식으로 다룬 책을 가지고 비교할 수도 있다. 또 원전과 패러디 작품을 놓고 비교해볼 수도 있다. 예컨대 앤서니 브라운의 작품에는 두려움이 주요 소재로 쓰이는데, 그런 작품들을 비교하며 읽으면 한 작가의 상호 텍스트성 공부가 된다. 원전과 패러디 작품의 경우 『아기 돼지 삼형제』(폴 갈돈, 시공주니어), 『아기 늑대 세 마리와 못된 돼지』(유진 트리비자스, 시공주니어), 『늑대가 들려주는 아기 돼지 삼형제 이야기』(존 셰스카, 보림)가 대표적인 사례로 꼽힌다.

이렇게 비교하며 읽는 행위는 수동적 읽기가 아니라 스스로 해석하고 이해하는 적극적 읽기에 해당한다. 아이들이 책을 통해 스스로 비교 분석하는 모습을 보면서 다양한 목록을 만들어 추천해주어야겠다는 생각이 들었다.

함께 읽으면 좋은 책

『아만다는 책만 좋아해!』 모 윌렘스 지음, 살림어린이, 2013

『책 읽는 두꺼비』 클로드 부종 지음, 비룡소, 2004

『책의 아이』 올리버 제퍼스·샘 윈스턴 지음, 비룡소, 2017

『우리는 언제나 책을 읽을 수 있어요』 헬레인 베커 글, 마크 호프만 그림, 썬더키즈, 2017

『모리스 레스모어의 환상적인 날아다니는 책』 윌리엄 조이스 글, 조 블룸 그림, 상상의힘, 2012

『산책』 이정호 지음, 상, 2016

『윌리의 신기한 모험』 앤서니 브라운 지음, 웅진주니어, 2014

『책 읽어주는 할머니』 김인자 글, 이진희 그림, 글로연, 2009

『책 읽기 좋아하는 할머니』 존 위치 지음, 파랑새, 2000

『내가 책이라면』 쥬제 죠르즈 레트리아 글, 안드레 레트리아 그림, 국민서관, 2012

3장

친구가 좋다

친구와
함께라면!

나는 낯가림이 심해 친구를 쉽게 사귀지 못하는 편이다. 언젠가 만난 지 10년이 훨씬 넘은 모임에서 서로의 공통점을 이야기하며 깔깔 웃은 적이 있다. 일단 중성적 성향이 강하다, 자녀는 아들만 있다, 승진에 구애받지 않는다, 지적인 활동을 좋아한다, 배움에 열정적이다, 표현이 서툴다 등 여러 가지가 나왔지만 우리의 근본적인 공통점은 관계의 폭이 넓지 않고 좁고 깊다는 것이다. 써놓고 보니 '관계 미숙형' 집단 같다. 하지만 절대 미숙형이 아니고 '고집 있는 관계유지형'이라고 말할 게 뻔하다. 내 생각도 마찬가지니까. 하하.

　이런 친구들이 있어 참 좋다. 자주 보는 것은 아니지만 뜬금없이 문자를 보내도 이상하지 않고, 산책하다 보내온 꽃 한 송이 사진에 향기까지 딸려 오는 것 같다. 마음 아프다고 하면 만사 제쳐놓고 달려오고, 조미료 가득한 맛이 당긴다고 하면 흔쾌히 부대찌개 집에 동행해주고, 초승달 뜬 밤 문득 막걸리가 고프다고 하면 함께 한잔 기울여주는 친구가 있어 좋다. 이 친구들이 없다면 세상이 얼마나 삭막할까? 얼마나 재미없을까?

"친구란 내 슬픔을 등에 지고 가는 자"라는 인디언에게 전해오는 말이 있다. 살아보니 맞다. 내 속내를 쏟아내도 부끄럽지 않고, 함께 아파해주는 친구가 있어 행복하다.

친구에 관한 그림책은 정말 많아서 해마다 이 주제의 목록이 바뀐다. 특히 친구로부터 마음 상하는 사례를 다룬 이야기를 많이 읽어주고 있다. 그런 일을 당해도 그 일이 그다지 심각한 일이 아니고, 얼마든지 대화로 풀어나갈 수 있으며, 어른에게 알려 함께 풀어나가는 지혜도 필요하다는 것을 아이들에게 알려주기 위해서다.

친구는 반드시 필요하다. 친구를 만들기 위해서는 나름의 이해와 노력이 필요하고, 내가 좋은 친구가 되어야 다른 사람도 좋은 친구로 다가오기 마련이다. 아이들이 그림책을 읽으며 '친구'라는 단어 앞에 '소중한'이라는 말을 자연스럽게 붙이기를 바라본다.

사실 나도 관계는 쉽지 않단다

『친구 사귀기』

"친구들에게 먼저 다가가서 말을 거는 것이 힘들어요."
"친한 친구들이 나를 따돌리고 자기들끼리만 놀아요."
"친구들이 제 흉을 볼까 봐 신경 쓰여요."
"친구한테 사과했는데 받아주질 않아요."

사춘기에 접어드는 아이들은 친구 관계에 아주 예민해진다. 특히 여자아이들이 그렇다. 표 나지 않게 슬쩍 지켜보다가 고민에 빠진 아이에게 슬며시 "무슨 일 있니?" 하고 물어도 대답을 잘 하진 않는다. 신뢰가 쌓이고 나서야 아이들은 일기에 고민을 털어놓거나, 상담을 신청해온다. 아이들의 예민함에 지칠 때도 있지만 이 시기의 아이들은 친구 관계로부터 힘을 얻기도 하고 모든 의욕을 잃어버리기도 하기 때문에 모른 척할 수가 없다. 어른들이 적절히 조절해주지 않으면 관계의 트라우마가 생길 수 있어서 세심함이 필요하다. 아이들은 친구와의 문제를 해결하는 과정에서 '사회성'이라는 커다란 배움을 얻는다.

친구 관계에 고민이 많은 아이들에게 김영진의 『친구 사귀기』를 읽어주었다. 1학년 아이가 친구에게 다가가는 이야기를 담은 책인데 5학년인 반 아이들에게 읽어줘도 될까 고민을 많이 했던 책이다. 하지만 아이들의 반응은 또 달랐다. 주인공의 심리를 한 화면에 분할해서 표현한 장면을 재밌어하고, 주인공이 학교생활에 적응하지 못해 힘들어하는 대목에서는 자기 일처럼 안타까워했으며, 주인공이 조금 익숙해지면 나아질 거라며 긍정적인 태도를 가지는 대목에서는 자신들의 불안한 마음을 청소했다. 그런 반응을 볼 때면 그림책을 나이나 학년에 한정지어 읽을 필요가 없다는 생각이 든다.

표지는 그린이와 태경, 소연이가 놀이터에서 신나게 노는 장면이다. 면지에는 작가의 섬네일 스케치(손톱그림)가 실려 있는데, 책의 콘티를 담은 이 그림을 본문의 완성된 그림과 비교해 보면 작가의 작업과정을 들여다보는 것 같다. 속표지는 주인공 '그린이'가 글쓰기에 몰두하며 자기도 모르게 침을 흘리는 장면이다. 이 그림에서 책의 이야기가 시작된다.

침을 흘리는 그린이의 모습을 본 짝꿍 해윤이는 "에이, 더러워!" 소리를 지른다. 그린이가 침을 흘릴 때마다 해윤이는 소리를 지르고 멀리 떨어져 앉는다. 친구 사귀는 것이 어려운 그린이. 유치원 때 친하게 지냈던 태경이, 소연이가 보고 싶다. 그런 그린이를 보고 엄마는 유치원 동창회를 열어준다. 동창회가 열리는 날, 그린이는 모든 일이 신나고 즐겁다. 해윤이가 침 흘린다고 놀려도 헤헤 웃어넘긴다. 마침내 놀이터에서 만난 삼총사는 날이 저물도록 수다를 떨고, 장난치며 논다. 그린이가 삼총사 친구들에게 짝꿍 이야기를 털어놓자 소연이는 진심 어린 위로를 건넨다. 다음 날 해윤이가 또 그린이를 더럽다고 놀리자 그린이는 다음과 같이 응수한다.

"남의 약점을 가지고 놀리는 사람은 마음이 가난하고, 불쌍한 사람이야. 그래서 나는 절대로 네가 엄청 못생겼다고 놀리지 않을 거야. 그러니까 너도 그런 말하지 마."

입학하고 두 달이 지난 그린이는 이제 외톨이가 아니다. 친구들이랑 노는 게 제일 좋은 1학년이다.

그림책을 읽으면서 인상적인 부분이 몇 군데 있었다. 우선 그림에 드러나는 감정이다. 격한 감정을 드러낼 때 아이의 커지는 입 모양이라든가, 텅 빈 교실에 혼자 외롭게 동떨어진 느낌을 사막으로 표현한

친구 사귀기
김영진 지음, 길벗어린이, 2018

장면, 그린이의 행동을 한 면에 여러 동작으로 그려낸 부분이 인상적이었다. 그린이가 동창회 참석 답장을 기다리는 장면은 열세 가지 동작과 표정으로 표현하고, 공원에서 기다리는 부분은 열다섯 가지의 동작으로 나오는데 말 그대로 '안절부절'이다. 놀이터에서 노는 장면도 여러 동작으로 표현하고 있다. 우리 아이들은 이런 장면을 제일 좋아하고 즐거워했다. 아이들이 역동적으로 노는 모습이 꼭 자신들과 닮아 있기 때문이다. 만화의 구성방식을 차용해 시간의 흐름을 집약시키고 상황을 더 풍성하게 연출하는 장면도 인상적이었다.

책의 뒤표지에는 여섯 동물 친구들이 그려져 있다. 이 동물들을 찾느라 그림책을 몇 번이나 다시 들여다보았다. 김영진 작가의 다른 책들도 살펴보며 이 동물들이 어떤 역할을 하고 있는지, 어디에 숨겨놓았는지 찾느라 애를 먹었다. 작가는 본문 곳곳에, 잘 눈에 띄지 않게 이 친구들을 몰래 숨겨놓고, 주인공의 심리상태를 나타내는 장치로 쓰고 있었다. 아이들과 내기를 하듯이 이 동물 친구들을 찾는 것도 재미있는 경험이었다.

친구를 사귀는 것은 쉽기도 하고 어렵기도 하다. 친구에게 마음을 여는 것도 중요하지만, 용기를 내는 것도 중요하다. 그린이가 해윤이에게 당당하게 "나는 절대로 네가 엄청 못생겼다고 놀리지 않을 거야"라고 말했을 때, 우리 아이들은 그야말로 '빵' 터졌다. 해윤이가 그린이의 말에 엉엉 울고 있는데 왜 우는지 모르겠다는 표정으로 바라보는 그린이를 보면서 아이들은 자기 일처럼 후련해했다.

책을 읽고 나서 아이들과 함께 '나는 이렇게 친구를 사귀었다'를 주제로 발표하는 시간을 가졌다. "처음에는 말 걸기가 어려워서 지우개를 빌려달라고 말을 걸었어요", "학원에서는 말을 안 하는 친구인데 같은 반이 되니까 그게 공통점이 돼서 학교에서도 학원에서도 친한 친구가 됐어요", "전학 와서 낯설었는데 체육시간에 축구 한 번 하니까 애들이랑 친해졌어요" 아이들은 사소한 말 한마디, 행동 하나로 친구가 된 이야기를 쏟아놓았다. 나도 슬쩍 40년 가까이 만나는 친구와의 사연을 전했다.

"나는 버스에서 혼자 귤 먹기가 민망해서 옆에 앉아 있는 사람에게 권했는데, 그 사람과 지금도 만나는 친한 친구가 됐어. 그때 그 친구는 멀미를 했는데, 내가 건넨 귤 때문에 상쾌해졌대."

아이들과 친구 문제로 상담을 하고 나면 늘 한마디 덧붙인다. "사실 나도 관계는 쉽지 않단다." 어른이 되어도 낯선 사람에게 먼저 다가가고, 인연을 맺는 것은 쉽지 않다. 얼마 전 우연히 좋아하는 작가의 출판기념회에서 알게 된 분이 책을 보내준다고 하기에 연락처를 교환한 적이 있다. 책이 도착했던 날, 그분께 감사한 마음에 전화를 해 "함께 식사를 하시지요" 하며 약속을 잡았다. 비가 솔솔 내리는 날, 그분과 식사를 하고 인사동 갤러리를 돌며 이야기를 나누고 차도 마시며 아주 색다르고 행복한 시간을 보냈다. 마음을 열면 만남은 그렇게 어려운 것이 아니다.

나의
상상 친구

『알도』

고등학교 2학년 때 난 전학을 갔다. 충남의 시골에서 자라다가 천안의 인문계 여고를 가겠다고 고집을 피우며 겨우 입학한 학교였는데, 아버지의 병환이 깊어지고 오빠가 대학에 진학하자 집안 사정상 어쩔 수 없이 전학을 가야 했다.

새로운 학교로 전학 간 날, 선생님은 아이들 앞에서 내 소개를 하라고 했다. 뭐라고 소개를 한 거 같은데 기억은 안 난다. 교실에서 나는 투명인간, 꿔다 놓은 보릿자루였다. 그러던 어느 날, 책상 속에서 책을 꺼내다가 딸려나온 쪽지를 발견했다. 살며시 펴보니 내게 보내는 편지였다.

"책을 좋아한다는 네 말에 용기를 냈어. 편지를 써서 책상에 넣었다 빼기를 몇 번을 했는지 몰라. 너랑 친구가 되고 싶은 ○○이."

편지를 받고 '휴' 하는 한숨이 나왔다. 이제는 투명인간처럼 있지 않아도 된다는 안도감에 나온 한숨이었다. 고개를 들어 사방을 두리번거리니 한 친구가 빙그레 웃었다. 그 친구를 사귀고 나서 더 많은 친구를 알게 되었고, 도시락에 고추장을 넣고 흔들어 만드는 비빔밥도 먹게 되었으며, 쉬는 시간에 친구들과의 수다로 깔깔거리며 웃는 날들이 지속되었다. 책 이야기로 수다를 떨며 친구들과 즐겁게 지낸 고등학교 시절은 행복한 추억으로 남아 있다.

소통할 수 없는 상황이 닥치거나 외로운 날들이 일상이 될 때 그 아픔이 어느 정도인지 고등학교 시절에 어렴풋이 경험했다. 그런 날들을 난 책 속으로 숨어들며 괜찮은 척 지냈다. 그게 친구들이 더 가까이 다가오지 못하게 하는 방어벽이었음을 뒤늦게 깨달았다.

존 버닝햄의 『알도』는 과거의 나를 떠올리게 하는 책이다. 책 읽기와 일기 쓰기에 집착했던 시기가 있었다. 도망치고 싶고 현실을 잊고 싶어서 나는 책의 세계와 일기 쓰기에 빠져들었다. 그때 일기 공책의 제목은 '바닷바위'였다. 매일 나는 바닷바위에게 편지를 썼다.

『알도』를 읽다 보면 주인공 아이의 말과 행동이 참 아프게 다가온다. 무표정한 얼굴, 괜찮다고 하면서 하나도 괜찮지 않은 표정이 자꾸 책을 들여다보게 한다. 아이가 나의 모습과 겹쳐 가슴이 먹먹해진

알도

존 버닝햄 지음, 이주령 옮김, 시공주니어, 2017

다. 그림책이 도대체 뭐길래 이리 마음을 뒤흔들어 놓는가.

  책의 표지에 나오는 커다란 토끼와 소녀는 어깨동무를 하고 있다. 배경에는 검은 구름이 잔뜩 깔려 있어, 불안하고 어두운 분위기이다. 책장을 펼치면 노란 셔츠를 입은 소녀가 손을 마주 잡고 다소곳이 서서 이야기를 시작한다. "난 혼자 있는 시간이 많아. 물론 텔레비전도 보고, 장난감이랑, 책이랑, 갖고 놀 것들도 아주 많아." 그리고 아이가 혼자 시간을 보내는 장면이 나오지만 표정은 없다. "가끔은 엄마랑 놀이터에도 가고, 어쩌다가는 외식도 해. 그럴 때면 정말 신이 나지"라고 말하는 장면에서 소녀는 놀이터에서 노는 친구들을 부럽게 바라보고 있고, 외식을 하고 있어도 함께 있는 사람은 보이지 않고 다른 테이블을 부러운 듯이 바라보고 있다. 마음이 아릿하다. 소녀는 자신의 비밀을 고백한다. "그리고 나면 다시 혼자가 돼. 그래도 난 행복해. 정말 정말 행복해. 왜냐하면 나한테는 특별한 친구가 있거든. 그 애 이름은 알도야. 알도는 나만의 친구야, 나만의 비밀이고. 나에게 정말 힘든 일이 생기면 알도는 언제나 날 찾아와 줄 거야." 알도는 표지에서 소녀와 어깨동무를 하고 있는 토끼다. 나만의 특별한 친구, 나만의 비밀친구, 바로 상상의 친구다. 학교에서 괴롭힘을 당하고 친구가 없어 외로워하는 소녀에게 알도는 버팀목이자 안식처였다.

"물론 알도를 까맣게 잊고 지내는 날도 있겠지만 나에게 정말 힘든 일이 생기면……. 알도는 언제나 내 곁에 있을 거야."

그래도 다행이다. 비밀 친구 알도가 있어서. 알도는 소녀의 마음 한켠에 자리 잡은 위로다. 서러움에 눈물 흘리면 토닥여주고, 무서움에 떨면 손잡아 주고, 두려움이 어둠처럼 덮치면 불빛을 밝히고 찾아오는 친구다. 그러므로 소녀에게 알도는 실재하는 친구다. 이런 상상 친구가 필요한 날이 있다. 알도가 비록 '공기 덩어리'라 하더라도 마음 아픈 날, 하늘 한 번 쳐다보고 소리 한 번 지르는 것으로도 아픔 비늘이 몇 개 떨어진다. 힘겹고 서러운 날을 위해, 건강한 마음의 보호막을 위해 '알도'를 품고 있어야 한다.

처음에 이 책을 읽었을 때는 부모와도 제대로 된 소통을 못하는 아이의 외로움이 크게 느껴졌다. 자연스레 우리 교실에서 그늘처럼 응

크리고 있는 외톨이 아이가 떠올라 마음이 무거웠다. 하지만 거듭해 읽을수록 작가가 전하는 위로가 더 강하게 다가왔다. 외롭고 소심한 아이가 상처를 안고 있더라도, 현실에서 감싸주는 사람이 없더라도, 상상의 세계를 구축하면 괜찮다고 위로를 건네고 희망을 주는 작가의 마음이 고스란히 느껴졌다.

가끔 학교에서도 일기장에 상상의 인물을 등장시키는 아이를 만난다. 작년에 공부를 잘했지만 친구에게 쉽게 다가가지 못해 쉬는 시간보다 수업시간이 마음 편하다는 아이가 있었다. 어느 날부터인가 이 아이의 일기에 상상의 친구가 등장했다. 책으로 읽거나 배우지 않아도 자신의 감정을 털어놓을 누군가가 필요해 아이는 본능적으로 친구를 만들었던 것이다. 일기장을 통해 만나는 그 상상의 친구를 나도 편하게 대했다. 그 아이와 나만 아는 비밀친구였다. 그러다가 2학기에 그림책 만들기 수업을 진행했을 때 그 상상의 친구는 아이의 그림책에 당당히 주인공으로 등장했다. 이미 이전부터 있던 캐릭터였기 때문에 그 아이의 그림책 만들기는 진행 속도가 아주 빨랐다. 이야기와 그림이 무척 아름다운 그림책으로 완성되었다.

올해에도 한 친구의 일기장에 상상 친구가 등장했다. 어른스럽고 조신하게 행동하는 아이인데 엄마의 잔소리를 무척 싫어했다. 억압된 감정을 일기 속 상상 친구에게 털어놓고, 자신의 생각을 객관화하는 과정이 고스란히 담겨 있었다. 어떤 날에는 몇 쪽이 꽉 채워지기도 했다. 아마도 그 친구에게 할 말이 많은 날이었을 것이다.

우리 주변에는 '알도'를 가지고 있는 친구가 많다. 참 다행스런 현상이다. 억압된 감정을 들어주는 사람이 있어야 한다. 내 마음을 이해해주는 사람이 옆에 있다면 아마 알도가 필요 없을 것이다. 책에서 소녀가 그랬던 것처럼 알도를 까맣게 잊고 지내기도 하지만, 힘든 일이 생기면 언제나처럼 알도가 빛을 밝히고 찾아와 불안한 마음을 달래줄 것이다. 아이들이 상상 친구를 갖는 것은 자연스러운 일이고, 그 상상 친구는 아이의 정신적인 성장을 돕고 바른 길로 인도하는 안전기지가 될 것이다.

나의 '알도'는 '바닷바위'였다. 중학교 3학년 때 친구와 처음으로 바다가 보고 싶어 집에서 가장 가까운 바다를 물색하고 안면도로 갔다. 처음 보는 바다는 파랗고 신비한 것이 아니라 비릿한 냄새를 풍기는 누런색이었다. 황해 특유의 누런빛은 빛나는 파란 바다를 상상했던 내게 실망을 안겨줬다. 그 바닷가에는 바위가 우뚝 서 있었는데 쉼 없이 찾아오는 파도와 바람에 모르는 척 흔들리지 않고 서 있는 존재로 보였다. 쉼 없이 흔들리고 갈팡질팡하는 나와 달리 의연해 보이는 바다 바위였다. 그 바위를 닮고 싶었다. 집안의 걱정거리를 외면하고, 불투명한 미래를 회피하고 싶었다. 그날 이후로 나는 바닷바

위에게 편지를 썼다.

 돌아보면 비교적 철이 빨리 들고 어른스럽게 사는 날들이 버겁기도 했지만 그 터널을 잘 통과할 수 있었던 것은 속절없이 빠져든 일기 쓰기와 책 읽기 덕분이 아닌가 싶다. 아픔 없는 성장이 어디 있을까. 그 터널은 어둡고 끝이 보이지 않고 축축하고 불안하고 두렵지만, 지나고 나면 한 뼘 성장한 나를 만날 수 있을 것이다.

한마디의 용기

『알사탕』

"별이가 예전의 별이가 아니에요! 정말 많이 웃고, 뭐든 열심히 하고요. 완전 확 바뀌었어요."

우와, 듣던 중 반가운 소리다. 중학교에 진학한 아이들이 찾아와 그간의 이야기를 나누는데 한 아이가 별이의 소식을 전해줬다. 별이는 한 해 내내 아픈 손가락이었다. 친구들과 관계를 잘 맺지 못해 우울한 표정으로 학교생활을 했다. 다른 사람들의 말에 상처도 잘 받고 자신감 없이 주눅 들어 있었다. 공부도 잘 못하고, 학교가 결코 즐거운 곳이 아니었다. 아이들은 별이를 무시하고 쌀쌀맞게 대했고, 그런 아이들 틈에서 별이는 늘 눈치를 보았다.

여름방학을 앞둔 어느 날, 별이 어머니의 전화를 받았다. 친구 문제로 힘든 별이 때문에 마음 아파하며 눈물을 흘리고, 별이가 얼마나 생각이 깊은 아이인지, 얼마나 마음이 예쁜 아이인지에 대해 이야기했다. 이야기를 들으며 '별이의 마음근육을 단련해야겠구나!' 하는 생각이 들었다. 어머니께 개학을 하면 내가 배턴을 이어가겠으니 방학 동안 별이가 얇은 책이라도 하루에 두 권 정도 매일 읽게 지도해 달라고 부탁했다. 아이가 하는 말은 잘 들어주고, 무조건 아이 편에 서달라는 당부도 했다.

개학하는 날, 나는 별이의 손을 잡고 도서관으로 갔다. 100쪽 이내의 글밥이 적은 책 코너로 가서 이 책들을 하루에 두 권씩 읽자고 새끼손가락 걸고 별이와 약속했다. 성적 때문에 고민이 많은 별이를 위해 개별 학습지도도 했다. 수학 문제집 한 권을 매일 두 쪽씩 풀고, 틀린 문제는 공책에 다시 풀기를 반복하도록 했다. 방과 후 아이들이 집에 간 뒤 별이와 둘이 남아서 매일 공부했다. 지겨울 법도 하건만 별이는 한 번도 슬쩍 사라진 날이 없었다. 나머지 공부하는 열등한 아이라고 다른 친구들이 깔보는 시선을 던져도, 모르는 척하며 정말 잘 따라왔다.

그림책 만들기 수업에서 별이는 자신의 이야기를 썼다. 교실 안에 있으면 자신이 얼마나 움츠러들고 약해지는지, 학교 밖에서는 얼마나 자유로운지에 대해 털어놨다. 자신의 이야기를 남들에게 말할 수 있다는 것은 마음근육이 단단해졌다는 의미이다. 별이는 성적이 떨

알사탕
백희나 지음, 책읽는곰, 2017

어질 때마다 속상했던 이야기, 친구들이 하는 말에 상처받고 작아졌던 이야기를 발표하면서 이제는 그렇게 살지 않을 거라고 다짐하는 듯 단단한 표정을 짓고 있었다. 그 용기가 대단히 아름다웠다.

별이처럼 관계 맺기를 어려워하는 아이에게 권하고 싶은 책은 바로 백희나의 『알사탕』이다. 친구와 관계 맺기에서 용기가 필요하다는 메시지를 전하는 작품이다. 우리 반 아이들은 백희나 작가의 작품을 정말 좋아한다. 인형으로 제작된 인물들과 사실적이고 일상적인 배경에서 만들어지는 판타지를 무척 재미있어한다. 『알사탕』도 그런 작품이다. 표지에는 한 아이가 분홍빛의 알사탕을 바라보는 장면이 나온다. 뒤표지는 아파트 입구에 롤러보드와 싱싱카가 나란히 서 있다. 롤러보드와 싱싱카? 어떤 이야기가 숨겨져 있는 걸까?

"나는 혼자 논다."

텅 빈 공원 운동장, 바닥에 그려진 삼각형 안에 네 개의 구슬이 있고 외따로 한 개의 구슬이 떨어져 있는 장면에서 이야기는 시작된다. 오늘도 혼자 구슬치기를 하는 동동이는 친구들이 자기들끼리만 놀아서 혼자 놀기로 했다고 말한다. 놀이터에 축구하는 아이들이 등장하자 슬며시 새 구슬을 사야 한다고 일어나는 동동이. 문방구에서 구슬 대신 가지각색의 알사탕을 사서 돌아온다. 체크무늬 사탕을 꺼내서 먹어봤다. 박하향에 귀가 뻥 뚫리고 "동동아, 동동아" 소리가 들린다. 소파의 목소리다. 소파는 리모컨이 옆구리에 껴서 아프단다. 아빠의 방구 냄새도 너무 지독하다고 하소연이다. 사탕이 녹자 소파의 목소리도 사라진다. 마법의 사탕이구나! 점박이 무늬의 사탕을 먹고 강아지 구슬이와 대화하며 놀았다. 아빠의 속마음을 들려주는 사탕, 돌아가신 할머니의 목소리를 들려주는 사탕도 먹었다. 마지막 남은 사탕을 들고 놀이터에 나갔는데, 한 아이가 혼자 놀고 있었다. 그 아이의 마음이 궁금했다. 동동이는 마지막 사탕을 입에 넣었는데, 어떤 목소리도 들리지 않는다. 동동이는 아이에게 다가가 말한다. "나랑 같이 놀래?"

혼자 노는 것이 편하다던 동동이에게 친구가 생겼다. 엄마 대신 자신을 돌봐주던 할머니를 떠나보내고, 사랑을 표현하기보다는 잔소리만 하는 아빠 밑에서 동동이는 마음 둘 곳이 없었다. 그러니 모든 일에 주눅이 들어 생각대로 행동하지 못하고, 용기 한번 내는 일이 그렇게 어려웠던 것이다. 하지만 알사탕 덕분에 아빠의 사랑을 알게 되고, 할머니와 대화를 나누면서 자신이 사랑받고 있으며 소중한 존재임을 깨닫게 된다. 그리하여 소심하고 여리던 마음근육은 단단해지고 친구에게 다가갈 용기를 낼 수 있게 되었다. 작가의 상상력이 참 고맙다.

고학년 여자아이들에게 가장 큰 고민은 '친구 관계'다. 아이들에겐 친한 친구가 달라진 눈빛을 보내는 것이 가장 두려운 일이다. 여자아이들의 얽히고설킨 줄을 좀 풀어서 타래를 만들어야겠다는 생각에 집단상담 수업을 진행했다. 남자아이들은 체육 선생님과 운동하게 하고, 여자아이들만 빙 둘러 앉았다. '당신은 당신의 이웃을 사랑합니까?' 게임을 시작으로 분위기가 무르익게 한 다음, '나의 말과 행동으로 친구에서 상처를 준 일'이 마음에 걸린다면 그 친구에게 말하고 사과하는 시간을 가졌다. 서로 마음을 풀어낸 뒤에는, '친구로부터 상처받은 경험'에 대해 이야기를 나눴다. 아이들은 묵은 감정들을 하나하나 쏟아냈다. 마무리를 하며 하고 싶은 말이 있는지 물으니 별이가 이야기를 꺼냈다.

"너희들끼리 이야기하며 웃을 때 정말 궁금해. 뭐가 그렇게 재미있는지, 너희들 이야기에 끼어보고 싶어."

과거의 별이라면 상상도 못 할 일이었다. 그 말을 들은 한 아이가 밝은 미소를 지으며 딱 한마디 했다.

"언제든지."

별이의 용기와, 친구의 즉각적인 포용의 말이 참으로 고마웠다. 진심으로 다가가고, 진심으로 받아주는 그 마음들이 담긴 대화에서 뭉클한 감동이 밀려왔다.

선생님, 저를 위해
그렇게 울지 마세요

『넌 왕따가 아니야!』

    시간이 갈수록 아이들 사이에 갈등이 많아지자 학급에서 '친구사랑주간'을 만들어 친구에 대해 생각하고 관계를 돌아보는 시간을 갖도록 했다. 주로 고학년 담임을 맡는 내게 친구 관계의 문제는 어느 한 주간에만 지도한다고 해결되는 게 아니다. 1년 내내 아주 세심하게 관찰하면서 지도해야 한다. 어떨 때는 교사가 아니라 심리상담가 같다는 생각이 들 때도 있다. 쉬는 시간에 아이들의 놀이그룹을 살피고 어떻게 노는지 관찰하는 것이 내겐 중요한 업무 중 하나다.

    친구사랑주간은 보통 학기 초에 진행된다. 아이들은 생각보다 예민하고, 어른들의 조언 한마디로 관계 문제가 해결되지 않는다. 그래서 이 기간을 좀 더 길게 잡아, 아침마다 친구를 주제로 그림책을 읽

넌 왕따가 아니야!
도리스 레허 지음, 박민수 옮김, 웅진주
니어, 2007

어주고 생각하는 시간을 갖도록 했다. 친구 관계를 맺는 방법, 친구를 이해하고 사귀는 방법, 함께 노는 방법 등을 주제로 한 그림책을 읽고, 왕따나 학교폭력을 직접적으로 다룬 책도 읽었다.

학교폭력은 가해자와 피해자만 있는 것이 아니다. 반드시 다수의 방관자가 있다. 그래서 학교폭력에 관한 교육은 가해자, 방관자, 피해자라는 세 꼭짓점의 한 점도 소홀하게 다룰 수 없다. 학교폭력이 사회 문제로 커져 법정까지 가는 경우를 우리는 흔하게 목격한다. 교사로서 그런 문제를 볼 때마다 참으로 안타깝다. '어떻게 지도해야 하는가?'는 늘 숙제이며, 한 어른으로서 고민해야 할 화두다.

『넌 왕따가 아니야!』는 직설적인 제목에서 알 수 있듯이 따돌림 문제를 다룬 책이다. 작가는 방관자와 함께 조언자의 역할을 중요하게 다루고 있다. 작가는 조언자의 입을 빌려 누군가를 무시하고 괴롭히며 인격을 공격하면 안 된다는 이야기를 하고 싶었는지도 모른다.

처음에 아이들에게 이 책을 소개할 때 '난 왕따가 아니야'라고 잘못 말했다. 그러자 한 아이가 "선생님 '난'이 아니라 '넌'이에요" 하며 정정해줬다. 모음 하나 바뀌었을 뿐인데 의미가 참 다르게 다가온다. '난'이라고 하면 피해자 스스로 다짐하고 노력하는 내용이 되지만, '넌'이라고 하면 제3자가 개입된 사실이 드러난다. 조력자가 나서서 피해자에게 '넌 왕따가 아니야, 우리가 널 지켜줄 거야'라고 선언하는 의미인 것이다. 어쩌면 내 마음 깊은 곳에서 피해자가 제3자의 도움 없이 스스로 상처를 회복하고 강해지기를 바라는 마음이 있었는지도 모르겠다. 반복된 폭력 앞에서 피해자는 스스로 회복할 힘마저 잃어버리기 쉽다는 것을 잘 알면서도.

책 표지에는 박쥐 한 마리가 검은 줄기에 거꾸로 매달린 채 행복하게 웃고 있다. 배경은 파란색인데 박쥐는 야행성 동물이므로 이 파란색이 밤 시간임을 나타내고 있다. 아래에도 검은 언덕이 그려져 있어 처음에는 나뭇가지에 매달린 박쥐를 그린 줄 알았다. 한데 책을 펼쳐 뒤표지까지 보니 동물의 꼬리였다. 아이들에게 표지 그림을 보여주고 '이 꼬리는 어떤 동물의 것일까?' 수수께끼를 내도 좋다.

첫 장에 박쥐 무리가 나오면서 이야기가 시작된다. 박쥐들은 힘이 센 모펠을 좋아한다. 그리고 블라딘을 싫어하는데, 그 이유는 모펠이 블라딘을 싫어하기 때문이다. 놀림을 받는 블라딘을 비니와 비피가 위로하지만 모펠이 두 박쥐에게도 따돌림을 당하고 싶으냐며 으름장을 놓는다. 괴롭힘에 시달리다 아래로 굴러떨어진 블라딘은 고양이 토토를 알게 된다. 토토는 울면서 하소연하는 블라딘의 이야기를 들어주고 친구가 된다. 자신도 따돌림 당했던 기억이 떠오른 토토는 블라딘에게 '당하고만 있으면 안 된다'며 반격할 계획을 세운다.

블라딘이 힘없이 아래로 떨어질 때 마음이 '쿵' 하고 내려앉았다. 원래는 잘 날던 블라딘이 의욕도 없고, 너무 많이 울어서 힘이 다 빠져 날개를 펴지도 못하고 추락한다. 아마 실제로 왕따를 당하는 피해자가 저런 심정일 것이다. 의지할 곳 없이 외톨이가 된 피해자는 마지막을 생각하게 된다.

그럼에도 고양이 토토가 자신의 등에 떨어진 블라딘을 들어 올려 눈을 마주치고 이야기 나눌 때 다시 안심하게 된다. 글에는 '이야기를 나누고 있다'라는 설명이 없지만, 그 장면에선 따뜻한 표정과 눈맞춤이 그대로 전해진다. 상대의 말을 들어주려고 자신의 몸을 낮추고 눈을 맞추는 토토는 정말 따뜻하고 공감력이 높은 인물이다.

마지막에 토토와 블라딘은 서로 연극을 벌인다. 토토가 모펠을 위협하고 있을 때 블라딘이 모펠을 구해주고 영웅이 되는 시나리오다. 그러나 실제로 모펠이 위험에 빠졌을 때 블라딘은 갈등한다. 그동안 자신의 삶을 포기하고 싶도록 만든 인물이 곤란한 상태에 빠졌다고 해서 선뜻 도와줄 마음이 생길까? 매우 사실적인 묘사라는 생각이 들었다. 다른 행성으로 사라졌으면 하는 인물이었는데 갈등 없이 구하러 나간다면 오히려 설득력이 떨어졌을 것이다. 토토의 위협에 공포를 느끼는 모펠을 보면서 고소해하는 블라딘이 매우 현실적으로 보였다. '그동안 얼마나 당했으면 저럴까' 하며 블라딘을 이해하는 감정과 '너도 당해봐!' 하며 모펠을 고소해하는 감정이 동시에 올라왔다.

교사 생활을 하다 보면 모든 의욕이 사라지고 '내가 왜 이러고 있지' 하며 우울해지는 때가 온다. 겪고 싶지 않지만 자신도 모르게 그 상황에 빠지게 된다. 빠져나오려고 발버둥칠수록 더 깊이 빠지는 늪 같다. 결국 고스란히 한 해를 견디고 나야 괜찮아진다. 그 시기를 견디지 못하고 중간에 병가나 휴직, 명퇴 등으로 끝나는 경우도 있다. 내게도 그런 시기가 있었다.

그때 6학년 담임을 맡았는데, 첫날 세 아이가 눈에 들어왔다. '저 무기력한 모습은 뭐지?' 아이들 말을 들어보니 1학년 때부터 '은따'를 당하고 이제는 '찐따'라고 불리는 세 아이가 이방인처럼 살고 있었다. 교실이라는 울타리는 그나마 안전한 공간이었다. 수학여행에서 그 아이들은 다른 아이들 눈치를 보며 소극적으로 행동했다. 이튿날 점심시간, 고기 뷔페에서 다른 아이들이 열심히 고기를 구워 먹고 있는데, 세 아이는 앉을 자리를 못 찾고 서성이고 있었다. 난 아이들 마음이 뭔지 이해할 수 있었다. 아마 이번만큼은 친한 친구들끼리 먹고 싶었을 것이다. 나는 서성이는 아이들을 데려와 같이 먹자고 말하며 한자리에 앉게 했다. 세 아이는 고기를 구워주기가 무섭게 집어 먹었다. 자기들끼리 마음 편히 고기를 먹으니 신이 나서 시끌벅적했다. 난 자꾸 목이 멨다. 눈물이 차올랐다. '친구들과 어울리지 못하고 이렇게 동떨어져 밥을 먹고 있는 모습을 부모가 본다면 어떤 심정일까?' 하는 생각에서 벗어날 수가 없었다.

"선생님 기름이 눈에 튀었어요." 고기를 먹던 한 아이가 눈을 찡그리며 말해오자 퍼뜩 정신이 들었다. 열심히 그 아이의 눈에 바람을 불어주면서 눈물을 흘리라고 했다. 그런데 주책같이 그 순간에 누르고 있던 내 눈물이 터져 나왔다. 아이들 앞에서 참고 있던 눈물이 쏟아지기 시작해 멈춰지지 않았다. 겨우 식사를 마친 후 다음 일정으로 이동하는 버스를 탔는데, 제일 앞좌석에 세 아이 중 한 아이와 같이 앉았다. 그 아이는 내 손을 잡고 말했다. "선생님, 저 괜찮아요. 저를 위해 그렇게 울지 마세요." 눈물이 한 번 더 쏟아졌다.

기다림과
내어줌

『큰 늑대 작은 늑대』

"나이가 들면서 자꾸 주변의 눈치를 보게 돼요. 주변에 젊은 사람이 많아지니 불편하고, 어른 노릇을 해야 한다는 강박이 있는 게 아닌가 싶기도 하고, 그래서 동년배들이 모인 자리가 마음이 편해요."

"그 마음은 이해하지만 꼭 그럴 필요가 있을까요? 주변에 귀하지 않은 사람이 없거든요. 왜 그렇게 생각하는지 자신에게 물어보세요."

선생님들과 하는 그림책 읽기 모임에서 나눈 대화다. 학교를 옮길 때가 되거나 새로운 모임에 가는 날이면 나는 자못 긴장한다. 나이는 숫자에 불과하다고 하지만 나 역시 '내가 제일 나이가 많으면 어떡하지?' 하는 걱정이 앞선다. 나이 먹어서 뭔가 배운다고 돌아다니는 게 주책 같기도 하고, 돋보기 너머로 바라보는 내 얼굴이 어떻게 보일지 몰라 고민되기도 한다. 그러면서도 꾸역꾸역 잘도 찾아다닌다.

그런데 꼭 스며들듯이 다가와서 자리를 차지하는 사람이 있다. 나이가 어려 가까이 하기 어렵다고 멀찍이 하는데도 뭔가 물어볼 게 있다고, 이야기할 것이 있다며 다가와서 경계를 무너뜨리는 사람 말이다. 이상한 것은 잔뜩 경계하고 있었는데도 자리를 내어주고 나면 마음이 편해지는 것이다. 그 자리가 그의 자리였던 것이다.

좋은 책을 만나면 좋은 사람을 만난 것만큼 기분이 좋아진다. 몇 번 반복해서 읽어도 지루하지 않고, 안 보이던 것이 보이며, 마음이 따뜻해지면서 훈훈해지는 책 말이다. 그런 책을 만나거나 읽어준 날이면 하루 종일 그 기분이 유지된다. 아침마다 아이들에게 그림책을 읽어주는 것은 이 기분을 유지하고 싶은 개인적인 욕심 때문인지도 모른다. 책 읽어주는 과정에서 스스로 감동을 받거나, 아이들이 환한 표정으로 몰입하면 그 20분으로 내 마음이 바뀐다. 완전히 깔끔하게 마음 청소를 하는 것이다. 20분의 투자로 본인의 마음을 청소하고, 다른 사람의 마음까지 환하게 할 수 있다면 이렇게 좋은 일을 실천하지 않을 수 없다.

"선생님, 저 매일 책 읽어주기 하고 있어요" 하는 후배의 말을 들을 때 아주 기분이 좋아진다. 그러면 본인을 위해, 아이들을 위해 정말 장한 일을 하고 있다고 응원과 지지를 보낸다. 매일 한다는 것은

큰 늑대 작은 늑대
나딘 브룅코슴 글, 올리비에 탈레크 그림, 이주희 옮김, 시공주니어, 2008

어렵지만 막상 실천해보면 그 일의 아름다움에 푹 빠질 수밖에 없다. 그냥 물 흐르듯이 선배 노릇하련다. 이렇게 다가오는 사람에게 경계선 긋지 않고, 애써 잘하려고 무리할 필요도 없이 담담하게 흐르는 어른 노릇, 기대고 싶어지는 어른 노릇으로 나도 진짜 어른이 되어야겠다.

『큰 늑대 작은 늑대』는 아름다운 책이다. 이 책은 관계는 급하게 맺는 것이 아니라고, 그냥 마음 한 자리 내어주는 거라고 조근조근 들려준다. 앞표지는 부드러운 붉은색 톤이다. 분홍색의 하늘이 펼쳐지고, 노란색의 대지 위에 검은 색연필로 쓱쓱 그린 듯한, 입이 길고 덩치가 큰 늑대가 손에 든 과일 하나를 옆에 있는 파란 작은 늑대에게 무심하게 건네고 있다. 속표지에는 배경이 사라지고 뒷짐을 진 큰 늑대와 작은 늑대가 서로 다른 방향으로 몸을 틀었는데, 눈동자는 서로를 힐끔거리며 보고 있다. 관심 없는 척해도 온통 신경이 서로에게 가 있음이 느껴진다.

큰 늑대는 언덕에 있는 나무 아래에 혼자 살았다. 어느 날, 파란 늑대가 큰 늑대 집에 찾아왔다. 처음에 큰 늑대는 멀리서 오는 작은 늑대가 자기보다 덩치가 클까 봐, 나무를 더 잘 탈까 봐, 운동을 더 잘할까 봐 잔뜩 경계한다. 작은 늑대도 큰 늑대와 친하게 지내고 싶어 다가왔으면서 먼저 말 한마디 건네지 않는다. 두 늑대는 어색하게 하룻밤을 보내고, 다음 날 큰 늑대는 혼자 산책하러 나간다. 그러면서 자기 집에 누군가 있다는 사실이 기뻐 미소를 짓는다. 그런데 산책에서 돌아오니 작은 늑대가 없다. 그때부터 큰 늑대의 오랜 기다림이 시작된다.

책의 그림은 아주 아름답다. 검은 늑대와 파란 늑대, 언덕 위의 커다란 나무가 등장하는데, 그 뒤로 낮과 밤, 계절의 변화가 여러 색감으로 나타난다. 큰 늑대가 작은 늑대를 기다리는 시간의 변화를 그림 작가는 탁월하게 표현하고 있다. 밝은 노랑이 그림책 전체를 아주 따뜻하고 밝게 감싸주고 있다. 노란색이 이렇게 풍성한 감정을 전해주는 색인지 미처 몰랐다.

책의 이야기는 한 편의 서사시 같다. 큰 늑대의 행동 하나하나가 아버지 같고, 형 같은 정이 뚝뚝 묻어 나온다. 한참 세월을 산 선배가 어린 후배를 대하는 모습 같기도 하다. 무슨 말을 부연한다면 군더더기일 정도로 책의 글은 아름답다.

아침에 아이들에게 이 책을 읽어주면서 따뜻한 글과 그림이 머릿속에 저절로 그려졌다. 아이들은 숨소리를 죽인 채 책의 내용에 몰입했다. 내 목소리가 다른 날과 달리 진지하다는 것을 느꼈는지도 모른다. 아니면 친구에게 다가가고 싶어도 쉽지 않았던 지난날이 떠올랐는지도 모른다. 그냥 교실은 조용했다. 나의 목소리만 교실 이곳저곳을 휘젓고 다녔다. 몇 차례 목울대가 울렁일 때마다 아이들은 소리에, 그림에 집중한다.

그날 저녁 처음으로
큰 늑대는 저녁을 먹지 않았습니다.
그날 밤 처음으로
큰 늑대는 잠을 자지 않았습니다.
큰 늑대는 기다렸습니다.

처음으로 어떤 작은 것이
마음속에 자리를 잡은 것 같았습니다.
그것은 아주 작은데도
크나큰 자리를 차지했습니다.

이 아린 기다림의 시작을 어찌하면 좋단 말인가. 소리 내어 읽을수록 자꾸 마음이 흔들리고 가슴이 저리다. 그림 작가가 얄미울 정도로 너무 긴 기다림을 큰 늑대에게 주었다. 오롯이 일 년을 기다리고 멀리 한 점이 보이는데 큰 늑대는 단번에 알아본다. 그리고 가슴이 요동친다. 친구를 그리워하고 기다림을 온몸으로 견딘 후에야 가능한 간절함이다. 말로 설명할 수 없다.

내어줌. 시간이 흘러 큰 늑대가 작은 늑대가 오기만 한다면 과거의 모습과 달리 자리를 내어줄 결심을 할 때 나도 내어줌을 생각했다. 그것으로 되었다. 책에 집중한 아이들의 눈빛과 숨소리로 난 더 이상의 말이 필요하지 않음을 느꼈다. 삶의 어느 길목에서 아이들이 이 책을 다시 만나 행복함을 느꼈으면 좋겠다.

2월 학기말 방학을 하고 신학기를 준비하는 기간이 되었다. 바뀐 교실에 짐을 옮기고 쓸고 닦으며 왁스칠까지 두 번 했더니 깔끔해졌다. 공책, 독서식사수첩에 시간표, 인쇄물까지 챙겨놓고, 교실에 아이들 읽을 도서가 없어 집에 있던 책을 가져와 책꽂이에 채워 넣으니 이제 교실은 아이들이 당장 내일 온다고 해도 괜찮은 공간이 되었다. 마지막 신발걸이를 정리하고 있었는데 옆 반 복도에서 후배가 다른 선생님과 이야기를 나누고 있었다. 그러다 갑자기 울음소리가 터져 나왔다.

"지혜야!" 나도 모르게 뛰어나가 후배의 이름을 부르고 그녀를 부둥켜안았다. "무슨 일이야, 왜 그래?" 등을 쓰다듬으며 물으니 후배는 엉엉 울면서 일을 해도 해도 끝이 없다고 하소연을 했다. 요즘 보직을 아무도 맡으려 하지 않아 보직을 맡은 사람은 이렇게 속앓이를 할 때가 많았다. 업무에 지친 후배가 안타까웠다. 한참을 꺼이꺼이 울고 난 후배는 "선생님이 옆 교실에 계셔서 얼마나 좋은지 몰라요" 하며 배시시 웃었다. 크게 도움을 주지 못하는데도 그렇게 말해주니 고마웠다.

평소에 어린 후배에게도 '선생님'이라는 호칭을 쓰던 내가 이름을 부르며 달려 나가다니. 마음속 깊이 후배를 각별하게 생각하고 있었던 모양이다. 나도 후배가 옆 교실에 있다는 게 마냥 좋고 안심이 된다. 후배에게 큰 늑대 같은 친구가 되어주고 싶다.

`생각 너머 생각`

성격이 다른 친구는 어때?

『네가 있어 난 행복해!』
로렌츠 파울리 글, 카트린 쉐러 그림, 한미희 옮김, 비룡소, 2010

커다란 곰이 빨간 방석을 깔고 있는데 뒤에서 산쥐가 피리를 불면서 오자 곰은 산쥐에게 방석과 피리를 바꾸자고 한다. 곰은 피리를 불려고 하지만 곰의 손에 맞지 않았다. 결국 산쥐는 방석을 차지하고 피리를 자기가 분다. 그러다가 곰은 방석을 머리 위에 올리고, 그 위에 산쥐가 앉아 피리를 불고 세상구경을 떠난다. 쉴 때 곰이 누우면 산쥐는 곰의 배 위에 눕고 방석을 올리고, 그 위에 피리를 올린다. 왠지 곰이 손해를 보는 것 같은데.

친구 관계에 고민이 없는 사람은 없다. 사소한 말 한마디에 상처를 받고 관계가 틀어지기도 하고, 며칠씩 서먹한 관계에 우울한 날들을 보내기도 한다. 『네가 있어 난 행복해!』를 만나고 쾌재를 불렀다. 성격이 다른 친구들과 부딪치는 아이들에게 읽어주고 얘기 나누기 좋은 책이었기 때문이다.

책에 나오는 곰과 산쥐는 정반대의 성격을 지니고 있다. 곰은 나눠주기를 좋아하는 성격이고, 산쥐는 자기 것을 챙기기를 좋아한다. 그런데도 이 둘이 어떻게 친구가 될 수 있었을까. 곰은 산쥐에게 자신의 방석과 산쥐의 피리를 바꾸자고 제안한다. 그럼 산쥐도 잠시 쉴 수 있고, 자신도 피리를 불 수 있다면서 "너도 좋고, 나도 좋잖아"라고 한다. 곰의 이 말은 산쥐가 곰에게 하는 말로 바뀐다. 산쥐는 자신의 욕심만 채우면서 "너도 좋고, 나도 좋잖아"라는 말로 곰을 이용한다. 책을 읽으면서 '어쩜 저리 얌체 같을까!'라는 생각이 수도 없이 들지만, 곰은 "그래도 좋아"라고 하며 산쥐의 행동을 아무렇지 않게 받아들인다.

질문 만들기

아이들이 산쥐의 행동을 어떻게 생각하는지가 궁금했다. 수업을 진행하면서 산쥐의 행동에 흥분해 '어떻게 그럴 수 있느냐'고 했던 아이들은 조금씩 작가의 의도를 알아채고, 자신과 친구에 대해 돌아보는 시간을 가졌다. 이날은 아침방송으로 수업을 늦게 시작하고 책을 읽는 데 시간이 많이 할애돼 질문 만들기를 하고 나니 10여 분밖에 남지 않았다. 하는 수 없이 짝 토론을 생략하고 질문 중 하나를 선택하여 생각 쓰기를 실시했다. 시간을 충분히 마련해 친구랑 이야기하면 좋은 주제의 책인데 아쉬웠다. 아이들이 만든 질문은 다음과 같다.

- 내가 희생해야 하는 친구 관계를 어떻게 생각하는가?
- 나와 완전히 다른 성격인데 친한 친구로 관계를 유지할 수 있는가?

질문은 보통 다섯 개 정도를 만드는데 두 개의 질문이 나온 뒤에는 손을 드는 아이가 없었다. 성격이 다른 곰과 산쥐, 두 친구를 보니 '성격'과 '친구'라는 키워드로 만들 수 있는 질문이 더 이상 나올 것이 없다고 여겨졌나 보다. 질문을 물끄러미 바라보니 두 질문으로도 친구 관계는 어떤 관계인지 충분히 말할 수 있을 것 같았다. 그래서 먼저 "친구란 어떤 사람인가요?"라는 질문을 던졌다.

"나를 이해해주는 사람이에요."
"나와 기쁨과 슬픔을 함께 나누는 사람이에요."
"같이 있으면 즐거워지는 사람이에요."
"내가 거짓말을 해도 믿어줄 수 있는 사람이에요."
"같이 놀면 즐거움이 배로 커지는 사람이에요."

아이들이 여러 이야기를 하는데 다 맞는 말이었다. 친구 관계는 내가 이해해야 하는 때도 있지만 친구가 나를 이해해야 하는 때도 있는데, 서로 바라는 마음이 달라 상호작용이 원만하게 일어나지 않을 수도 있다. 그러다 보면 어느 정도 희생이 필요하기도 하고, 갈등을 겪기도 한다. 그럴 때 무조건 피하거나 관계를 단절하기보다는 공통점을 찾고, 서로 조금씩 양보하면서 우정을 키워가는 것이 좋은 친구가 되는 방법임을 아이들이 깨닫기를 바랐다. 생각을 펼쳐 나가는 과정에서 아이들은 관계 맺기와 성격에 대하여 스스로 정의내릴 수 있었다.

생각 글쓰기

아이들은 생각 글쓰기를 하면서 내가 곰인지 산쥐인지 생각하기도 하고, 내 친구가 곰인지 산쥐인지도 생각하는 듯했다. 아이들의 생각이 나의 생각을 뛰어넘는 걸 이 생각 글쓰기에서 자주 발견하는데 아이들이 정의 내리는 친구 관계가 궁금했다.

이 책을 읽으며 느낀 점이 있는데 나도 곰처럼 좋은 친구가 되어야겠다는 생각이 들었다. 책의 주인공들처럼 성격은 반대인데 단짝 친구가 있다. 사귄 지 오래되고 성격도 잘 알아서 서로 맞춰준다. 내가 친구에게 맞출 때도 있지만 착한 친구가 더 나에게 맞춰준다. 난 곰처럼 되고 싶다. 산쥐가 좀 얄밉다는 생각이 들었다.(나경)

나와 성격이 아주 다르면 다를수록 관계 유지가 잘 될 것 같다. 내가 가지고 싶어 하는 것이 하나밖에 없는데 나와 성격이나 취향이 같다면 곤란해질 것이다. 성격이 달라서 싸우기도 하겠지만 싸우면서 서로 이해하게 될 것 같다. 지금 나와 가장 친한 친구도 싸우고 삐지고 화냈었다. 그러면서 우리는 친해졌다. 성격이 정반대여도 친구가

되고 싶다면 친구가 될 수 있다.(가인)

　나랑 완전히 다른 성격인데 친구관계를 이어나간 적이 많다. 잘 찾아보면 맞는 것이 하나씩은 꼭 있다. 하나라도 맞는 것이 있고 그 친구와 친하게 지내고 싶으면 관계를 이어나가면 된다. 서로를 위해 조금은 배려하고 도움을 줄 수 있도록 찾아가면서 서로에게 소중한 친구가 되도록 노력하면 된다. 다른 성격이라고 피하지 말고 맞는 점을 찾으며 친한 친구가 되면 좋겠다.(원영)

　내가 희생해야 하는 친구가 있었다. 그 친구는 무엇이든 자기 마음대로 하려고 했다. 나는 그때 친구가 아니라 졸병 같았다. 그 친구의 기분이나 비위를 맞춰야 하고 말을 들어야 한다면 다른 친구를 사귀는 것이 나을 것 같다.(나령)

아이들과 함께 읽을 때는 책을 소개하기 전에 성격이 조금 다른 친구와 있었던 이야기를 충분히 나누면 좋을 것 같다. 어떤 일이 있었는지, 그때 친구는 어떤 말을 하고 어떤 행동을 했는지, 그 상황을 지켜보면서 나의 기분은 어땠는지, 내가 생각하기에는 어떻게 행동하는 것이 좋을 것 같은지 등 친구 관계에서 받은 상처를 미리 충분히 이야기하고 난 뒤에 이 책을 읽는다면 책이 전하고자 하는 의미를 부연 설명 없이도 그대로 흡수하고 주인공에게 적극적으로 공감하는 것을 목격하게 된다. 아이들은 "그럼 너도 좋고, 나도 좋잖아" 대사만 나오면 웃는다. 그 말에 숨겨진 목적을 알고 있기 때문일 것이다. 작가는 그 말을 산쥐의 전유물로 만들지 않았다. 곰도 그 말을 자연스럽게 하도록 했다. 목적을 가지고 하는 말이 순수한 말을 만나면서 맑게 변한다. 결국 친구는 수없이 갈등하면서 서로를 존중하고, 예를 갖추면서 서로에게 영향을 미치는 관계다.

함께 읽으면 좋은 책

『세상 끝에 있는 너에게』 고티에 다비드 · 마리 꼬드리 지음, 모래알, 2018

『레오틴의 긴 머리』 래미 쿠르종 지음, 씨드북, 2015

『친구랑 싸웠어!』 시바타 아이코 글, 이토 히데오 그림, 시공주니어, 2006

『싸움을 멈춰라!』 김영진 지음, 책읽는곰, 2013

『사랑해 친구야』 존 그래험 글, 토미 드 파올라 그림, 미세기, 2009

『세상에 둘도 없는 바보와 하늘을 나는 배』 아서 랜섬 글, 유리 슐레비츠 그림, 시공주니어, 1997

『폭풍우 치는 밤에』 기무라 유이치 글, 아베 히로시 그림, 아이세움, 2005

『나랑 좀 달라도 괜찮아』 캐스린 케이브 글, 크리스 리들 그림, 주니어김영사, 2006

『인디언의 진짜 친구』 폴 고블 지음, 비룡소, 2014

『검은 말 하얀 말』 차오원쉬엔 글, 치엔이 그림, 단비어린이, 2012

4장

우리 가족 이야기

가족
입니다

담담하게 '우리 가족입니다'라고 말할 때 특별히 잘나지도 않았으며 내세울 것도 없지만 끈끈한 정이 느껴진다. 잘해주지 못해서, 받기만 하는 것 같아서, 서로 아린 상처를 갖고 있으면서도 '가족이니 알겠지' 하면서 살고 있다. 그러다 보니 '가족'이라는 이름 안에는 보이지 않는 끈과 연민과 사랑이 있다.

세상에 상처와 사연이 없는 가정이 있을까? 가장 안전한 보금자리라고 생각하는 가정에서 가족으로부터 받은 상처는 다른 사람에게 받는 상처보다 더 깊고 더 아프고 더 아물기가 어렵다. 그 많은 상처를 세상에 내보이고 이야기를 들려줌으로써 한 발 더 깊이 가족의 소중함을 마음에 새기고 세상을 향해 나아가는 것이리라.

가족에 관한 그림책은 아이들에게 '내 가족이 얼마나 소중한 사람인가'를 생각하도록 5월이 되기 전부터 읽어주기 시작해 어버이날이 올 즈음 끝을 맺는다. 읽어야 할 책들의 목록을 작성하면서 다른 주제의 그림책보다 '가족'을 주제로 한 그림책에는 국내 창작 도서의 비중이 높다는 사실을 발견했다. 아마 우리 가족의 정서가 다른 나라의 정

서와 다르기 때문일 것이다. 주로 부모에 대한 이야기를 많이 읽어 주는데, 가슴 찡하게 다가오는 부모의 헌신적인 사랑은 세계 어디나 똑같겠지만 우리네 어머니들의 이야기는 특별히 가슴을 울렸다.

  4장에는 마음 아픈 이야기가 많다. 책을 읽으면서 내 가족 이야기가 떠오르는가 하면, 우리 반 아이의 아픈 마음이 반영되기도 했다. 책을 읽고 나서 아이들이 쓴 글을 볼 때면 가슴이 '쿵' 내려앉는 순간도 있었다. 자신의 아픔을 드러낸 아이의 이야기를 마주할 때면 다른 사람 모르게 슬며시 다가가 그 아이와 대화를 나눈다. 함께 가슴을 쓸어내리기도 하고 울기도 하며 마음을 다독인다.

  '가족'을 주제로 책을 읽어줄 때는 많은 각오가 필요하다. 조심스럽게 마음을 울려야 하며 읽고 난 후에 반드시 포근하게 보듬어주는 과정을 거쳐야 한다.

가족이라는 그늘

『우리 가족입니다』

『우리 가족입니다』는 가슴 찡한 이야기를 다룬 그림책이다. 치매 할머니를 가족으로 받아들이는 과정, 치매 환자가 있는 가정의 어려움 등이 담겨 있다. 아이들과 이 책을 읽으면서 '소중한 가족'에 대해 돌아보는 시간을 갖고 싶었다.

이 책을 읽어주던 날, 아이들은 조용히 집중했다. 아이들은 이야기를 들으며 자신의 부모님을 생각하기도 하고, 할아버지 할머니를 생각하기도 했다. 그림이 보여주는 고된 부모의 삶에 가슴 아파하는 아이들이 많았다. 책이 감동적이고 슬프다며 눈물이 가득 고인 아이도 있고, 치매에 걸렸던 증조할머니를 간호하던 할머니가 생각난다는 아이도 있었다. 삶의 진실을 담은 책은 아이들의 마음 깊은 곳을 건드리고, 생각의 성숙함을 끌어낸다는 것을 경험한 시간이었다.

조용한 감동을 이어가기 위해 감상문을 쓰는 시간을 가졌다. 사각거리는 연필 소리만 교실을 가득 채웠다. 교실에 남아 아이들의 글을 읽다가 가슴이 탁 막히는 문장을 만났다.

"아무한테도 말한 적이 없지만, 우리 언니는 자폐아입니다."

초등학교 1학년 때부터 언니의 보호자로 살아야 했던 아이, 학교 갈 때 언니를 데려다주고, 방과 후에 언니를 데리러 가고, 언니의 대변인을 자처하며 살아야 했다. 담담하게 써 내려간 문장을 읽으며 가슴이 저렸다. '얼마나 힘들었을까? 어리광을 부리며 살아야 할 아이가 어른으로 사느라….' 그 친구와 둘이 교실에 남아 있던 날, 나도 비밀을 털어놓았다.

"우리 오빠도 장애를 가지고 있어. 오빠가 아기였을 때 심한 열병을 앓고서 한쪽 시력을 잃었단다. 그래서 정이의 마음을 알 것 같아."
"괜찮아요. 이제는 익숙해졌어요."
"너도 보호받아야 하는 어린이야. 널 안아주고 싶어."
우리는 서로 부둥켜안고 한참을 울었다.

이혜란 작가의 『우리 가족입니다』는 자전적 이야기를 담았다. 표

우리 가족입니다
이혜란 지음, 보림, 2005

지에 나온 신흥반점은 실제로 작가의 아버지가 운영하는 음식점이라고 한다. 이 책은 속표지가 있어야 할 자리에서 바로 이야기가 시작된다. "우리 가족입니다. 엄마, 아빠, 나, 동생 이렇게 네 명입니다"라고 이야기를 전하는 화자는 초등학생 여자아이이다. 네 가족은 엄마 아빠가 하는 작은 식당에 딸린 방에 살고 있으며, 할머니는 따로 살고 있다. 속표지 그림에는 둥그런 밥상에 밥그릇 다섯 개가 올라가 있다. 변화가 생긴 모양이다.

어느 날 멀리 시골에 계시던 할머니가 택시를 타고 집으로 온다. 그날부터 같이 살게 된 할머니는 잡동사니를 맨날 주워오고, 엄마가 사준 새 옷을 입지 않고 헌 옷을 기워 입고, 밥을 먹다가 뱉어내고, 대소변도 못 가리고, 음식을 옷장에 넣어 구더기가 끓게 하고, 길바닥에서 잠을 자기도 한다. 할머니는 치매 환자였다. '나'는 그런 할머니와 살기가 싫어, 아빠에게 할머니를 다시 시골로 보내면 안 되느냐고, 우리 네 식구가 행복하게 살면 안 되느냐고 묻는다. 아빠는 할머니가 아빠의 엄마라서 안 된다고 했다. 이제 가족은 다섯 명이다.

책의 서사는 아이 말투로 간결하게 전해진다. 하지만 말과 말 사이에 그림이 비집고 들어오고, 그림과 그림 사이에서 부모의 고된 삶이 보인다. 치매에 걸린 할머니를 묵묵히 뒷바라지하는 아버지와 그 아버지를 사랑으로 이해하는 어머니. 작가는 부모의 모습을 담담하게 그림에 담아냈다. 그러나 책을 읽는 독자는 담담하게 받아들일 수 없다. 자꾸 우리 삶을 뒤돌아보게 하고, 가슴에 강한 자국을 남긴다. 무엇이 우리를 이렇게 잡아끄는가. 바로 묵묵히 행동으로 보여주는 아버지와 어머니의 모습이다. 책에서 부모님은 대사가 없다. 할머니로 인해 벌어지는 많은 사건에 그저 말없이 행동으로 대처할 뿐이다.

이혜란 작가는 그림에서 색을 아껴 쓴다. 이 책에서 가장 강조한 채색은 부모님의 피부색이다. 연필로 그린 그림 위에 살짝 얹어진 피부색은 부담스럽지 않게 시선을 끈다. 색채가 들어간 그림도 색이 바랜 사진처럼 요란하지 않은 모습이다. 그림에서, 아버지의 대답에서, 작가의 후기에서, 우리는 아버지의 고단한 삶을 본다.

딸아이가 뛰어 들어와 아빠에게 할머니가 담장 아래서 자고 있다고 말하는 대목이 있다. 아빠는 하던 일 다 내려놓고 얼른 할머니를 업고 온다. 작가는 이 장면에서 할머니를 한 바닥 가득 크게 그리고, 할머니를 업고 걸어오는 아빠의 뒷모습을 작게 그렸다. 아빠의 입에서는 '헉헉' 거친 숨소리가 난다. 그림에서는 티가 나지 않게 숨소리를 표시해, 여러 번 반복해서 읽고 난 후에야 그 표현을 발견했다. 쉽게 다음 장으로 넘어갈 수 없다. 아버지의 삶의 무게가 얼마나 무거울까 짐작할 수 없고, 그대로 내 삶의 무게와 견주어지면서 가슴이 먹먹해진다. 그다음에 땀으로 범벅이 된 아버지가 마루에 걸터앉아 어린 딸과 주고받는 대화도 인상적이다. 이 대화를 통해 소녀는 마음으로 할머니를 받아들인다.

그림책 만들기 수업을 하면서 한 명씩 그림책이 완성되어갈 무렵, 정이가 다가와 말했다.

"선생님, 사실은 집에서 그림책 한 권을 더 만들고 있어요."

"그래? 그것도 가지고 오렴. 표지를 만들어야지."

정이가 가지고 온 책을 보는 순간 멈칫했다. 제목이 『제 언니는 자폐아입니다』였다. 책을 한 장 한 장 넘기는데, 머리끝까지 서늘한 소름이 돋았다. 절제된 문장과 표현은 아이가 얼마나 고심하며 쓰고 그렸는지 그대로 전해주었다. 이 책을 출판기념회에 전시해야 할지 고민되었다. 아무에게도 말한 적 없는 가족 이야기를 많은 사람에게 보여줘도 될까? 정이에게 부담 없이 고민해보라고, 선생님은 너의 의견을 존중한다고 전했다. 며칠 후 아이는 이 책을 전시하겠다고 했다. 나는 조심스러웠다. 생각이 성숙하지 못한 친구의 말 한마디가 아주 큰 상처가 될 수 있기 때문이다. 나는 반 아이들에게 이 책이 나오게 된 과정을 이야기해주고 자신의 아픔을 드러낸 것은 아주 큰 용기라며, 정이에게 박수를 보내자고 했다.

출판기념회 북 토크 시간, 정이는 학부모와 친구들 앞에 나가 당당히 말했다.

"장애는 그 누구의 잘못도 아니라는 것을 말하고 싶어 이 책을 썼습니다."

당찬 아이의 모습에 내가 눈물이 날 것 같았다. 어린이 작가에게 질문하는 시간이었다.

"어린이 작가는 언니에게 어떤 동생인가요?"

아이는 머뭇거리다 대답했다.

"사실 전 그리 친절한 동생이 되지는 못했습니다."

그리고 눈물을 흘리며 말을 이어가지 못했다. 난 달려가 아이를 안아주었다. 그곳에 있던 사람들은 누구 할 것 없이 눈시울이 붉어졌다.

엄마로 산다는 것

『삐약이 엄마』

"어딜 그렇게 급하게 가세요?"

"언니가 갑자기 병원에 입원했대요. 너무 불안해요."

동료 교사의 이야기를 들으며 내 언니도 아닌데 가슴에 '쏴아' 바람이 일었다. 별일 없기를 바란다는 위로를 전하고 혼자 걸으며 '나한테는 저런 소식이 없었으면 좋겠다'고 생각했다. 내게 언니는 그냥 언니가 아니라 부모와 마찬가지다. 부모님이 일찍 세상을 떠나고 우리 형제 대부분은 언니의 보호 아래 살았다. 성인이 되어 자립할 때도, 결혼할 때도 언니의 손을 거쳐야 했다. 부모님이 안 계신 빈자리는 늘 언니와 형부가 채웠다.

형부의 큰형님이 돌아가셔서 찾아뵈었을 때, 형부는 다음과 같은 이야기를 했다.

"처제 결혼할 때 함을 언니집에서 받는 게 괜찮을지 형님께 상의드린 적이 있어요. 형님은 처제의 함을 받아도 괜찮다고, 받아도 흉이 되지 않는다고 말씀하셔서 처제 함을 마음 편히 받을 수 있었지요."

결혼하고 30년 가까이 지나고 나서야 알게 된 이야기였다. 결혼할 당시에는 몰랐지만, 언니나 형부의 입장에서는 충분히 고민할 법한 일이었다. 철없는 나는 거기까지 헤아리지 못하고 돌아가신 부모님을 그리워하고, 결혼해서 새로운 가족이 생긴다는 것에 들떠 있었다.

그림책 『삐약이 엄마』를 보면 언니 생각이 난다. 내게 '삐약이 엄마'는 언니이기 때문이다. 고약한 성격의 고양이가 병아리 엄마로 거듭나는 과정을 그린 이 작품은 모성에 대해 새로운 시각을 제시한다. 백희나 작가는 주로 직접 제작한 인형을 촬영해 그림책을 만드는데, 이 책에는 목탄 그림이 나온다. 손으로 문지르면 목탄 가루가 묻어나올 것 같은 질감이 느껴지는 그림이다. 책은 세로로 긴 판형인데 덕분에 니양이의 움직임이 더 역동적으로 보인다.

표지에 나오는 크고 못생긴 고양이가 '니양이'다. 몸통은 검은색, 얼굴은 흰색이고, 왼쪽 눈언저리와 귀 부분은 까맣다. 짝짝이 눈을 치켜뜨고 있어서 더욱 험상궂은 표정이다. 니양이는 뚱뚱하고 먹을 것을 밝히는 데다 작고 약한 동물을 괴롭히는 것을 좋아해 악명이 높다. 갓 낳은 따스한 달걀을 좋아하는 니양이는 어느 날 닭장 앞을 지나다가, 그 안에 있던 탐스럽고 예쁜 달걀을 꿀꺽 집어삼킨다. 하루가 지나고, 이틀이 지나고, 니양이의 배가 점점 부풀어 오른다. 똥이 마려워 화장실로 간 니양이가 '끄응차' 힘을 주자 똥이 아니라 작고 노란 병아리가 나와 있는 게 아닌가! 니양이는 너무 놀라 뒷걸음치는데 병아리는 자꾸만 니양이 품 속으로 파고든다. 니양이는 몸이 굳어 있다가 작고 노란 병아리의 머리통을 핥아준다. 가슴이 뭉클해진 니양이. 병아리에게 '삐약이'라는 이름을 붙여주고 항상 데리고 다닌다. 깨끗한 음식을 찾아 먹이고, 사나운 개집 앞에서는 털을 꼿꼿이 세우며 삐약이를 보호한다. 이제 이웃들은 니양이를 '삐약이 엄마'라고 부른다.

이 책의 재미는 익살맞은 그림에서 나온다. 화면 가득 담긴 니양이의 얼굴에는 심리상태가 잘 드러나서 표정만 봐도 웃음이 절로 나온다. 니양이의 배가 불러오는 장면을 펼침면으로 표현했는데, 마치 임산부의 배 같다. 아이들과 함께 이 장면에 이르면 "크하하하!" 웃음보가 터진다.

"선생님 저게 가능해요?" 절대 일어날 수 없는 일이라며 여기저기 난리가 났다. 난 '그렇다'도, '아니다'도 아닌 묘한 표정을 지으며 소란이 잦아들기를 기다린다. 뒤에는 더 기막힌 장면이 나온다. 바로

삐약이 엄마
백희나 지음, 책읽는곰, 2016

니양이의 출산(?) 장면이다. "끄으으으응~" 하는 진통과 함께 책 전체 페이지 가득 상반신이 나오고, 다음 페이지에 거대한 하반신과 작고 노란 병아리가 나온다. 이쯤 되면 아이들은 이성적인 판단을 포기한다. 그저 작가의 상상력에 빠져들어 즐기면 그만이다. 주변을 쓱 둘러보니 아이들의 입이 반쯤 벌어져 있고 눈이 빛난다. "내가 병아리를 낳았어!!!"라며 니양이가 뒷걸음치는 장면에서 또 웃음보가 터진다. 함께 신나게 웃고 즐기며 책을 읽어 나가면 닭들과 삐약이 엄마와 삐약이가 만나는 장면이 나온다. 닭들의 대사는 없으나 표정만으로도 황당함이 느껴진다. 아이들에게 닭들이 뭐라고 말할 것 같으냐고 물으니 "쟤들 뭐야?" 하는 소리가 튀어나온다.

삐약이와 니양이는 누가 뭐라 해도 엄마와 자식이다. 병아리가 지붕 위로 올라간 모습을 보고 아이들은 삐약이는 분명 고양이 같은 성격의 닭으로 자랄 거라고 말한다. 이 유쾌한 작품을 본 후 우리 반 아이들은 백희나 작가의 열혈 팬이 되었다.

 욕심 많고 고약한 성격의 니양이도 새끼를 낳고 나서는 천상 '엄마'로 변신한다. 인간도 그렇지 않은가. 니양이처럼 자유로운 영혼으로 살다가도 한 아이의 엄마가 되면 상황은 180도 달라진다. 니양이가 삐약이를 보호하기 위해 한 행동의 몇백 배의 노력으로 엄마의 역할을 한다. 엄마라서, 자식을 사랑해서, 어린 생명이 내 손에 달렸다는 안쓰러움에서 '엄마'라는 거울에 자신을 수없이 비춰보는 것은 아닐까? 아이들은 그저 말도 안 되는 상황이라고 웃으면서 볼 수 있는 책이지만, 엄마의 입장에서는 사뭇 다르게 다가온다. 엄마로서의 삶을 되돌아보고, 아이가 자라는 것을 보며 노심초사했던 시간이 파노라마처럼 지나간다. '니양이'로 살 때보다 '삐약이 엄마'로 살 때가 더 행복하다는 것에 나는 공감한다. 니양이가 삐약이를 낳지 않았다면 니양이의 잠재된 모성은 발현되지 않았을 것이고 이름은 그대로 '악명 높은 니양이'로 남았을 것이다. 우리가 일상에서 자연스레 부르는 '누구누구 엄마'라는 호칭은 그래서 따뜻함과 사랑이 느껴진다.

 나의 '삐약이 엄마'는 시댁 일에 있어서 한 번도 내 편을 들어준 적이 없다. 신혼 초부터 아예 입도 뻥긋 못 하게 했다. "나, 네 편 아니다. 살아보니 시댁 험담도 다 내 얼굴에 침 뱉기야."

내가 말할 곳이 어디 있다고! 처음엔 서운한 마음이 가득했지만, 언니 말에 일리가 있다고 생각해 되도록 덮고 지냈다. 그런데 딱 한 번 시댁에 대한 서운함을 말하고 나니 그동안 억누른 감정이 봇물 터지듯 나와 멈춰지지 않았다. 억울함은 갈수록 커지고 섭섭함은 눈덩이처럼 늘어났다. 때마침 연락 온 큰 조카에게 억울한 심사를 말했는데, 언니가 나를 불렀다.

"한 번은 괜찮다만, 그 한 번도 안 하는 게 나았을 거다. 속 터놓는 친구는 있지?"

"응."

"그럼 됐네! 많이도 필요 없고, 딱 한 명만 있으면 돼. 화를 가지고 있어도 병이 되고, 친구랑 수다 떨면서 털어버려."

그리고 맛있는 밥을 사줬다. 내 삐약이 엄마, 언니가 보고 싶은 밤이다.

나의 그리운 아버지

『고릴라』

"둘째 큰아버지께 편지 전해드리고 와라."

어릴 때 종종 아버지의 편지 심부름을 했다. 담뱃갑의 은박지 뒷면에 꼭꼭 눌러 쓴 편지였다. 이 편지 심부름은 전화기가 설치될 때까지 계속됐다. 큰아버지 댁은 어린아이의 걸음으로 먼 거리였지만, 난 아버지의 심부름을 거절하기가 어려워 혼자서 타박타박 심부름을 다녔다.

내게 아버지는 어떤 존재였을까. 술을 좋아하셨고, 겨울철엔 노름도 하셨으며, 옷을 고르는 눈이 아주 까다로워 바지 길이와 소매길이가 정확하게 딱 맞는 옷을 깔끔하게 차려 입으셨다. 명절에는 하얀 바지저고리에 흰 두루마기를 즐겨 입었는데, 외출할 때는 근사하게 나갔다가 돌아오실 때쯤이면 거나하게 취해 흐트러진 모습이었다. 아버지가 집에 계실 때면 난 소리를 낮추고, 긴장한 상태로 있었다.

늘 어렵게만 느껴졌던 아버지에게도 재미있는 특기가 하나 있었다. 떫은 땡감을 아주 딱딱하게 우려내는 것이었는데 누구에게도 없는 특기였다. 아버지는 아무도 모르게 땡감을 따서 감춰 놓았다가 우리 형제들에게 딱딱하게 우려서 주시곤 했다. 그럴 때면 우리는 웃음이 만발했다. 군것질거리가 없던 시절, 어머니가 끓인 소금물로 우려낸 감은 물컹하고 시큼한 맛이 났지만, 아버지의 감은 딱딱하고 단맛이 났다. 어떻게 만드셨냐고 여쭈면 빙그레 웃기만 하셨다. 지금도 감이 익어갈 무렵에는 아버지가 딱딱하게 우려낸 감이 먹고 싶다.

앤서니 브라운의 『고릴라』는 아버지와 딸의 이야기이다. 너무 바빠서 딸에게 눈길 한번 건네지 못하는 아빠의 이야기가 우리네 아버지들의 모습과 많이 닮아 있다. 아빠와 딸의 이야기인데, 제목은 왜 '고릴라'일까? 읽기 전 추측을 해본다.

표지에는 커다란 고릴라와 노란 옷을 입은 여자아이가 나뭇가지에 매달린 채 행복한 미소를 짓고 있다. 옅은 파란색이 깔린 배경에는 하얀 달과 작은 별, 검은색의 건물들이 있고, 나뭇가지에 잎이 없는 것을 보면 겨울밤이다. 고릴라와 아이가 매달려 있는 나뭇가지는 두 그루의 나무가 연결된 것이다. 이것을 '연리지'라고 하는데, 무엇

고릴라
앤서니 브라운 지음, 장은수 옮김, 비룡소, 1998

을 상징하는 것일까? 어떤 이야기가 숨어 있는지 궁금증을 자아내는 그림이다.

한나는 고릴라를 무척 좋아하는 소녀다. 고릴라 책도 읽고, 고릴라 비디오도 보고, 고릴라 그림도 그리지만, 고릴라를 직접 본 적은 없다. 아빠가 너무 바빠서 한나와 함께 동물원에 갈 시간이 없기 때문이다. 다가오는 한나의 생일에 고릴라를 갖고 싶다고 아빠에게 이야기했지만, 생일 전날 밤 침대 끝에 고릴라 인형이 놓여 있을 뿐이었다. 실망한 한나는 그 인형을 방 한구석에 놔두었는데, 그날 밤 신기한 일이 일어난다. 고릴라 인형이 한나에게 다가와 동물원에 가자고 하는 것이 아닌가. 고릴라와 함께 동물원에 놀러 간 한나는 담을 타고 넘어가 실제 고릴라를 보고, 오랑우탄, 침팬지도 보았다. 둘은 극장에서 영화를 보고, 맛난 음식도 먹고, 집으로 돌아오는 길에 잔디

밭에서 춤도 추었다. 한나는 무척 행복했다.

『고릴라』의 그림은 수수께끼 같다. 앤서니 브라운은 다양한 프레임, 반복적인 장면의 사용, 색채의 변화 등으로 인물의 심리를 드러낸다. 예를 들면 식사 장면이 두 번 나오는데 이 두 그림을 비교해보면 작가가 만든 장치를 잘 이해할 수 있다. 한나와 아빠가 아침 식사를 하는 식탁은 세로로 긴 모양인데 양 끝에 한나와 아빠가 앉아 있어 거리가 멀게 느껴진다. 아빠는 신문을 보고 있으며 식탁의 전체적인 색상은 차가운 푸른색이다. 소통의 부재로 심리적 거리를 더 멀게 표현했다. 그러나 고릴라와 함께 간 식당 그림은 푸근하다. 색조는 밝아지고 테이블의 짧은 쪽으로 마주 앉아 있으며 고릴라의 시선은 완전히 한나에게 집중되어 있다. 옥죄던 긴장이 슬그머니 풀린다.

저녁에 퇴근한 아빠는 일에 파묻힌 채 뒷모습만 보인다. 한나는 아빠에게 다가갈 수 없다. 상체를 앞으로 쑥 빼 아빠를 향해 있는 한나의 뒷모습은 쓸쓸하기만 하다. 늘 바쁜 아빠를 바라만 보는 한나의 뒷모습은 그 외로움과 쓸쓸함이 독자에게도 전해진다. 한나는 홀로 거실 구석의 모서리에 기대앉아 텔레비전을 본다. 저 아이를 어떻게 하면 좋단 말인가.

하고 싶은 말이 많은 책이다. 이미 너무 유명하고, 아는 사람은 다 아는 책이지만, 그럼에도 이 책을 이야기하고 싶다. 당연히 한나와 함께 동물원에 놀러 간 고릴라는 아빠다. 엄마가 없는 빈자리를 아빠는 채워주지 못했고, 한나는 언제나 혼자였다. 그런 한나는 아빠가 그리워 아빠에게 말하듯이 고릴라를 그리고 고릴라와 대화했다. 힘이 세고, 자상하고, 따뜻한 눈빛을 지니고, 부성애가 강한 고릴라는 한나가 바라는 아빠의 모습이다. 한나가 마음으로 그리는 아빠(고릴라)의 모습과 현실의 아빠는 처음에는 부조화를 이루다 마지막에 합쳐진다. 다행이다.

 한나가 고릴라와 동물원에서 놀다가 집으로 돌아오는 길에 춤을 추는 장면이 참 인상적이었다. 작가는 왜 이 장면을 넣었을까? 고릴라와 동물원에 가고, 극장에도 가고, 식당에서 맛난 음식을 먹은 한나는 그것만으로도 충분히 행복하고 흡족해 보였다. 집으로 가는 길, 한나는 고릴라의 발등에 올라가 손을 마주 잡고 왈츠를 춘다. 한나의 얼굴은 보이지 않지만 행복이 느껴진다. 고릴라가 이끄는 대로 춤을 추는 한나를 보면서 우리는 고릴라가 한나를 행복한 삶으로 이끌어 줄 것 같다고 기대하고 안심하는 것 아닐까.

 다음날 아침 흥분한 채로 계단을 내려오는 한나에게 빨간 셔츠에 청바지 차림을 한 아빠가 다정하게 생일 축하 인사를 건넨다. "한나는 아빠 얼굴을 바라 보았어"라고 설명이 나오지만, 한나는 고릴라 사진을 보고 있다. 이 장면을 보며 독자는 고릴라 아빠를 마음속에 따뜻하게 품고 책장을 덮을 수 있게 된다.

아이들은 엄마도 없는 한나를 외롭게 방치하고 일만 하는 아빠를 이해하지 못했다. 한나를 위해 열심히 일하는 것일 테지만, 아이를 저렇게 외롭게 하면 안 된다고 소리 높였다. 밤에 혼자 집에 있었을 때 너무 무서웠다고 한나에게 감정이입하는 아이, 한나의 외로움이 증폭될수록 불안하게 지켜보는 아이들은 행복한 결말을 보면서 안도의 한숨을 내쉬었다.

"혹시 한나처럼 아빠가 너무 바빠서 속상한 적은 없었나요?"

아이들에게 물으니 여기저기 손이 올라간다.

"전 아빠의 긴 출장이 너무나 싫어요. 선물을 주실 때는 좋지만 너무 보고 싶을 때가 많아요."

"전 피곤하다고 잠만 자는 아빠한테 서운했어요. 아빠랑 함께 놀고 싶었거든요."

"제 말을 들어 주셨으면 좋겠는데 '그런 건 네가 알아서 해.'라며 말을 뚝 끊으시면 속상해요."

요즘 아이들은 아빠와 친구처럼 지내며 잘 어울리는 편인데도 서운한 마음이 컸던 모양이다.

초등학교 시절, 우리 집은 농사를 지었다. 농사일의 중심은 늘 아버지였다. 산딸기가 익을 무렵이면 아버지는 지게 위에 산딸기를 줄기째 잘라 왔다. 아버지의 지게에는 계절별로 주홍 감, 꽃사과 나뭇가지 등이 올라왔다. 아버지가 내게 꽃사과나 산딸기 한 다발을 주실 때면 어색하면서도 마음이 설렜다. '이건 논 가장자리, 이건 예전에 살던 우리 집 나무, 어? 이건 못 보던 건데 어디서 가져오셨지?' 하며 아버지의 선물들이 있던 위치를 가늠해보곤 했다.

우리에게 별 말씀이 없던 아버지는 다른 사람들 앞에서는 자식 이야기를 즐겨 하셨다고 한다. 그것이 아버지 나름의 자녀 사랑 방식이었음을 깨달은 것은 어른이 되고 나서다. 아버지 기일에 가족들이 모이면 언니는 늘 농담처럼 말한다. "아버지 하늘나라에서 팔불출처럼 자식 자랑하다가 왕따당하는 거 아닌지 모르겠네."

유독 일찍 떠난 부모님의 빈자리가 허전해 던지는 농담임을 우리 형제들은 말하지 않아도 안다.

부모의 이혼을
어떻게 받아들여야 할까

『아빠는 지금 하인리히 거리에 산다』

내 소원 한 가지가 이뤄졌다. 아빠가 와서 저녁을 먹는데 엄마가 갑자기 "그냥 집에 들어와 살면 안 돼?"라고 하셨고, 깜짝 놀란 아빠는 잠시 생각하다가 "지금 당장은 어렵고, 집이며 사무실이며 좀 정리를 하고"라고 대답하셨다.

두 분의 대화를 들으며 난 펑펑 울었다. 기쁜 일인데 자꾸 눈물이 나왔다. 나는 이제 아빠, 엄마와 함께 사는 아이가 되었다.

일기장을 본 후 쉬는 시간에 가을이에게 다가가 슬며시 귓속말로 "축하해"라고 했다. 가을이의 얼굴이 환해졌다.

가을이는 부모의 이혼으로 상처가 있는 아이였다. 그 상처가 뾰족

한 말로 튀어나와 주변 친구들을 찌르는 일이 많았다. 성격이 좋고 잘 웃는 아이였지만, 그런 뾰족한 모습들이 나올 때면 안타까운 마음이 들었다. 그런 가을이가 자신의 상처를 일기장에 솔직하게 털어놓았을 때 고맙고 다행스럽다 여겼다.

　이혼을 쉽게 하는 사람은 없겠지만, 아이에게도 부모의 이혼은 결코 쉬운 일이 아니다. 이혼의 상처는 당사자들에게도 크겠지만, 아이에게는 헤아릴 수 없이 깊은 상흔을 남긴다. 이를 어떻게 치유할지는 교사에게도, 부모에게도 큰 숙제로 남는다.

　『아빠는 지금 하인리히 거리에 산다』는 부모의 이혼이 아이에게 어떤 상처를 남기는지를 보여주는 작품이다. 심리학을 전공하고, 가족 심리 치료사로 활동하고 있는 글 작가 네레 마어는 시종일관 현실적인 시각으로 이혼의 문제를 다루고 있다.

　표지에 나온 아이는 곰 인형 두 개를 껴안고 있다. 뒤표지에는 노란 가방이 덩그러니 놓여 있다. 두 곰 인형과 노란 가방, 무엇을 상징하는 것일까? 아이의 이름은 베른트, 두 곰 인형은 보보와 도도다. 베른트는 가끔 보보와 도도를 데리고 엄마 아빠 놀이를 한다. 가족이 화목한 시절에 보보와 도도는 다정한 부부의 모습이지만, 부모님이 싸우고 갈등이 심해지자 두 곰 인형도 서로 싸우고 다투는 모습을 보인다. 결국 아빠가 집을 떠나 하인리히 거리로 옮겨가게 되자 베른트

아빠는 지금 하인리히 거리에 산다
네레 마어 글, 베레나 발하우스 그림, 이지연 옮김, 아이세움, 2001

는 이 상황을 선뜻 받아들이기 힘들다.

그림은 많은 이야기를 담고 있다. 곰 인형 도도와 보보는 베른트의 마음을 표현한다. 부모가 사이가 좋았을 때는 곰 인형도 서로 손을 잡고 춤을 추며 행복한 모습을 보이고, 부모의 갈등이 심해질 때는 곰 인형도 서로를 공격하고 때리고 던지며 감정을 폭발시킨다. 부모의 사이가 돌이킬 수 없는 지경에 이르자 베른트는 곰 인형에게 자신의 옷을 입히고, 아픈 모습으로 연출하며 자신을 투사한다. 그 모습을 보고 있으면 안타까움에 가슴이 찡하다. 이외에도 아빠는 줄무늬 소파와 탁자 위의 장식 개, 엄마는 물고기 인형, 베른트는 액자 속 공룡 가면으로 나타내는 등 그림 작가는 그림에 많은 상징을 사용하고 있다. 액자 속 공룡 가면은 부모님이 사이가 안 좋으면 이빨을 드러내고, 혼자 남은 엄마에게 대들고 반항할 때면 눈물이 차올라 프레임 밖으로 흘러내린다.

아빠를 걱정하며 하인리히 거리를 헤매고, 자신이 아파서라도 부모님이 함께하기를 바랐던 베른트는 차츰차츰 부모의 이혼을 받아들인다. 부모님이 따로 살아도 자신의 부모인 것은 변함이 없고, 두 분 다 자신을 사랑하지만 어쩔 수 없이 함께 살지 않을 것임을 안다. 베른트는 엄마와 아빠의 집에 각각 하나씩 곰 인형을 가져다 놓고 두 집 다 소중한 사람이 있는 공간으로 여긴다. 여러 모양의 프레임을 사용해 이야기를 은유적으로 표현했던 그림 작가는 베른트가 부모의 이혼을 받아들이고 곰 인형을 엄마 아빠 집에 갖다 놓는 장면을 캡슐 약 모양의 프레임 안에 담았다. 이는 마치 베른트가 이제는 이 일로 마음 아프지 않고, 분노하지 않을 거라는 성장과 치유를 표현하는 것 같다.

이 책을 아이들에게 읽어줄 때는 아이들의 가정 상태를 파악하는 것이 좋지만 요즘은 자세히 알 수 없다. 혹시라도 이혼 가정의 아이가 있다면 이 책이 더 큰 상처가 되지는 않을지 걱정하며 읽었다. 하지만 아이들은 책에 묘사된 상황을 이해하고 있는 그대로 받아들였다. 베른트의 입장이 되어 공감하며 안타까워했다. 아이들은 주인공에게 그대로 자신을 투사한다. 부모의 이혼 상황에서 아이가 할 수 있는 역할은 별로 없다. 부모는 자신은 물론 아이도 생각해서 결론을 내리지만, 그 과정에 아이의 의견이나 생각이 반영되진 않는다. 아이들은 이런 폭력적인 과정에 흥분했다. '왜 아이를 생각하지 않느냐?'며 베른트의 입장에서 억울해하고 분노했다. 동어반복적인 상황이 연출되더라도 그 슬프고 억울한 감정을 다 토해내도록 장을 마련해주는 것이 필요하다. 감정을 덮고 모르는 체하면 나중에 더 큰 상처를 만들기 마련이다.

책을 다 읽고 나서 부모의 이혼 상황 전이나 이혼 후로 돌아가서 생각을 다시 해보는 것도 좋다. 이혼을 생각하지 않을 때 부모의 생활과 이혼이라는 결론에 다다랐을 때의 생활이 책에서도 다르게 서술되어 있어서 그 차이점을 생각하며 어떻게 생각하고 행동하는 것이 좋은지 토의할 수 있다. 베른트의 입장에서만 생각했던 아이들은 이 과정에서 부모의 입장에 서서 생각해보는 법을 배우게 된다. 또 이혼이 결정된 후에 내가 할 수 있는 일은 무엇인지, 내가 어떻게 해야 한 단계 성장할 수 있는지를 가지고도 많은 이야기를 나눌 수 있다.

책을 읽고 난 뒤 "나는 원하지 않았으나 부모님이 이혼을 선택하셨다면 어떻게 행동하는 것이 좋을까요?"라고 질문하니 아이들은 자못 심각해졌다.

"부모님을 향한 화가 마음속에 가득 차 있을 것 같아요. 이 화를 풀어내야 할 것 같아요."

"전 상황을 잊으려고 할 것 같아요."

"다른 친구들은 다 행복한데 나만 불행하다는 생각을 하며 슬퍼할 것 같아요. 생각만 해도 눈물이 나오고요. 그래서 내가 좋아하는 일에 빠져들 것 같아요."

"엄마 아빠께 내 입장은 생각해 주지 않는다고 억울한 마음이 있을 것 같아요. 화가 나겠지만 더 많은 이야기를 나눠야 할 것 같아요."

아이들 말을 유심히 들여다보면 마음이 아파진다. 아이들이 한 말 속에 들어 있는 선택적인 행동들이 다 양면성을 가지고 있었다. 어떤 방향으로 선택하게 될지는 아무도 장담할 수 없다. 부디 긍정적인 선택을 하기를 기원할 뿐이다.

누구나 결혼할 때는 행복한 결혼생활을 꿈꾼다. 하지만 살다 보면 의도치 않게 '헤어짐'이라는 아픈 경험과 맞닥뜨릴 때가 있다. 당황스럽고 충격적인 상황이겠지만 이 과정을 어떻게 슬기롭게 헤쳐 나갈지는 나의 선택에 달려 있다. 분노로 폭발하는 것도 나의 선택이고, 마음의 문을 닫는 것도 선택이다. 그래서 스스로 마음을 추스르고 현명하게 판단을 내리도록 사랑과 관심을 주는 기다림이 필요하다. 모든 가능성을 열어놓고 믿음으로 지켜보는 눈길, 손길이 있어야 한다. 어른에게나, 아이에게나.

그래도 어른은 본인의 선택이지만, 아이의 입장으로는 선택이 아닌 강요다. 그래서 더 강하게 충격을 받고 아픔을 느낀다. 아이의 고통은 한순간에 끝나지 않는다. 성장의 전 과정에 영향을 미친다. 그런 아이들을 볼 때면 '이혼, 할 수도 있지' 하는 쿨한 마음이 생기지 않는다. 이혼으로 인한 아이의 상처는 매 순간 겉으로 보이지는 않으나 마음 깊은 곳에 웅크리고 있으며 어느 순간 어떻게 표면으로 떠오를지 모른다. 그래서 결혼도, 이혼도 심사숙고해서 결정하는 것이 옳다.

마음은 천천히
열리는 것

『기억의 끈』

"저는 우리 가족이 함께 있는 것만으로도 행복해요"

'가족에게 바라는 것'에 대해 발표하는 시간, "동생이 시비를 걸지 않았으면 좋겠어요", "부모님이 용돈을 올려줬으면 좋겠어요", "잔소리 좀 그만 듣고 싶어요" 하며 아이다운 말들이 쏟아지는 와중에 섬이가 한 말이다. 초등학교 아이가 쉽게 할 수 있는 말이 아니라는 생각에 심상치 않다는 촉이 발동했다.

"언제 그런 생각을 많이 하죠?"

"예전에는 몰랐는데 가족이 건강하고 함께할 수 있다는 것만으로 얼마나 소중한지 알게 됐어요. 엄마가 대상포진에 걸렸을 때 너무 불안했거든요."

"어머니가 아프셨을 때 그런 생각을 했군요. 대학 졸업한 선생님 아들보다 섬이가 더 어른스러워요. 너무 기특해요."

훈훈하게 대화는 마무리됐지만, 섬이의 이야기가 내 머리에 확 박혔다. 조그만 아이의 몸 안에 어른 한 명이 들어 있는 것 같았다. 학부모 상담 날, 섬이의 어머니와 이야기를 나누었다. 직장생활을 하는 섬이 어머니는 단아하고 우아한 분이었다. "우리 섬이는 마음이 아주 고운 아이예요. 우리 부부한테 어떻게 저런 아름다운 아이가 왔는지 감사할 따름이에요." 본격적인 상담에 들어가자 어머니는 한참 동안 말이 없다가 눈에 물기를 머금고 어렵게 이야기를 이어갔다.

한때 섬이 어머니와 아버지는 별거를 생각한 적이 있었다. 엄마와 아빠가 따로 산다면 누구와 지내고 싶은지 섬이에게 물었을 때, 섬이는 차라리 고아원에 가겠다고 말했단다. 부모님 중 어느 한 명을 선택하면 다른 한 사람이 서운할 거라며, 차라리 공평하게 제3의 시설로 가겠다는 것이었다. 그 이야기를 듣고 섬이 어머니와 아버지는 별거를 없던 일로 했다. 내색은 안 했지만 섬이에게 그 순간이 얼마나 무섭고 마음이 아팠을까. 착하고 고운 섬이의 마음이 부모님의 갈등도 녹여낸 것 같다.

이렇게 착하고 빨리 철이 든 섬이에게 읽어주고 싶은 책은 『기억의 끈』이다. 주로 고학년 담임을 할 때만 읽어주거나, 재혼 가정의 아이

기억의 끈
이브 번팅 글, 테드 랜드 그림, 신혜은 옮김, 사계절, 2009

가 있을 때는 피하게 되는 책이지만 되도록 읽어주려고 한다. 그만큼 책의 내용이 아름답다.

아이들에게 책 표지를 보여주며 묻는다. "기억의 끈이 뭘까요? 표지에서 한번 찾아볼까요?" 아이들은 고개를 들고 표지에 집중한다. "저 아이가 들고 있는 것 아닐까요?" "단추가 엮여졌어요." "단추가 서로 다른 모양이에요." 표지 읽기는 늘 흥미로운 과정이다. 아이들은 정확하지 않지만 그림과 제목이 던지는 관련성을 파악하며 기대에 찬 모습으로 집중한다.

로라는 떡갈나무 아래에 고양이 위스커스와 앉아 있고 아빠와 새엄마 제인은 난간에 페인트칠을 하고 있다. 로라는 붉은 벨벳상자에서 기억의 끈을 꺼내, 끈에 꿰인 단추를 헤아리듯이 하나하나 넘기면서 위스커스에게 이야기를 들려준다. 증조할머니의 드레스에 달려 있던 단추, 고모할머니의 단추, 할머니 육촌들의 단추 등 마치 제인이 들으라는 듯 큰 소리로 단추에 얽힌 유래를 읊어준다. 그때 아빠와 제인이 레모네이드를 먹으며 행복해하는 모습을 보자 로라는 할머니의 단추를 건너뛰고 엄마의 이야기로 곧장 넘어간다. "이 단추는 엄마의 무도회 드레스에 달려 있던 거야." 엄마의 이야기는 분명 제인의 마음을 아프게 하는 이야기였다. 아빠가 로라에게 다가오는 것이 보이자 로라는 이야기를 서두른다. 아빠가 걸프전에 참전했을 때 입었던 군복의 단추, 엄마가 돌아가셨을 때 입고 있었던 잠옷의 단추…. 아빠는 로라의 앞에 다가왔고, 로라의 시야는 이미 흐려져 있다. 그 순간 위스커스가 발톱으로 끈을 낚아채 단추는 사방으로 흩어져 버린다.

그림은 서사를 그대로 표현하고 있어 따로 의미와 상징을 찾을 필요는 없다. 하지만 등장인물의 표정에 드러난 심리는 잘 살펴봐야 한다. 책은 로라의 행동을 보여주는 장면과 로라의 시선으로 바라보는 장면으로 나뉘어 있는데, 로라의 마음을 그대로 따라가게 된다.

떡갈나무 아래에 있는 로라는 베란다에서 페인트칠하는 아빠와 새엄마를 뾰로통한 표정으로 바라보고 있다. 신경은 온통 그쪽에 있으면서 무심한 척 행동한다. 베란다와 나무 그늘은 각각 그들의 영역이다. 행복해 보이는 새엄마와 아빠의 모습이 로라를 아프게 한다. 두 사람 사이에 자기 자리는 없는 것 같다. 심술이 난 로라는 제인이 들으라는 듯 엄마 이야기를 꺼낸다. 죽은 엄마의 이야기는 제인에게도 통증이지만 로라에게는 더 심한 통증을 일으키는 기억이다. 로라의 아픔을 눈치챈 아빠가 그늘에 있는 로라에게 달려오지만, 로라는 이야기를 서두르다 감정이 고조된다. 위스커스가 떨어뜨린 상자들과 흩어진 단추처럼 로라의 감정도 흩어진다.

"안 돼!"라고 비명을 지르는 로라. "로라는 두 손으로 눈을 가렸습니다"라고 묘사돼 있지만, 그림 작가는 로라가 손가락을 벌려 제인을 관찰하는 모습으로 그렸다. 비명을 지르며 눈을 가리는 순간에도 로라는 제인의 행동을 살피고 있다. 제인은 붓을 던지고 로라에게 달려온다. 로라의 영역으로 아빠와 제인이 모두 들어왔다. 세 명이 단추를 찾는 장면은 긴장이 서려 있는 삼각구도로 표현되었으나, 시간이 흐를수록 팽팽한 긴장 관계는 무너진다.

돌아가신 엄마가 가장 좋아했던 아빠 군복의 단추는 끝내 찾지 못했다. 상심이 깊어 잠들지 못한 로라는 아빠와 제인의 대화를 엿듣게 된다. 옛날 군복에서 단추를 몰래 꺼내서 갖다 놓자는 아빠의 말에 제인은 진실의 순간을 속일 수 없다며 반대한다. 다시 단추를 찾아 나서는 제인의 모습을 로라는 2층 다락방에서 지켜보고 있다. 뒷모습이라 로라의 표정은 알 수 없지만 머리 위로 쏟아지는 달빛이 따뜻한 분위기를 보여준다. 제인이 마침내 단추를 찾고 기뻐하는 모습을 보고 잠자리에 드는 로라는 마치 순한 아기와 같다. 마지막 장면에서 로라는 아주 맑은 얼굴이다. 부부의 영역에 들어가 로라는 제인에게 말을 건넨다. 그 장면에 서먹함은 보이지 않는다.

그림책에서 글과 그림은 상호 보완적 관계다. 글이 보여주지 못하는 것을 그림이 보여주거나, 그림이 담아내지 못한 것은 글이 설명해 주기도 한다. 하지만 그림책은 그림만으로도 이야기가 전개될 수 있어야 한다. 그림의 역할이 그만큼 중요하다. 처음에 이 책을 봤을 때 서사 중심의 삽화식 그림이라 단정하고, 서사에 비해 그림이 뛰어나지 못하다고 생각했다. 그런데 반복해서 읽을수록 그림에 나타난 인물들의 연속 동작이 보이고 영화를 보는 것 같은 연출에 빠져들었다. 초점의 변화가 주는 역동성이 느껴졌고, 글 작가와 그림 작가가 매우 공을 들인 작품이라는 결론을 내렸다.

문학작품은 바라보는 관점에 따라 느낌이나 인상이 달라진다. 아이들에게 이 책을 읽어주었을 때 처음에는 로라의 입장에서 새엄마와 아빠에게 섭섭한 감정을 드러냈다. 그러다가 마지막에 이르면 새엄마를 믿고 긍정하는 모습이 보인다. 아이들의 시선과 관점의 변화가 흥미로워서 이 책을 자주 읽어주게 된다.

눈물이 로라의 볼을 타고 흘러내리자, 제인이 한 발자국 다가서며 말했습니다. "오! 로라, 불쌍한 우리 아기."

엄마라면 그렇게 말했을 겁니다. 엄마라면 그랬을 겁니다. 제인의 목소리는 부드러웠습니다. 엄마의 목소리도 그렇게 부드러웠을 겁니다. 하지만 제인은 엄마가 아니었습니다. 엄마는 3년 전에 죽었습니다. 이 사람은 제인이었습니다.

읽을 때마다 시선이 멈춰지는 대목이다. 이 부분을 읽을 때면 나도 모르게 목울대가 울렁거린다. 엄마가 세상을 떠난 후 3년간 로라는 그 부드러운 목소리가 얼마나 그리웠을까. 제인은 기다렸다. 로라가 스스로 마음의 빗장을 열고 나오기를. 제인은 알고 있었다. 빗장은 억지로 열 수 없다는 것을. 급하게 서두르면 열리지 않는다는 것을. 자신의 문은 활짝 열어놓고 로라 스스로 다가오기를 진심으로 기다린 것이다. 제인은 로라에게 제2의 엄마가 될 것이다. 그 각오를 제인이 말했지만, 로라는 아마 더 성장해야 그 의미를 알게 될지도 모르겠다. 언제나 네 곁에 있을 거라는 것, 네가 원하기만 하면 언제든지 널 도울 거라는 것을.

책장을 덮으며 아이들에게 물었다.
"참 아름답지요?"

"제인의 마음이 너무 아름다워요."

제일 먼저 섬이가 말을 꺼냈다. 제인의 따뜻한 배려가 섬이의 마음을 두드렸나 보다.

섬이는 결이 고운 아이였다. 함께 지내면 지낼수록 섬이에게 믿음과 신뢰가 쌓였다. 친구들과도 잘 지내고, 무엇이든 열심히 하는 아이, 학원을 따로 다니지 않아도 공부를 하다가 모르는 것이 있으면 스스로 끝까지 이해하려고 노력하는 아이였다. 혼자 척척 해내려고 하는 섬이에게 말해주고 싶다. 조금은 어리광부려도 된다고, 부모에게 기대도 된다고, 그래도 언제나 부모는 네 곁에 있을 거라고 말이다.

생각 너머 생각

어머니의 숭고한 사랑

『파랑새』
조선경 지음, 노란돌, 2009

돼지가 길을 가다 파랑새 알을 발견하고 품에 품는다. 알에서 새끼 새가 탄생하는 순간을 눈물을 흘리며 지켜본 돼지는 파랑새의 엄마가 된다. 파랑새는 엄마 꼬리만 졸졸 따라 다닌다. 어느 날 아침, 문득 찬바람이 스치자 돼지 엄마는 파랑새를 떠나보내야 할 때가 다가왔음을 느낀다. 그날부터 파랑새에게 나는 연습을 시킨다. 입김이 허옇게 나는 새벽, 엄마는 파랑새를 업고 산꼭대기로 오르며 '오늘 그곳으로 가야 한다'라고 말한다.

조선경의 『파랑새』는 자녀의 성장을 돕기 위하여 기꺼이 자신을 희생하는 어머니상을 그리고 있다. 곁에 있는 것, 끼고 사는 것이 최선의 삶이 아니라 자식이 자신의 길을 걸어가도록, 떠나며 뒤돌아보지 않도록 매몰차게 보내는 어머니다.

부모에게 자식은 종교적 대상이다. 실제 종교가 추상적이라면 자식은 구체적 인물로 눈앞에 보이는 지극한 사랑의 대상이다. 그래서일까? 자신을 기꺼이 내던지는 어머니의 사랑은 '숭고하다'는 느낌이 든다. 이 책의 어머니도 그렇다. 내게도 자식과 어떻게 관계를 맺으면 좋을지 고민하게 만드는 책이다. 아이들도 책을 보며 크게 감동했다.

질문 만들기와 짝 토론

이날 아이들은 아주 진지하게 질문 만들기를 하고 짝 토론을 했다. 작가가 던지는 서사가 강력하여 그 내용을 받아들이기에 충격이 컸으리라. 아이들이 만든 질문에 안타까움과 진지함이 한껏 묻어났다.

- 엄마가 죽음으로 가르치는 것이 파랑새에게 좋은 일인가?
- 파랑새 스스로 독립했다면 어떻게 되었을까?
- 내가 엄마라면 파랑새 엄마처럼 할 수 있을까?
- 엄마는 다른 방법으로 파랑새를 가르칠 수는 없었을까?
- 작가는 왜 돼지를 엄마로 설정했을까?

아이들은 파랑새 엄마의 행동을 안타까워했지만 그대로 받아들이고 느꼈다. 이런 날은 모든 말과 행동이 느려지고 굼떠진다. 마음속으로 그림을 그리고 자신의 이야기로 담는 중일 것이다. 제일 먼저 나온 질문 역시 죽음을 관통했다. 어쩌면 가장 충격적인 장면이어서 이것을 외면하고는 어떤 질문도 쉽게 나오지 않았을 것이다. 뒤이어 나온 질문들도 수준이 높았다. 질문을 선택해 짝과 대화를 나누는 시간을 가졌다. 돼지 엄마가 새에게 나는 법을 가르치는 것은 무리라 생각했는지 네 번째 질문을 선택한 팀은 별로 없었다.

질문: 왜 돼지를 엄마로 설정하였을까?

소소: 원래 돼지는 욕심 많고 이기적인 동물이잖아. 왜 돼지를 엄마로 했을까?

이솔: 어쩌면 네가 말한 그 선입견을 작가는 깨고 싶었던 게 아닐까? 돼지의 장기는 인간의 장기와 많이 닮았대. 그럼 성격도 인간과 비슷하지 않을까?

소소: 자식을 위해 희생하는 엄마인 점이 인간과 비슷하다는 거야?

이솔: 응, 돼지는 또 감정을 풍부하게 드러내는 동물이기도 하대.

소소: 날 수 없고 욕심이 많지만, 그 욕심을 포기하고 희생할 줄도 아는 동물로 정해야 한다면 넌 어떤 동물을 정할 것 같니?

이솔: 욕심 많고 이기적이며 때론 희생적이라… 그럼 돼지네!

소소, 이솔: 맞네, 맞아!

질문: 엄마가 죽음으로 가르치는 것이 옳은 일인가?

유동: 자식을 가르치고 떠나보내려고 죽음을 선택할 수 있을까? 난 그렇게 희생하지는 못할 것 같아.

원태: 나도 그렇게는 못할 것 같아. 그리고 파랑새는 자기 때문에 엄마가 죽었다는 생각에 평생 상처를 갖게 될 거야.

유동: 파랑새랑 돼지랑 다 행동이 별로라는 거네? 그럼 엄마가 살아 있다면 파랑새가 엄마 말을 들었을까?

원태: 아, 그렇네! 날기 연습도 귀찮아하는 게으름뱅이 파랑새는 안 떠났을 거 같아.

유동: 나도 그렇게 생각해. 엄마는 파랑새 성격을 너무 잘 아니까 그런 결심을 했을 거야.

원태: 그렇네. 처음엔 돼지 엄마가 너무하다고 생각했는데 이제 이해가 된다.

유동: 우리, 엄마 말 잘 듣자.

책 한 권이 던지는 질문이 참으로 깊다. 돌아다니며 들어보니 아이들은 덩치가 작다고 생각까지 작은 것은 절대 아니었다. 솔직한 마음이 오고 가고 엄마에 대해 생각하며 자신의 미래까지 생각했다. 참 멋진 책이고 멋진 아이들이다.

생각 글쓰기

책 내용과 토론한 내용을 바탕으로 생각을 써보라고 하니 교실은 글씨 쓰는 소리로 가득했다. 쉬는 시간이면 시장통인지 교실인지 알 수 없게 요란을 떠는 녀석들이 이런 고요를 만들어낸다는 것이 감동이었다.

돼지는 파랑새가 친자식이 아닌데도 자신의 목숨을 걸면서까지 파랑새를 사랑한다는 게 느껴졌다. 우리 부모님도 우리를 위해서는 목숨을 바칠 수 있다고 말해주셨는데 동물이든 사람이든 자식을 사랑하는 마음은 똑같은가 보다. (수인)

　새와 돼지는 엄연히 다른 종족이다. 돼지는 그런 새를 자신의 자식으로 받아들이고 열심히 키웠으며 사랑해 주었다. 새는 새의 삶을 살도록 돼지는 새를 날려 보내려 스스로 죽음을 선택했다. 하지만 파랑새는 그 죽음이 두렵고 슬펐을 것이다. 그 죽음이 없었더라면 파랑새는 자신의 무리를 따라가지 못했을 것이다. 엄마를 두고 혼자 떠나는 것이 무섭고 두려웠기 때문이다. 엄마가 자식을 위해 모든 것을 바친 이유는 자식을 사랑하기 때문이다. 파랑새가 엄마와 하늘나라에서 꼭 다시 만났으면 좋겠다.(원영)

　돼지 엄마가 죽음으로 가르친 것은 좋지 않다. 죽음으로 가르치면 파랑새가 평생 자기 때문에 엄마가 죽었다는 죄책감이 들 것이다. 나도 엄마에게 짜증을 내거나 투덜거릴 때가 많다. 그럴 때마다 엄마께 미안한 마음이 든다. 이처럼 파랑새도 똑같은 마음이 들 것이다. 엄마가 다른 방법으로 가르치면 좋겠다.(나령)

이 책은 학년에 따라 충격적으로 받아들일 수도 있다. 뒷부분의 서사를 죽음이라고 규정하지 말고 파랑새의 입장으로 부드럽게 마무리하는 것도 좋은 방법이다. 자신의 탄생과 오늘에 이르기까지의 과정을 나 혼자 왔을 거라고 생각하는 것은 사춘기적인 특성이다. 자신의 정체성을 찾고자 하는 사춘기 청소년의 특징과 연결지어 이 책을 읽어도 무리가 없다.

함께 읽으면 좋은 책

『엄마하고 나하고』 장경원 글, 정민아 그림, 느림보, 2011

『다정해서 다정한 다정씨』 윤석남·한성옥 지음, 사계절, 2016

『아빠와 피자놀이를』 윌리엄 스타이그 지음, 비룡소, 2018

『특별한 손님』 애널레나 매커피 글, 앤서니 브라운 그림, 베틀북, 2005

『너는 사랑이야!』 맷 데 라 페냐 글, 로렌 롱 그림, 다산기획, 2018

『북극곰 코다』 이루리 글, 배우리 그림, 북극곰, 2010

『동갑내기 울 엄마』 임사라 글, 박현주 그림, 나무생각, 2009

『바닷가 탄광 마을』 조앤 슈워츠 글, 시드니 스미스 그림, 국민서관, 2017

『내 이름은 자가주』 퀜틴 블레이크 지음, 마루벌, 2010

『아빠와 아들』 고대영 글, 한상언 그림, 길벗어린이, 2007

5장

환경, 어떻게 지킬까?

우리가
사는 환경

　학교에 연일 학부모와 환경단체 사람들이 들어와 "석면이 얼마나 심각한지 정말 모르는가!"를 외칠 때 석면에 관한 공부를 하지 않을 수 없었다. 하루빨리 아이들을 만나 정상적으로 수업하기 위해서는 석면 문제를 해결해야 했다. 그 과정에서 여러 가지 생각이 들었지만, 결론은 이제 모두가 환경 문제에 발 벗고 나서야 한다는 것이다.
　우리를 둘러싼 모든 것이 환경이다. 우리는 살아가면서 환경의 지대한 영향을 받기도 하고, 우리가 환경에 지대한 영향을 미치기도 한다. 기록적인 폭염이 계속되는 여름을 보내면서 문명화된 우리의 습관을 돌아보지 않을 수 없었다. 빌딩 숲으로 둘러싸인 서울 한복판에서, 스마트폰과 인터넷 강국으로 여겨지는 대한민국에서 자연을 찾아 나서는 일을 일상적으로 하기란 쉽지 않다. 환경에 관한 그림책을 아이들에게 읽어주면서 우리 일상을 쿡쿡 찌르는 이야기를 마주할 때마다 내가 더 불편했다.
　아이들에게 책을 읽어줄 때는 자연과 인간의 교류가 아름다운 책으로 시작해서 파괴의 현장을 다룬 책, 환경을 되살리는 대안을 제

시하는 책으로 흐름을 잡았다.

　환경에 관한 그림책을 다루면서 개인적으로 관심을 가진 화두는 '숲'이었다. 숲은 내가 꿈꾸는 미래의 한 공간이고 나의 지향점이기도 하다. 우리는 개발의 시대에 살고 있지만, 숲은 우리의 미래와 직접적인 연결고리다.

　지금 근무하는 학교는 광화문 한복판에 있으며 운동장이 없다. 행자부의 땅을 빌려 운동장으로 쓴다. 얼마 전에는 운동장과 식물원의 경계에 세워졌던 경계망을 운동장 쪽으로 빼 공간이 더 줄어든 형편이다. 화단도 별로 없어 꽃은 몇 개의 플라스틱 화분에서 겨우 자라고 있다. 이런 환경에서는 아이들이 자연 속에서 뛰어노는 모습을 상상할 수 없다. 아이들의 미래가 우리 사회의 미래인데 아이들이 접하는 환경의 질을 생각하지 않는다면 교육이라는 것이 무슨 의미가 있는 건지 모르겠다. 그럼에도 방과 후에 좁은 운동장에서 땀을 뻘뻘 흘리며 축구공을 뻥뻥 차는 아이들이 대견하다.

놓아주렴, 샐리 제인

『미스 럼피우스』, 『강물이 흘러가도록』

"선생님, 이 책도 읽어주세요."

그림책 읽어주기를 시작하던 해에 한 아이가 작가도 그림도 무척 생소한 책을 가져왔다. 하지만 내용이 너무 좋아서 '꼭 사야겠다' 생각이 드는 책이었다. 제목이 『미스 럼피우스』로, 바버러 쿠니라는 작가를 알게 해준 책이다. 처음에는 그림이 구식으로 느껴지고 촌스럽다는 인상을 받았지만, 시대상을 표현한 것으로 이해하니 예뻐 보였다. 바버러 쿠니의 작품에는 미국의 역사가 담겨 있고, 과거를 떠올리는 애수가 서려 있다.

내가 좋아하는 작가라 우리 반 아이들은 유난히 바버러 쿠니의 작품을 많이 만난다. 친구를 주제로 『록사벅슨』(고슴도치)을 만나고, 자아를 찾는 과정에서 『해티와 거친 파도』(비룡소)를 만났다. 환경을 주제로 『미스 럼피우스』와 『강물이 흘러가도록』을 읽었다.

『미스 럼피우스』의 화자는 럼피우스를 고모할머니라고 부르는 소녀다. 소녀는 고모할머니가 과거에 꿈을 찾아가는 과정을 들려주고, 현재로 돌아와 고모할머니와 직접 대화를 나누는 장면으로 끝을 맺는다.

럼피우스는 어렸을 때 '앨리스'라고 불렸다. 앨리스는 미국으로 건너온 이민자이자 예술가인 할아버지의 영향을 많이 받았다. 할아버지는 저녁이면 앨리스를 무릎에 앉히고 머나먼 곳의 여행 이야기를 들려줬다. 할아버지의 이야기가 끝나면 앨리스는 "나도 어른이 되면 아주 먼 곳에 가 볼 거예요. 할머니가 되면 바닷가에 와서 살고요"라고 했다. 그러자 할아버지는 해야 할 일이 한 가지 더 있다면서, '세상을 아름답게 만드는 일'을 하라고 당부한다.

럼피우스는 어른이 되어 도서관 사서를 하다가 열대지방을 여행하고, 만년설이 덮인 산봉우리를 오르고, 정글을 지나고, 사막을 횡단했다. 어딜 가나 잊을 수 없는 사람을 만났고, 먼 곳으로 여행하는 꿈도 이뤘다. 할머니가 되어 바닷가로 돌아온 후 할아버지와 한 약속대로 세상을 아름답게 하는 일을 해야 했다. 어떤 일을 할까 고민을 하던 럼피우스는 마을 곳곳에 꽃씨를 뿌린다. 마을 사람들은 처음에 럼피우스가 하는 일을 이해하지 못하고 비웃었지만, 곳곳에 핀 아름다운 꽃들을 보며 행복해하고 그녀에게 고마워했다.

아이들은 럼피우스가 첫 번째 목표를 이루는 과정에 호기심을 보였다. 모험가의 삶을 선택하는 그녀를 매우 부러워했다. '환경'을 주제로 이 책을 읽을 때는 럼피우스가 할아버지와 한 세 번째 약속을 이루는 과정에 집중한다. '어떻게 세상을 아름답게 할 수 있을까?' '럼피우스는 꽃으로 세상을 아름답게 했지만, 난 어떤 일을 할 수 있을까?' 등의 질문을 던지며 아이들과 이야기를 나눴다. 나무 한 그루 심는 일, 자연을 사랑하고 가꾸는 일, 한 정거장이라도 걸어가기, 옆 사람 도와주기 등 세상을 아름답게 할 수 있는 일들은 많다. 아이들에게 자신이 이루고 싶은 꿈과 함께 세 번째 약속으로 세상을 아름답게 하는 일을 넣자고 했다. 아이들이 좀 더 높은 수준의 삶의 가치를 선택하고 실천 의지를 갖길 바랐다.

『강물이 흘러가도록』은 미국 작가 제인 욜런이 글을 쓰고, 바버러 쿠니가 그림을 그린 책이다. 미국에서 실제 있었던 일을 배경으로 한 작품으로, 다목적 댐을 만드는 과정에서 생긴 '수몰지구'에 관한 이야기다.

스위프트 강 마을에 사는 여섯 살 제인의 세상은 아주 평화로웠다. 아침에는 꼬불꼬불한 길을 따라가 조지와 낸시를 만나 함께 학교에

미스 럼피우스
바버러 쿠니 지음, 우미경 옮김, 시공주니어, 1996

강물이 흘러가도록
제인 욜런 글, 바버러 쿠니 그림, 이상희 옮김, 시공주니어, 2004

가고, 여름날에는 강가에서 송어 낚시를 하고, 공원묘지 앞에서 도시락을 먹곤 했다. 그런데 평화로운 제인의 마을은 갑자기 모든 게 달라졌다. 대도시 보스턴에서 물이 필요해 스위프트 강에 댐을 짓고 제인의 마을을 물속에 가라앉히기로 했다는 것이다. 제인과 마을 사람들은 정든 고향을 떠나 새로운 곳으로 이주해야 했다. 세월이 흘러 제인이 아빠와 함께 찾은 고향은 이미 저수지로 변해 있었다. 마을은 흔적도 없이 사라졌지만, 제인에게는 어린 시절의 추억이 생생하게 살아 있다.

이 작품은 다목적 댐이 건설되는 과정을 담았지만, 그 과정에서 겪는 갈등이나 가치관의 문제에 대해 자세하게 보여주거나 강요하지는 않는다. 그저 어린아이의 시선에서 자연의 아름다움과 행복한 시절을 있는 그대로 보여줄 뿐이다. 작가의 생각이 가장 강하게 드러나는 것은 제목이다. 작품에서 드러나지 않은 작가의 생각은 책의 첫머리 '작가의 말'에 비교적 솔직하게 드러난다.

> 퀴빈 저수지 때문에 스위프트 강 마을이 가라앉은 건
> 그다지 유별난 사건이 아니었어요.
> 지역 이름만 다를 뿐
> 물이 필요한 세계 곳곳의 대도시 근처 어디서나
> 똑같은 일이 벌어지곤 했지요.
> 이런 저수지들이 생겨나는 건
> 간단한 일이 아니에요.
> 협상도 공정하게 이루어지지 않는답니다.

여름 밤 스위프트 강 마을에는 개똥벌레가 빛을 반짝이며 날아다녔다. 제인은 예쁜 빛을 내는 개똥벌레를 잡아 유리병에 가두었다. 엄마는 제인에게 말했다. "놔 주렴, 샐리 제인." 개똥벌레를 자연에 풀어주어야 하는 것처럼 강물도 막아 가두지 말고 흐르게 둬야 한다. 자연도 그대로 두는 것이 가장 자연스럽다.

책을 읽고 아이들과 토론을 했다. 사회과목의 '개발'과 관련지어서도 생각할 거리가 많았다. 아이들에게 댐 건설의 장점과 문제점에 대해 조사해보고 보고서를 작성하는 과제를 내준 후, 이를 바탕으로

찬반토론을 진행했다. 환경이 망가지는 것은 싫지만 현실적으로는 어쩔 수 없어서 찬성한다는 의견, 조금 불편하더라도 물을 아껴쓰고 우리가 불편하게 살면서 자연을 지켜야 한다는 의견이 팽팽하게 맞섰다. 한 번 선택한 찬반 입장을 끝까지 고수하지 않고, 중간에 입장을 바꿔서 토론하는 것도 의미가 있다. 개발 논리는 내가 찬성자도, 반대자도 될 수 있어 두 입장을 다 거쳐 보면 합리적인 대안을 도출해낼 수 있을 것이다.

우리도 4대강 개발사업을 추진했던 일이 있어서 책 속의 이야기가 남의 이야기처럼 느껴지지 않았다. 4대강 사업으로 고인 물이 썩어 악취가 진동한다는 기사를 본 적도 있다. 강물은 흘러야 한다. 우리에게도 개똥벌레를 놔주는 지혜가 필요하다.

매일 파란 하늘을 볼 수 있다면

『탁한 공기, 이제 그만』,『죽음의 먼지가 내려와요』

　화창한 봄날, 서울에서 파란 하늘을 보기는 쉽지 않다. 아침이면 눈 뜨자마자 한강 건너편부터 확인한다. 올림픽대로의 차들이 보이지 않는 날이 여러 날, 중간의 노들섬도 흐릿하게 보이는 날이 많았다. 미세먼지, 초미세먼지, 황사와 안개까지 겹친 날이 그랬다. 이러다 영화에서처럼 서울이 죽음의 도시가 되는 건 아닐까 걱정된다. 학교에서는 아이들에게 수시로 마스크 착용을 강조하고, 실외활동을 자제하라고 한다. 에너지 넘치는 아이들에게 그처럼 가혹한 일이 있을까.

　봄철 우리를 괴롭히는 황사는 몽골초원의 사막화 현상으로 인한 것이다. 지난겨울 지구온난화의 영향으로 눈과 비가 덜 내려서 사막화 현상이 더 심해지고 황사도 그에 따라 짙어졌다고 한다. 황사에 미세먼지가 섞이는 것이 문제다. 인간의 활동으로 만들어진 미세먼지에는 여러 중금속이 섞여 있어 1급 발암물질로 악명이 높다. 이 미세먼지가 황사와 섞여 한반도까지 날아와 인체에 영향을 미치고 있다.

사막화가 확대되고 대기오염이 심각해지는 원인은 모두 지구온난화에 있다. 산업화와 도시화는 계속해서 미세먼지를 생산해내고 있으며 또한 지구온난화를 부채질하고 있다. 지구온난화를 막기 위해서는 화석연료 사용을 줄여야 한다. 에너지를 아껴 좀 더 덥게 지내야 하고, 춥게 지내야 한다. 자동차를 타기보다는 걸어야 하고, 나무를 베기보다는 심어야 한다. 우리가 이런 불편한 삶을 감수할 수 있을까?

대기 오염을 주제로 두 권의 책을 아이들에게 읽어주었다.『탁한 공기, 이제 그만』과『죽음의 먼지가 내려와요』가 그것이다. 이 두 책은 각각 다른 방식으로 공기 오염의 심각성을 이야기한다. 우리 아이들은 이 책들을 읽으며 공기 오염의 심각성을 체감하고 많은 생각을 했다.

『탁한 공기, 이제 그만』을 읽기 전에 "매일 방독면을 쓰고 공기도 비닐봉지에 담아서 파는 시대가 올까요?"라고 질문하니 아이들은 가능성이 있는 이야기라고 대답했다. 책의 표지는 방독면을 쓴 소년이 커다랗고 투명한 공기주머니를 양손 가득 쥐고 있는 모습이다. 과연

탁한 공기, 이제 그만
이욱재 지음, 노란돼지, 2012

죽음의 먼지가 내려와요
김수희 글, 이경국 그림, 미래아이, 2015

이 그림이 먼 미래의 이야기일까?

주인공이 사는 동네는 언제나 어두컴컴하다. 사람들은 늘 방독마스크를 쓰고, 손전등을 켠 채 거리를 다녀야 한다. 학교 옆 골목길에는 공기를 파는 아저씨가 있다. 평소에 아저씨가 어디에서 공기를 가져오는지 궁금했던 주인공은 아저씨를 따라 공기를 구하러 간다. 아저씨와 함께 도착한 곳은 아저씨의 집이다. 아저씨의 집 안에는 커다란 나무가 있었고, 나무에 뚫린 구멍 속으로 들어가 보니 옛 조상들이 살던 아름다운 마을이 펼쳐졌다. 그 후 주인공은 매일 나무 구멍 속 과거의 마을을 찾아가 공기를 담아왔다. 그러나 꼬리가 길면 밟히는 법. 주인공이 매일 신선한 공기를 구해오는 사실이 부모님과 이웃들에게 발각이 되고, 아저씨의 집에 몰려온 욕심 많은 사람들 때문에 나무도 공기도 잃게 된다.

책의 그림은 크게 두 가지 스타일로 나온다. 초반에 나오는 암울한 마을의 현실은 글과 그림의 영역이 구분되어 있지만, 주인공이 아름다운 과거 마을을 경험한 이후의 이야기는 글과 그림이 어우러져 있다.

책의 이야기는 판타지이지만, 나는 현실과 매우 닮아 있는 이야기라고 생각했다. 시골에서 어린 시절을 보냈던 내게 '스모그'는 교과서 속 외래어였을 뿐이다. 하지만 요즘은 매일 미세먼지 농도를 체크하고 체육수업 계획을 세워야 하는 현실이다. 주인공처럼 나무를 통해 가지 않아도, 가만히 눈을 감고 어린 시절로 돌아가면 파란 하늘과 맑은 공기, 푸른 숲이 생생하게 펼쳐진다.

미세먼지의 공포를 경험한 아이들은 이 책의 메시지를 그대로 흡수하면서 마지막의 반전과 유머에도 여유 있게 웃었다. 어쩌면 서울 한복판에 살면서도 주변에 흔히 보이는 나무와 숲 때문에 안심하고 있는 것인지도 모르겠다. 빌딩 숲 너머 산과 나무가 보이지만, 미세먼지는 날이 갈수록 심각해져 우리를 위협하고 있다.

『죽음의 먼지가 내려와요』는 2013년 11월 중국의 장쑤성 난징에 사는 8세 소녀가 폐암에 걸렸다는 기사를 바탕으로 만든 책이다. 소녀의 가족 중 흡연자는 없었다. 다만 자동차가 많이 다니는 도로변에 살았을 뿐이다. 어린 소녀가 오염된 먼지로 인해 폐암에 걸렸다는 뉴

스는 당시 사람들에게 큰 충격을 안겼다.

　책의 표지에는 뿌연 먼지가 낀 도시를 바라보는 소녀의 뒷모습이 그려져 있다. 아이들에게 아무 말도 하지 않고 책을 들어 표지를 보여줬더니 미세먼지 이야기 아니냐고 추측한다. 그리고 책이 나오게 된 배경을 설명하고 다시 표지 그림이 어떤 느낌이냐고 물어보니 숨이 막힌다고 했다. 표지를 넘기면 면지에는 흐릿하게 먼지가 낀 듯 뿌연 색이 깔려 있다. 앞 면지는 조금 밝은 색이고, 뒤 면지는 짙은 색이다. 시간이 갈수록 공기의 상태가 더 나빠지는 것을 의미한다.

　책의 화자는 친구 메이링의 이야기를 들려준다. 메이링과 함께 노래 부르고 뛰놀던 봄날, 메이링은 갑자기 숨이 차서 더는 뛸 수 없었고 가을이 오기 전에 쓰러지고 말았다. 메이링은 폐암 선고를 받았다. '나'는 메이링에게 선물로 주기 위해 파란 하늘을 그림으로 그렸지만, 겨울이 되기 전에 메이링이 세상을 떠나 전해줄 수 없었다. 그리고 아홉 살이 된 '나'도 이제 목이 아프고 숨쉬기가 힘들다.

　그림 작가는 '나'와 메이링이 같이 나올 때 '나'만 선명하게 그린다. 둘이 함께 찍은 사진에서 빛과 그림자로 영역을 가른다거나, 창살로 십자가를 만들어 메이링의 죽음을 보여준다. 다른 인물이나 배경에는 감정이 배제돼 있다. 그저 보여주기만 한다. 그리하여 그림에 더 집중하게 하고, 책의 메시지는 극대화된다.

　읽어주는 나도, 듣고 있는 아이들도 모두 숨을 죽이며 한 장 한 장

책을 넘겼다. 우리를 괴롭히고 있는 미세먼지가 그렇게 위험한 발암 물질이었다니. 우리가 사는 환경도 메이링이 사는 곳과 별반 다르지 않다는 생각에 위기감이 더 높아진다.

메이링이 죽고 난 뒤 장쑤성 사람들의 생각이나 행동은 바뀌었을까?
미세먼지의 심각성을 아는 나는 행동을 바꿀 수 있을까?
환경을 위해 지금까지 누린 편리한 생활을 포기할 수 있을까?
누군가 계속 죽어가는 상황이라면 사람들은 욕심을 버릴 수 있을까?

아이들이 책을 읽고 나서 만든 질문이다. 실질적인 위협을 느끼니 질문의 수준도 매우 높고 심오했다. 사람의 욕망은 끝이 없고, 삶의 편리함을 쉽게 포기하지 못할 거라는 날카로운 예측을 펼치면서도 스스로가 실천하겠다는 다짐이 높아 보이진 않았다. 아마 환경을 주제로 책 읽기가 끝나갈 때면 아이들의 태도도 달라져 있지 않을까? 난 독서의 힘을 믿는다.

태풍이 지나간 여름날 오랜만에 서울 하늘이 맑았다. 파란 서울 하늘을 휴대전화로 찍으니 한 아이가 다가와 물었다. "왜 하늘을 찍으세요?" "너무 예뻐서. 매일 하늘이 저러면 얼마나 좋을까!" 아이는 같이 하늘을 올려다보고 "그러게요" 하면서 빙그레 웃는다. 그날은 퇴근길에도 연신 하늘을 향해 휴대전화를 들고 사진을 찍었다. 단체 채팅방에 사진을 올리니 너도나도 다채로운 하늘 사진을 올렸다. 파란 하늘이 아주 멋진 피사체가 된 날이었다.

인간과 자연은 공존할 수 있을까

『모아비』

거목을 보면 무한한 존경심이 우러나온다. 수많은 세월의 풍파를 이겨내고 주변을 지켜보면서 자신을 내어주고도 언제나 새순을 피워낼 줄 아는 젊은 나무라는 생각이 들어서다. 예전에는 움직이지 못하고 붙박이로 사는 거목의 삶이 답답해 보였지만, 나이 들고 보니 언제나 찾아가면 만날 수 있다는 무한 신뢰를 지닌 붙박이의 삶이 불편해 보이지 않았다. 내게도 나무처럼 붙박이로 있으면서 언제나 품을 열어주는 이가 있다면 얼마나 좋을까. 오롯이 '나무 같은 사람'이 되는 것이 나의 목표다.

예술의전당에서 하는 '영재교육' 연수에 참여한 적이 있다. 한 강사가 마음에 품은 나무 한 그루를 그리고 그 나무가 어떤 나무인지, 나이는 몇 살인지, 어디에 있는지 등을 기록하라고 했다. 난 평소에 좋아했던 느티나무를 그렸다.

느티나무는 사계절 모두 즐거움을 주는 나무다. 봄에는 톱니 모양의 어린잎과 자잘한 꽃이 예쁘고, 여름에는 시원한 그늘을 만들어주고 바람에 흔들리는 잎이 만들어내는 소리도 듣기 좋다. 가을의 단풍과 낙엽은 또 어떤가? 내가 가장 좋아하는 모습은 겨울에 잎을 다 떨쳐내고 앙상하게 가지만 남아 있을 때다. 마른 나뭇가지 사이로 올려다보는 밤하늘의 모습은 쉽게 볼 수 없는 선형의 아름다움이 있다.

나는 아주 커다란 느티나무를 그렸다. 사방으로 힘차게 뻗은 가지와 굵은 몸통을 한 느티나무를 그리고, 나이는 150살쯤 하려다가 너무 많은 것 같아 70살로 고쳐 적었다. 다른 사람들의 나무와 비교해 보니 내 나무가 가장 크고 나이도 제일 많았는데, 강사는 그 나무가 자신의 모습이라고 말했다.

지금은 한참 부족하지만, 나중에 조금씩이라도 완성해가는 모습이 내가 그린 나무의 모습이길 바랐다. 긴 세월 많은 일들을 겪으면서 지혜를 축적하고 그 지혜를 나누는 나무, 사계절 내내 모습을 바꾸며 변화를 만들어내는 나무, 가지에 쉬어가는 모든 생명을 품어주는 나무, 넓은 그늘을 만들어 지나는 이의 땀을 식혀주는 나무, 비도 바람도 눈도 한 번씩 머무르다 가는 나무, 그런 나무 같은 사람이 되고 싶

나무를 그리는 사람
프레데릭 망소 지음, 권지현 옮김, 씨드북, 2014

모아비
미카엘 엘 파티 지음, 권지현 옮김, 머스트비, 2018

다. 그날 나는 마음속에 곧게, 거침없이 자라는 느티나무 한 그루를 심었다.

 내가 간직한 책 중에 '그림이 아름다운 책' 1위는 프레데릭 망소의 『나무를 그리는 사람』이었다. 견직물에 공들여 그린 그림이 아름다운 이 책의 주인공은 유명한 식물학자 '프랑시스 알레'다. 작가는 프랑시스 알레를 만나기 위해 아프리카 가봉까지 갔다고 한다. 열대림 보호론자인 프랑시스 알레는 가봉의 열대림에서 나무를 그리며 '숲이 사라지면 사람도 사라진다'는 메시지를 세상에 전했는데, 작가는 이 알레의 이야기를 아름답게 형상화했다.

프랑시스 아저씨는 매일 숲으로 가서 마호가니, 붉은 무화과나무, 종려나무를 그렸다. 그러던 어느 날 불도저의 굉음이 숲의 고요를 깨뜨리고 숲을 까맣게 불태웠다. 까맣게 타버린 숲을 지켜준 것은 모아비 나무였다. 프랑시스 아저씨는 나뭇가지에 앉아 빈 도화지에 강인한 생명력을 지닌 모아비 나무를 차분히 그려 나갔다.

프랑시스 아저씨가 마지막에 그린 모아비 나무가 무척 생소했다. 모아비? 모아비를 키워드로 검색하다가 발견한 책이 바로 『모아비』였다. 천 년을 산다는 모아비는 70미터까지 자라는 거목이다. 기구를 타고 올라가야 완전한 모습을 볼 수 있다고 한다. 이 거목을 주제로 한 그림책을 발견하고 심장이 뛰었다. 강렬한 원색이 시선을 끄는 책이었다. 단숨에 『나무를 그리는 사람』을 제치고 '나의 아름다운 그림책' 1위에 당당히 이름을 올렸다. 그만큼 아름다운 책이었다.

『모아비』의 화자는 모아비 나무다. '나'는 지구에서 가장 나이가 많은 나무이지만, 처음에는 바람이 실어다준 작은 씨앗에 불과했다. 씨앗에서 어린 줄기가 나오고, 바람에 날아가지 않으려고 땅을 꽉 잡았다. 줄기들을 빛을 향해 던져 자라게 하고, 몸통을 튼튼히 하여 바람에 흔들리지 않게 했으며, 뿌리는 지구의 중심을 향해 뻗었다. '나'의 주위는 작은 숲이었다가 큰 숲으로, 그리고 밀림으로 변했다. 동물이 나타났고, 원숭이는 내게 올라와 자기와 닮았지만 불과 친구가 되어

강인한 힘을 얻고 더 이상 동물에 속하지 않는 '인간'이라는 존재에 대해 말해줬다. 무리를 지은 인간은 불을 지필 나무가 필요해 원시림을 향해 왔다. '나'는 수천 년 만에 처음으로 몸을 떨었고, 인간의 눈에 띄지 않으려고 다른 나무 밑으로 허리를 굽혔다.

그림을 이야기하려니 가슴이 두근거린다. 그림의 강렬한 이미지를 말로 설명할 수 있을까. 그냥 책을 펼치고 한 장 한 장 들여다보면서 마음으로 감상하는 것을 권한다. 판형이 큰 책에 면을 가득 채운 그림은 마치 화보집을 보는 것 같다. 그림이 중요하기에 서사는 최소한의 설명만 사용했을 것이다.

동글동글한 세포의 그림들은 마치 유기체 같다. 책에 표현된 자연은 모두 같은 구조를 가지고 있어서 긴밀하게 연결된 모습이다. 모아비 나무 정수리에 앉아 세상 이야기를 들려주는 원숭이도, 나무도 원형으로 표현되어 같은 생명체임을 나타냈다. 인간도 처음에는 원형의 유기체였지만, 불을 발견한 후 자연과 분리돼 그들만의 구조를 갖게 된다. 모아비가 자연과 소통하지 못하고 대립하는 인간이 숲으로 화해하러 오길 바라는 장면은 불안하다. 녹색의 숲은 다른 생물과 원 구조로 연결되어 있고, 사람도 원형의 모습으로 와서 포옹을 하는데 모아비는 원형이 아니다. 인간과 화해하길 바라지만 그것이 쉬운 일이 아님을, 진심으로 다가오지 않으면 받아주지 않을 것임을 암시하는 듯하다.

거대한 주제를 상징적으로 서술하고 있는 그림책이라 아이들과 심화 활동하기에 좋다. '모아비의 말을 역사로 풀어서 읽기', '생명 계통도를 보며 동물과 식물의 진화 알아보기', '모아비가 인간에게 할 질문 만들어보기' 등을 해보면 생각지도 못한 깊은 이야기들이 나온다.

나는 이 책을 읽고 인류가 나아갈 길에 대해 심각하게 고민했다. 어디로 나아가야 한단 말인가. 나무와 숲을 파괴한 인간이 환경을 살릴 수 있을까? 나는 인간으로서 무엇을 실천할 것인가? 진지하게 고민할 때가 아니라 더 늦기 전에 실천해야 한다는 것도 자각했다.

책의 뒤 면지 왼쪽 페이지에는 역사적인 나무의 계통도를 소개하고 있다. 오른쪽 페이지에는 모아비의 원산지를 아프리카 지도 위에 보여주고, 프랑시스 알레가 모아비에 대해 쓴 글을 수록했다. 『모아비』가 『나무를 그리는 사람』과 깊이 연결되어 있음을 보여주는 대목이다. 모아비가 프랑시스 알레와 이어지고, 그 끝에 우리도 연결되어 숲을 사랑하는 인간으로 거듭나길 바란다.

어느새 나도 나이 50을 훌러덩 넘은 지가 한참 됐다. 예전에는 등산이나 종주산행이 부담스럽지 않았는데 지금은 감히 생각할 수도 없다. 평지 걸음도 두 시간 이상 걸으면 어딘가에 걸터앉고 싶어진다. 무릎도 발바닥도 비명을 지르는 것 같다. 세월을 온몸으로 견딘다는 것이 녹록하지 않음을 배운다.

몇 해 전, 무릎관절이 퇴행하고 있다는 진단을 받고 제일 속상했던 것은 산을 자유롭게 다니지 못한다는 것이었다. 겨울 방학에 아주 조신하게 책이나 읽으며 지내야겠다고 책을 쌓아놓고 방학을 맞이했는데 공교롭게도 첫 책이 『고규홍의 한국의 나무 특강』(휴머니스트)이었다. 페이지를 넘길 때마다 답사하고 싶은 마음이 불쑥불쑥 올라왔다. 송광사 천자암의 쌍향수가 자꾸 부르는 것만 같았다. 두 그루의 곱향나무가 가까운 거리에서 휘돌아 꿈틀거리며 올라가는 곧은 줄기를 확인해 보고 싶었다. 결국 고장 난 무릎을 이끌고 송광사로 향했다. 걸을 때마다 무릎의 통증이 느껴졌지만 양손에 산악지팡이를 짚고 송광사를 돌아 천자암까지 올라갔다. 천자암으로 가는 길은 경사가 매우 급하고 무릎이 신경 쓰여 한 걸음 한 걸음이 신중하고 무거웠다.

추운 겨울날, 지팡이에 의지해 환자처럼 걸음을 떼며 올라간 천자암은 참으로 아름다웠다. 쌍향수가 말 그대로 거대한 부처님처럼 보였다. 8백여 년 풍파를 견뎌오면서 속은 시멘트를 의지하여 서 있지만 당당하고 힘찼다. 멀리서 보면 한 그루처럼 보이는 수형도 아름답고, 보살님이 퀴즈를 내듯이 쌍향수에서 이것도 찾아보고 저것도 찾아보라고 자꾸 주문하는 것도 재미있었다. 나뭇가지가 빛과 그늘로 만들어 내는 형상에 의미를 부여하며 극락을 꿈꾸는 것일까? 나도 고개가 아프도록 올려다보며 수수께끼를 화두처럼 풀어보려 애를 썼다. 거목과 고목에는 세월을 견뎌온 웅혼한 기개가 있으며 그 속에 사람의 삶이 들어있기에 아름다운 것은 아닌지 생각해 본다.

    내려오는 길도 고통의 연속이었지만, 오길 정말 잘했다는 생각이 든 여정이었다.

그해 검은 바다에서 생긴 일

『피터의 바다』

우리는 바다에 안 좋은 기억이 있다. 아찔한 순간을 경험하고 온 국민이 힘을 합쳐 위기를 모면한 일도 있고, 골든아워를 놓쳐 국가적 트라우마가 된 사건도 있다. 일어나지 말았어야 했던 일들이다. 바로 태안 앞바다 기름 유출 사고와 세월호 참사다. 전자는 국민이 힘을 합쳐서 잘 해결해 잊혀진 사건이고, 후자는 아직도 통증을 유발하고 있다.

2007년 12월, 태안 앞바다에서 삼성중공업 해상크레인과 유조선 허베이스피릿 호가 충돌하면서 1만 2천 킬로리터의 원유가 유출됐다. 엄청난 양의 기름은 전라도까지 흘러갔고, 해안가 모래사장은 물론 바위 틈새까지 스며들었다. 태안의 어장은 완전히 폐쇄됐다. 기름

피터의 바다
셜리 그린드레이 글, 마이클 포먼 그림, 이성실 옮김, 정인, 2002

바다에선 생명이 살 수 없었다.

한겨울의 매서운 날씨에도 사람들은 태안의 사태를 외면하지 않았다. 전국의 자원봉사자들이 태안으로 달려가 기름을 퍼내고 바위의 기름을 닦아내며 아픔에 동참했다. 가지 못하는 사람들은 먹을 것, 입을 것, 구호물품 등을 보냈다. 이들의 정성이 모여 바다는 빠르게 회복되었다. 먼 곳을 달려가 혹독한 추위와 코를 찌르는 기름 냄새를 이겨내며 봉사를 했던 이들을 생각하면 부끄러워 고개를 들 수 없다.

『피터의 바다』에 나오는 이야기는 우리네 태안 원유 유출 사고와 닮아 있다. 초판은 2002년에 출간되었는데, 그때는 우리가 태안 바다의 사고를 겪기 전이다. 지금은 책에서 그리는 사건을 이해하고 고개를 끄덕일 수 있으나, 책에 나오는 서사처럼 망가진 바다가 쉽게 돌아가지 않는다는 것도 우리는 경험으로 알고 있다.

태안 앞바다 원유 유출 사고를 다룬 책들은 없는지 찾아보았다. 동화와 소설은 있었지만, 그림책은 찾을 수 없었다. 안타까웠다. 사고의 발생은 비극적인 일이지만 이를 수습했던 국민의 열의와 성과는 충분히 그림책 소재가 될 만하다 생각했기 때문이다. 『피터의 바다』와 함께 읽으면 좋았을 텐데, 아직 이 소재에 관심을 가진 국내 작가는 없나 보다.

아이들에게 『피터의 바다』의 그림을 먼저 읽어보자고 했다. 환경을 주제로 그림책을 읽어나가는 중이었기 때문에 쉽게 책의 메시지를 파악했다. 환경 파괴는 산불, 유조선 침몰처럼 어느 한순간에 일어날 수도 있는 일이다. 표지에는 기름 범벅이 된 오리를 안고 있는 소년의 모습이 보인다. 이 소년이 바로 피터이다. 피터와 오리 뒤로 검은 바위와 모래사장, 바다가 무겁게 넘실대고 있다.

피터는 아름답고 평화로운 바닷가에서 살고 있다. 피터의 바다는 살아 있는 것들로 가득했다. 그곳에서 피터는 물수제비를 탐방탐방 튀기고, 가재를 잡고, 바다표범에게 물고기를, 오리에게 빵을 던지며 행복한 나날을 보내고 있었다. 그러던 어느 날 밤, 바다를 건너던 유조선이 부서져 기름이 유출되는 사고가 일어난다. 모래사장은 검은 기름으로 질벅거렸고, 진득진득한 기름은 바위를 덮고 갈라진 틈으로 스며들었다. 바다표범은 기름범벅이 되어 허우적거렸고, 바다오리는 헝클어진 날개를 사납게 퍼덕거렸다. 피터는 어른들과 함께 여러 날 동안 바위에 물을 뿌리고 찌꺼기를 씻어내며 닦아냈다. 조금씩 바다는 살아났고, 다시 살아 있는 것들도 가득해졌다.

평화로운 바다가 나올 때의 장면은 아름다운 파란색으로 채워져 있다. 물색도, 하늘도, 하늘을 날고 있는 새도 푸르스름한 기운이 서려 평화와 맑음이 느껴진다. 유조선 침몰로 오염된 바다와 생명을 잃어가는 동물들은 검은색으로 처연하게 표현해 보는 이의 마음을 흔든다. 표지 그림으로도 나온, 피터가 오리를 안고 있는 모습은 책의 접지 면에 배치되어 온전하게 감상할 수가 없다. 이 부분은 조금 아쉬웠다.

환경 그림책은 다른 그림책과 조금 다른 관점에서 읽어야 한다. 책에서 전하는 정보도 매우 중요하다. 피터가 어른들과 며칠에 걸쳐 물을 뿌려 청소했다는 내용은 함축적인 표현이다. 바위 틈새의 기름을 물을 뿌려 빠져나오게 하고, 바닷물 위의 기름을 걷어내는 과정을 거쳤다는 것이다. 작가가 지면의 제약으로 함축적으로 표현한 부분은 다시 아이들에게 자세하게 설명을 해주는 것이 좋다. 정보 그림책은 정확한 사실을 알려줘 아이들이 잘못된 정보를 습득하는 일이 없게 해야 한다. 영상자료나 신문기사 등을 준비해 이해를 돕고 확장된 내용을 공부해보는 것도 좋다. 정보 그림책을 이야기하는 시간에는 아이들이 궁금해하는 것도 많아 다양한 질문이 나온다. 정보를 나누고 이해하는 시간도 좋지만, 현장의 생명들이 어떤 감정이었을지를 질문해 공감 능력을 키우는 기회를 만들면 한 권의 책으로 다양한 교육 효과를 얻을 수 있을 것이다.

태안 사건은 내가 가르치는 아이들이 태어나기 전에 일어난 사건이다. 요즘 아이들은 당시 국민들이 문제를 해결했던 과정을 전혀 알지 못한다. 당시의 영상을 보여주니 수많은 봉사자들에게 감탄하며 대한민국 국민이 자랑스럽다고 말했다. 그리고 한 아이가 "우리 엄마가 저기에서 봉사활동했대요"라고 말했다. 아이의 얼굴에서 자부심이 묻어나왔다.

태안 앞바다 원유 유출 사고의 책임은 누구에게 있는지, 재판은 어떤 과정을 거쳤고 보상은 이루어졌는지에 대해서는 이야기하고 싶지 않다. 다만 지역주민의 아픔을 온 국민이 함께 나눴고, 바다의 생명을 살려낸 일에 경이로움을 느낄 뿐이다. 그때 희망을 보았다. 갈수록 심각해지는 환경 문제도 그때의 절박한 심정으로 힘을 모으면 해결의 실마리가 보이지 않을까.

신념과 끈기로
만든 희망

『나무를 심은 사람』

고전으로 여기며 되도록 해마다 거르지 않고 아이들에게 읽어주는 책이 몇 권 있다. 『어린 왕자』, 『나의 라임 오렌지나무』, 『갈매기의 꿈』, 『꽃들에게 희망을』, 『연어』, 『총을 거꾸로 쏜 사자 라프카디오』, 『나무를 심은 사람』 등이 그렇다. 진한 감동이 있고, 여러 번 반복해도 새롭게 다가오는 책들이다.

『나무를 심은 사람』은 삶의 열정을 느끼게 한다. '끈기를 가지고 노력하는 한 인간의 집념'을 보면서 나의 삶을 반추했는데, '환경'의 관점에서 이 책을 보면 희망이 보인다. 그동안 환경 그림책을 읽으며 환경 파괴를 멈추는 일은 불가능한 것인가 싶어 좌절했는데, 이 책을 보며 희망을 떠올릴 수 있었다. 내가 발견한 희망은 바로 '숲'이다.

『나무를 심은 사람』은 글 작가 장 지오노가 직접 체험한 일을 바탕으로 쓴 작품이다. 그림 작가 프레데릭 백은 이 작품을 애니메이션으로 제작하기 위해 5년 동안 2만 장 이상의 그림을 그렸다고 한다. 모두 참 대단한 인물들이다. 헌신적으로 자기를 바쳐 변화를 만들어낸 사람들이다. 고요한 서사가 담긴 프레데릭 백의 애니메이션도 명작이니 이 책과 함께 보면 좋을 것이다.

> 한 사람의 인격이 얼마나 훌륭한지 알기 위해서는, 오랫동안 그 사람의 행동을 지켜볼 수 있어야 한다. 그 행동이 조금도 이기적이지 않고 더없이 고결한 마음에서 나왔으며, 어떤 보상도 바라지 않고 세상에 뚜렷한 흔적을 남겼다면, 그때는 영원히 잊을 수 없는 인물을 만난 것이다.

서문에 나오는 문장이다. 이 문장을 한참 동안 바라보았다. '잊을 수 없는 영원한 인물'을 나는 만난 적이 있는가, 저 문장의 한 낱말에라도 다가갈 수 있는가, 생각해보니 너무나 어려운 일이었다.

이야기를 진행하는 화자는 젊은 여행자다. 알프스 산악지대를 여행하던 중에 만난 노인을 40여 년간 지켜본 이야기로, 그 노인이 신과 같은 일을 해내는 과정을 감동적으로 담아냈다. 헐벗은 황무지를 걸어서 여행하던 화자는 55세의 노인 '엘제아르 부피에'를 만난다.

그는 아들과 부인을 잃고 이곳에 들어왔으며, 땅이 황폐해진 것은 나무가 없기 때문이라 생각하여 3년 전부터 매일 나무를 심고 있다고 했다. 노인과의 짧은 만남 이후 '나'는 1차 대전에 참전하게 된다. 5년간 전쟁을 치르고 제대한 후 노인이 궁금해 다시 알프스의 황무지를 찾았다. 엘제아르는 정정했고, 백 개의 벌통을 키우는 일을 했고, 나무도 여전히 심고 있었다. 5년 전에 보았던 참나무는 키가 훌쩍 자라 있었고, 숲은 넓은 곳으로 뻗어가고 있었다. 인간의 손과 영혼에 의해 땅은 다시 태어나고 있었다. 기적이었다. '나'는 그 후 해마다 노인을 찾아갔다. 노인은 뜻을 굽히거나 숲에 대한 의심을 품어본 적이 없었다. 시련이 덮쳐 좌절할 때도 있었지만, 노인은 늘 절망을 딛고 일어섰다. 40년에 걸쳐 진행된 나무 심기로 황무지는 산들바람이 부는 숲으로, 희망의 땅으로 변했다. 오직 한 사람의 치열한 노력으로 거대한 숲이 살아난 것이다.

　책의 그림은 황무지 시대와 숲의 시대로 나뉜다. 초반의 황무지 시대는 흑백 그림에 가깝다. 여행자와 노인이 만나는 장면부터 아주 옅은 채색이 들어가고, 과거를 회상하는 장면은 완전히 흑백이다. 그리고 나무들이 살아나면서 조금씩 색의 분량도 늘어난다. 연두, 노랑, 녹색 등 다채로워진다. 다채로운 색조의 풍경에 바람이 부는 것 같다. 황폐하고 먼지바람이 이는 황무지와 산들바람이 일렁이는 숲의

나무를 심은 사람
장 지오노 글, 프레데릭 백 그림, 햇살과나무꾼 옮김, 두레아이들, 2002

풍경들이다.

후반부 거목 아래 선지자처럼 서 있는 노인의 모습이 인상적이다. 봄날 새순이 돋은 거목이 화면 가득 펼쳐지고 그 아래 지팡이를 든 백발의 노인은 거목처럼 당당해 보였다. 자신이 옳다고 생각한 길을 한 치의 의심도 없이 뚜벅뚜벅 걸어가는 사람, 뜻대로 안 되면 '그쯤이야' 하면서 툭툭 털고 일어나는 선구자의 모습이다. 그 장면 뒤로 한 장을 넘기면 마지막 장면이 나오는데, 엘제아르가 죽음을 맞이하는 장면이다. 엘제아르의 얼굴을 왼쪽 측면에서 정면으로 고개를 돌리고 다시 오른쪽으로 돌아가면서 운명하는 모습을 그렸다. 의지가 강한 눈빛은 점점 감기고, 짙은 크로키의 그림은 선이 몇 개 없는 희미한 모습으로 변하면서 숲에서 일어나는 바람으로 화면이 마무리된다. 숲을 일궈낸 노인이 숲의 일부로 돌아가는 그림이다.

유명한 작품은 읽지 않아도 책 전체를 아는 것처럼 착각할 때가 있다.『나무를 심은 사람』또한 너무나 유명한 책이고 "한 사람이 황무지를 숲으로 만들었다"라는 한 문장으로 줄거리 파악이 가능하다. 그래서 제대로 읽지 않고 빠르게 넘기며 마무리하기 쉽다. 그러나 나는 이 책을 천천히 소리 내어 읽으며 자기 목소리를 들어보기를 권한다. 화자인 젊은 여행자가 되어 노인을 관찰하기도 하고, 노인의 고된 삶을 나라면 할 수 있을지 대입해보시라. 노인처럼 인생을 걸 신념을 찾을 수 있다면 행복한 책 읽기가 되지 않을까?

아이들에게 읽어주기 전에 이 책을 알고 있는지 물어보니 몇 명이 손을 들었다. '숲을 만드는 일이 한 사람의 끈기로 가능할까? 나라면 저렇게 할 수 있을까?' 등의 질문을 품고 같이 읽어보자고 했다. 대부분의 아이들은 불가능하다고 고개를 내저었다. 노인의 이야기는 감동적이지만 자신은 도저히 할 수 없다고 말했다. 환경 그림책을 많이 읽어서 나무를 심고 숲을 가꿔야 한다는 것은 알지만 어떤 한 사람의 일로는 불가능하다는 것이다. 그러나 함께 노력하는 일에는 기꺼이 힘을 합치며 앞으로 나무 한 그루도 소중히 여기겠다는 이야기에 꾸준히 환경 그림책을 읽어준 보람을 느꼈다.

숲이 줄어들고 지구온난화가 가속화되고 있다. 노는 땅과 황무지에 나무를 심고 가꾸는 자세가 우리를 위해, 우리 후손을 위해 필요하다. 노인 한 사람이 나무를 심어 만든 숲에서는 땅이 비옥해지고 물이 흐르고 동물이 모여들어 생명 가득한 자연이 탄생했다. 숲이 희망이다. 기온이 오른 지구에 희망이 보인다. 덥다고, 춥다고, 기상이변이라고 걱정만 하지 말고 나무를 심어야겠다.

생각 너머 생각

동물원이 꼭 필요할까?

『서로를 보다』
윤여림 글, 이유정 그림, 낮은산, 2012

책은 한 동물을 두 바닥에 걸쳐 보여준다. 처음에는 원래 동물이 살던 곳을 보여주며 동물의 본능과 특징을 설명한다. 다음 장면은 우리 밖의 아이가 '정말 그러니?' 하고 물으면 우리 안의 동물이 대답하는 형식으로 되어 있다. 그 질문과 대답을 보다 보면 동물원의 우리가 답답해 보이고 오로지 인간만을 위해 동물을 가둬놓았음을 깨닫게 된다. 동물이 인간에게 한 말이 머릿속에서 지워지지 않는다.

너희 사람은 아주 똑똑하다 들었어.
자연을 이해하는 능력이랑
자연을 파괴하는 능력이 모두 뛰어나다고.

앞표지에는 누런 바바리양 한 마리의 얼굴이 오른쪽을 향해 있다. 그 눈빛을 따라 책을 돌리면 뒤표지에 한 소녀가 왼쪽을 보고 있다. 책을 펼쳐서 만나는 것이 아니라 눈빛이 가는 방향으로 돌려야 서로가 마주 보는 장면을 만날 수 있다. 제목은 '보다'인데 펼치면 '등 돌리다'가 된다. 작가가 고심해서 만든 장치이리라.

책을 읽어주기 전에 아이들이 동물원을 어떻게 생각하는지 궁금해 대화를 나눠보았다. 그림이나 사진으로만 보던 동물들을 실제로 본다는 것에 흥미를 느끼는 아이도 있었지만, 돌고래나 곰을 자연으로 보내는 기사 등을 접해서인지 긍정적으로 보지 않는 아이들도 있었다. 동물원이 교육적으로 필요한 것 같은데 동물에게는 좋지 않은 것 같다고 양면적인 생각을 가진 듯했다. 동물들과 직접 대화를 나누는 이 책을 읽으면서 생각을 나눠보기로 했다.

질문 만들기

책을 다 읽은 후 아이들은 아주 심각한 표정으로 한동안 말이 없었다. 책이 전하는 메시지가 강력하고 충격적이기 때문일 것이다. 이 책을 처음 만났을 때 나도 그랬다. 동물원에 동물이 있는 것이 당연한 일처럼 여겨지다가 그들이 학대당하고 있다고 생각하면 마음이 불편해진다. 멍하게 있는 아이들에게 질문을 생각해보자고 하니 하나둘 손을 들었다.

- 동물을 학대하지 않고(동물원에 가두지 않고) 교육에 활용할 수는 없을까?
- 동물들은 환경을 파괴하는 인간을 어떻게 생각할까?
- 동물원의 동물을 원래 살던 곳으로 보내면 어떻게 될까?
- 인간이 동물원의 한 부스를 차지하고 있다면 동물들은 어떻게 생각할까?
- 동물이 인간보다 똑똑하다면 어떻게 될까?

짝과 함께 토론을 나누는 시간, 교실을 돌아보니 첫 번째 질문을 선택한 아이들은 없었다. 대안을 제시하는 질문에 딱히 토론할 거리가 없었나 보다. 아이들이 가장 많이 선택한 질문은 "동물이 인간보다 똑똑하면 어떻게 될까?"였다. 상상의 나래를 펼 수 있고, 영화나 소설 등 여러 대중매체에 많이 등장하는 주제이기도 하다.

1차 토론: 동물이 인간보다 똑똑하다면 어떻게 될까?

승무: 난 인간이 동물을 너무 못살게 굴어서 동물이 똑똑해진다면 복수할 것 같아.

양나: 나도 그래. 인간을 막 동물원에 가두지 않을까? 너는 동물들이 어떻게 복수할 거 같아?

승무: 책에서 인간이 동물에게 그랬던 것처럼 본성대로 살지 못하게 하고 막 억압할 거 같아.

양나: 인간을 반려동물로 기르기도 하겠지? 뱀이 인간을 반려동물로 키우고… 생각만 해도 으스스하다.

승무: 맞아. 너무 무섭다. 책을 보니 동물이 인간을 어떻게 생각할지, 참 미안하고 불쌍해.

2차 토론: 창의적 해결방법

양나: 그러면 동물원에 갇힌 동물들에게 어떻게 해야 할까?

승무: 난 아무래도 각자 살던 곳에서 본성을 유지하며 살도록 풀어주어야 한다고 생각해. 인간이 동물을 강제로 가둬놔도 되는 것처럼 행동하는 건 억지야.

양나: 나도 그래. 그리고 누가 누구 위에 있다는 생각보다는 다 '평등'하다는 생각을 가졌으면 좋겠어.

승무: 맞아. 그러면 서로를 인정하겠지? 사자가 배고픔을 해결할 만큼만 사슴을 사냥해 먹는 것처럼 인간도 필요한 만큼만 고기를 먹으면 좋겠어. 너무 욕심내지 말고.

그림책을 읽고 하는 토론에는 정답이 없다. 평소에 생각해보지 않았던 일에 대해 생각해보는 시간을 갖는 것만으로도 의미가 있다. 종종 현장학습으로 갔던 동물원에 이런 생각거리가 있다는 것을 우리 아이들은 알게 됐다. 환하게 웃으면서 대화를 나누는 모둠보다는 걱정스럽고 심각한 분위기가 지배적이었다.

생각 글쓰기

'생각 너머 생각' 공책을 보니 토론에서 보여준 무거운 분위기처럼 진지하고 반성적인 글들이 많았다. 아이들의 깊은 생각을 들여다

보니 어른인 내가 오히려 더 부끄러웠다. 그동안 무슨 말을 강조하며 가르치려 했던가, 어떤 지식을 가르치려고 했던가, '생명의 소중함' 하나만이라도 제대로 가르쳐야 하지 않았을까? 많은 고민이 들었다. 이 수업을 하고 며칠 후 동물원의 퓨마가 탈출했다가 주검으로 돌아온 사건을 접했다. 퓨마는 죽어가면서 인간에게 무슨 말을 했을까.

나는 동물들이 인간을 보고 '위험한 존재', '천적'이라고 하지 않을까 생각했다. 책에서 동물들이 인간을 향해서 한 말 '너희 사람은 아주 똑똑하다 들었어. 자연을 이해하는 능력이랑 자연을 파괴하는 능력이 모두 뛰어나다고.'라고 말하는 부분이 감동적이었는데 나는 사람을 이렇게 생각한 적이 한 번도 없기 때문이다. 이제 내 손으로 세상과 지구의 미래를 바꿀 수 있다는 생각이 든다. 동물에 대한 공부는 영상으로 보고, 동물원에 있는 동물도 고향으로 돌려 보내주기로. (수연)

나는 동물원 가는 것을 좋아했는데 이제는 동물원에 갈 수 없을 것 같다. 이 책을 읽으며 동물원의 동물들이 너무 불쌍했다. 동물의 뇌가 더 좋다면 인간이 생각해내지 못하는 방법으로 탈출할 것 같다. (선웅)

동물의 뇌가 인간의 뇌보다 더 영리하다면 동물들이 인간을 가두어 놓고 마구 부려먹을 것 같다. 인간이 동물을 가둬놓고 억압한 것처럼. 콘도르는 잉카 말로 '얽매이지 않는 자유'라는 뜻인데 동물원에 갇혀 있다니 정말 슬픈 현실이다. 북극곰도 홍학도 자신의 본성을 잃어버리고 자신이 살던 곳으로 갈 수 없으니 이건 아니라고 생각했다. 동물들이 다시 제자리로 돌아가 자유를 맘껏 누렸으면 좋겠다. 날 수도, 달리지도, 나무를 타지도 못하는 동물원에서 벗어나서. (원영)

인간이 동물을 동물원에 가두고 본다는 것은 스스로 다른 동물보다 우월하다고 생각했기 때문이다. 인간이 동물과 평등하다고 생각했으면 동물을 가두지 않았을 것이다. 동물보다 우월하다고 생각했으니 교육을 위한 거라면서 동물원을 만들었다. 동물이 인간보다 똑똑하다면 동물원 따위는 없을 것이다. (창준)

어릴 때부터 내 생명이 소중한 만큼 다른 이의 생명도 소중하고 모든 생명이 소중하다는 것을 안다면 동물과 인간도 조화로운 삶을 살지 않았을까? 이 책을 읽고 나서 심화활동으로 내가 기르는 동물이나 식물과 대화하는 글을 써 봐도 좋다.

함께 읽으면
좋은 책

『우리는 이 행성에 살고 있어』 올리버 제퍼스 지음, 주니어김영사, 2018

『나무집』 마리예 톨만·로날트 톨만 지음, 여유당, 2010

『열 개의 눈동자』 에릭 로만 지음, 미래아이, 2003

『아기 오리들한테 길을 비켜 주세요』 로버트 맥클로스키 지음, 시공주니어, 2017

『약속』 니콜라 데이비스 글, 로라 칼린 그림, 사계절, 2015

『달 샤베트』 백희나 지음, 책읽는곰, 2014

『어느 여름날』 고혜진 지음, 국민서관, 2018

『오소리네 집 꽃밭』 권정생 글, 정승각 그림, 길벗어린이, 1997

『덩쿵따 소리 씨앗』 이유정 지음, 느림보, 2013

『연남천 풀다발』 전소영 지음, 달그림, 2018

6장

인간은 모두 소중하다

우리는 모두
평등해요

 텔레비전에서 인권을 다룬 프로그램을 보면 마음이 불편하다. 이주 노동자들의 열악한 상황, 장애인이 마주하는 사회적 편견, 불평등한 사회 구조로 인해 벌어지는 약자에 대한 차별 등을 보고 있으면 우리 사회의 민낯을 보는 것 같고, 환대는커녕 나도 모르게 마음속에 가지고 있던 편견을 들킨 듯해 부끄러워진다.
 나도 그렇고 아이들의 의식을 변화시키려면 구체적인 지도가 있어야겠다는 생각에 학교에 '인권 그림책 읽기' 동아리를 신청했다. 동아리 활동을 한 학기 동안 해보니 동아리에 가입한 아이들만 할 것이 아니라는 생각이 들어 6월에 우리 반 아이들과 함께 '인권'을 주제로 그림책을 읽었다. 아이들과 책을 읽을수록 지구촌에 살아가는 모두가 '다 똑같은 사람'이라는 사고가 자리 잡는 것이 느껴졌다.
 인권 그림책은 어떤 순서로 읽어야 자연스럽게 '누구나 똑같다'는 인식을 받아들일 수 있을까. 우선 누구나 알고 있고 잘못됐다고 느끼는 사례부터 다루기로 했다. 인종차별과 유대인 학살 등은 우리 역사와 맞물려 있지 않으면서 누구나 잘 아는 사례라 편하게 말

할 수 있었다. 이런 보편적인 사례로 시작해 차츰차츰 우리 마음 한 구석에 불편함으로 남아 있고 민감할 수도 있는 주제로 넘어갔다. 우리 현대사에 얽힌 비극과 여전히 풀지 못한 숙제들, 현실에서 벌어지고 있는 인권 문제 등을 다룬 책들이다. 난민과 통일 문제도 이제 우리의 현실에 가깝게 다가오고 있다. '내 공간을 내어줄 수 있을까?' '내가 먹을 음식과 소득을 나눠줄 수 있을까?' 등의 질문을 아이들과 나눴다. 이 질문들을 나에게 던지며 나는 얼마나 준비되어 있는지 의심하는 시간이었다. 그리고 앞으로의 인권 그림책 읽기의 방향은 인권을 더 쉽게 이해하고 인권 감수성을 넓히는 가까운 이야기로부터 한 걸음씩 걸어가야 할 것 같다.

우리 아이들에게 세계시민 의식을 심어주고 싶다면 인권을 다룬 다양한 책이 나와야 하고, 아이들과 스스럼없이 이야기를 나눌 수 있어야 한다. 그래야 우물 안 개구리처럼 고립된 채 이기적인 아이로 성장하지 않을 것이다. 우선 어른들부터 세계시민의 자세를 갖추고 인권을 이해하고 실천하는 것은 당연지사다.

천사들의 아버지,
야누슈 코르착

『천사들의 행진』, 『블룸카의 일기』

야누슈 코르착을 아는가? 그는 나치의 유대인 학살이 극에 달한 시절, 아이들을 보호하다 희생된 폴란드 의사이자 교육자다. 그의 교육 철학은 유엔 아동권리협약의 근간이 되기도 했다.

나는 그가 어떤 사람인지 잘 알지 못했다. 단지 훌륭한 교육자로만 알고 있었다. 그러다 강무홍의 『천사들의 행진』, 이보나 흐미엘레프스카의 『블룸카의 일기』를 보고 그의 삶과 사상을 이해할 수 있었다. 관련 영상과 영화도 찾아보았다. 영상으로 마주한 코르착의 일대기는 깊은 감동을 주었다.

한 사람을 오롯이 이해하기 위해서는 '인연'이 닿아야 함을 많은 순간 경험한다. 코르착 역시 작은 인연이 반복되면서 내게 큰 울림을 준 인물로 다가왔다. 아이들에게도 같은 감동을 선사하고 싶었다. 『천사들의 행진』과 『블룸카의 일기』를 읽으며 코르착에 대해 공부하는 시간을 가졌다.

아이들에게 코르착 이야기를 들려주기 전에 『아침 별 저녁 별』(조 외슬람, 미래아이), 『나무들도 웁니다』(이렌느 코앙 장카, 여유당), 『노란 별』(카르멘 애그라 디디, 해와 나무), 『에리카 이야기』(루스 반더 지, 마루벌) 등 유대인 학살에 관한 그림책을 읽어주었다. 그리고 〈지식채널 e – 어린이를 사랑하는 법〉 영상을 보았다. 유대인 학살에 관한 책과 영상을 연달아 접하자 아이들은 "대체 왜 히틀러는 유대인을 죽였나요?"라는 질문을 쏟아냈다. 인류사의 마음 아픈 그늘이다.

코르착은 의술이 뛰어나고 친절하며 촉망받는 폴란드의 유대인 의사였다. 폴란드는 오랜 전쟁으로 부모를 잃고 거리를 헤매는 아이들이 많았는데 코르착은 의사의 길을 버리고 그 아이들을 품어주었다. 기댈 곳이 없는 고아들을 거두고, 그 아이들에게 모두가 매우 소중한 존재임을 일깨워줬다. 코르착과 아이들의 집은 존중과 사랑의 공동체이자 '인간의 존엄함'을 가르치는 둥지였다. 2차 세계대전으로 게토에 갇힌 채 2년이 지나고 수많은 이웃이 가스실에 끌려가던 어느 날, 코르착과 2백여 명의 아이들은 강제수용소로 가는 기차에 차분하게 올랐다. 그것이 그들의 마지막 여정이었다.

『천사들의 행진』은 코르착의 일대기를 전지적 작가 시점으로 일정한 거리를 유지하며 서술하고 있다. 그림의 전체적 색조는 노란색이다. 아마 나치가 유대인에게 착용하도록 했던 '노란별'을 상징적으로 담아내고자 했던 그림 작가의 의도가 아니었나 싶다. 앞표지에는 침울한 표정의 코르착과 아이들의 모습이 나온다. 전체적으로 어두운 색상의 분위기는 보는 이의 마음마저 끌어내린다. 뒤표지에는 아이들이 기차에 오르는 모습과 함께 "아이들과 평생 함께하며 아이들에게 '세상을 향한 믿음'을 되찾게 해준 사람이 있습니다"라는 문장으로 코르착을 소개한다.

"자, 이제부터 여름휴가를 떠나는 거야. 가다가 길을 잃거나 흩어지지 않도록 줄을 잘 맞추어서 가도록 하자."

끝이 정해져 있는 기차를 오르는 길, 아이들에게 덤덤하게 말을 건네는 코르착의 심정은 어떠했을까. 코르착은 어린아이를 안고, 한 아이의 손을 잡은 채 맨 앞에 섰다. 2백여 명의 아이들은 질서정연하게 그 뒤를 따랐다. 막 기차에 오르려고 할 때 한 사람이 다급하게 뛰어와 "독일군 사령관이 박사님을 풀어주라고 했습니다"라고 말했지만, 코르착은 못 들은 체하고 아이들과 함께했다.

『천사들의 행진』은 정말 여러 번 읽었다. 내 마음에 코르착이 스며

천사들의 행진
강무홍 글, 최혜영 그림, 양철북, 2008

블룸카의 일기
이보나 흐미엘레프스카 지음, 이지원 옮김, 사계절, 2012

들 때까지 눈으로 읽고, 소리 내어 읽고, 그림을 읽어 나갔다. 그의 위대한 영혼이 부끄러운 내 마음에 조금씩 자리 잡았다. 코르착이란 인물의 숭고한 정신을 알게 되면 그의 말 한마디, 눈빛 한조각도 소중하게 여겨진다.

 책을 읽어주고 나서 아이들에게 소감을 물으니, 코르착이 아이를 온전한 인격체로 존중한 것도 대단하지만, 죽음을 피할 기회가 왔는데도 끝까지 아이들과 함께한 장면이 가장 인상적이었다고 말했다. '인권' 주제 그림책 읽기가 끝나고 기억에 남는 그림책이 있냐고 물었을 때 코르착을 기억하는 아이가 여러 명이었다.

 동양적 사유와 그림이 잘 어울리는 이보나 흐미엘레프스카의 작품에 꽂혀 수집에 열을 올리던 때가 있었다.『블룸카의 일기』도 그 시기에 만난 작품이다. 그때는 코르착이란 인물에 대해 몰랐기에, '아이들을 사랑하는 훌륭한 교육자' 정도로만 인식했다. 교사인 나를 비춰주는 거울 같은 인물로 코르착을 이해했다. 그림책을 공부하던 중 교수님이 이 책을 이야기하며 "유리창에 돌을 던진다고 그림처럼 유리가 유대인을 상징하는 다윗의 별로 떨어져 나갈까요?"라고 말한 적이 있다. 그 이야기를 듣고 뒤통수를 얻어맞은 것처럼 충격을 받았다. 다시 책을 살펴보니 이전과 전혀 다른 책으로 다가왔다.

『블룸카의 일기』는『천사들의 행진』과는 다른 방식으로 코르착을 보여준다. 코르착의 고아원에 있는 '블룸카'라는 아이를 통해 코르착의 철학을 엿볼 수 있다. 앞표지는 청록색과 노란색으로 단을 나누었다. 상단의 청록색 영역에는 양탄자 모양의 공책 위에 한 소녀가 무릎을 끌어안고 앉아 있다. 하단의 노란색 영역에는 안경을 낀 남자 어른이 소녀를 바라보고 있다. 소녀는 블룸카, 남자는 코르착이다.

속표지를 넘기면 열두 명의 아이와 코르착이 사진을 찍는 모습이 나온다. 블룸카가 일기를 통해 사진 속 인물을 한 명 한 명 소개하는 내용이 서사의 중심을 이룬다. 항상 배가 고픈 지그문트, 자주 아프지만 재밌는 이야기를 잘하는 레기나, 다섯 살이지만 석탄을 나를 줄 아는 힘센 코칙, 나무를 잘 다루는 아브라멕, 그런 아브라멕이 좋아하는 한나, 최고의 바느질 솜씨를 지닌 아론, 완두콩을 귀에 넣은 폴라, 양파 까기 대회에서 1등을 한 쉬멕, 한쪽 다리가 짧지만 다른 사람을 잘 챙기는 스타시엑, 운동선수 리프카, 리프카의 동생이자 못 말리는 장난꾸러기 하이멕과의 일화가 펼쳐진다.

　코르착 선생님은 아이들이 자기만의 비밀과 자기만의 꿈을 가질 수 있다고 말했다. 아이를 절대 때리지 못하게 하였고, 누구나 하고 싶은 대로 기도해도 된다고 했다. 남자든 여자든 똑같은 권리를 가지고, 아이도 어른과 똑같이 중요하다고 했다. 친구에게 해를 끼친 아이가 있으면 어린이 법정에 세워 공정함을 배우게 하고, 잠들기 전에 꼭 책을 읽도록 했다. 코르착 선생님은 아이들에게 가장 소중한 사람이고, 아이들은 선생님에게 가장 소중했다.

　책을 펼치면 상단 중앙에 사각형의 일기장이 있고, 일기장 안과 밖으로 고아원 아이들의 과거나 현재의 일들을 보여준다. 책 곳곳에는 유대인을 상징하는 다윗의 별을 숨겨 놓았다. 쉬멕을 소개할 때에는 깨진 유리창에 다윗의 별이 있고, 리프카가 눈 던지기 대회에 나가는 장면에서는 내리는 눈을 다윗의 별처럼 표현했다. 한참 동안 시선이 멈췄던 곳은 전쟁이 일어났다는 소식을 알리는 장면이었다. 일기장 가득 기차가 나오고, 펜은 기차를 가리키는 손가락처럼 표현했다. 2백여 명의 아이들과 함께 기차에 올라 죽음을 맞이하는 코르착의 최후를 상징적으로 보여주는 그림이다.

그림을 보여주고 차분히 책을 읽어주니 아이들은 무척 집중했다. 처음에 내가 이 책을 읽었을 때 그랬던 것처럼, 그림의 의미를 다 이해하지 못하는 아이들에게 여러 가지 질문을 하며 상징을 이해하도록 도왔다.

우리가 다른 사람을 '안다'라고 할 때 어느 수준까지를 말하는 걸까? 다른 사람과 얼굴을 구별할 수 있다고 할 때? 그 사람의 성격이나 한 일을 알 때? 가까이 지내며 자주 만나면 안다고 할 수 있을까? 잘 모르겠다. 어떤 이는 오랜 세월을 함께 보냈는데도 도무지 알 수 없는 사람이 있고, 얼굴을 본 지 한참이 지났어도 그의 마음을 이해할 수 있을 때도 있다.

나는 '안다'라는 것을 그림책을 보고 되짚어볼 때가 있다. 분명 그 책을 안다고 생각했는데, 전혀 다른 책으로 읽을 수 있음을 느낄 때면 이전에 내가 '안다'라고 했던 것이 엉터리라는 생각이 든다. 글자만 읽고 글자가 말하는 정보만 이해하고 마치 다 알고 있다는 듯이 말하지 않을까 조심스럽다. 이를 방지하는 좋은 방법이 '함께 공부하는 방법'이라는 걸 나이 먹어서야 깨달았다. 독불장군처럼 책을 읽었던 시기가 지나고 사람들과 함께 책을 읽고 대화를 나누니 이전에 읽었던 책들이 완전히 새로운 책으로 다가오곤 한다. 내가 보는 관점은 그냥 하나의 관점일 뿐이라는 생각이 든다.

평화는
쉽지 않다

『잃어버린 아이들』, 『집을 잃어버린 아이』

전쟁이 벌어지면 인권은 전혀 보호받지 못하고 무참하게 무너진다. 민간 주택으로 폭탄이 떨어지고 무차별적인 총격이 계속된다. 이런 와중에 살 곳을 찾아 떠나는 사람들이 생기는데 바로 난민들이다. 우리는 비교적 유럽보다 난민 문제로부터 좀 떨어져 있었다. 그러다 2018년 6월, 제주도에 예멘 난민 5백여 명이 오면서 우리도 난민 문제를 고민해야 하는 처지에 놓이게 됐다. 이런 시기에 아이들에게 난민 문제를 다룬 책을 읽어주려니 마음의 부담은 컸고, 어떤 말을 하면서 이끌어야 할지 난감했다.

"인권은 존중되어야 한다"라는 대전제는 누구나 찬성한다. 그러나 우리는 배타적인 속성이 강한 민족이라 나와 다른 사람들에게 관용

적이지 않다. 주야장천 '단일민족'이라고 교육을 받아온 것도, 다른 민족에게 억압을 받은 역사도 배타성을 강화하는 데 한몫했다. 다문화 정책을 수립하고 교육하지만, 오랫동안 뿌리내린 의식이 한순간에 바뀌기는 힘들다. 여러 사람과 난민 이야기를 해보았지만 결론은 내 이웃으로 받아들이기는 힘들다는 것이었다. 내 이웃으로 오지 않고 국가가 도움을 주는 것은 괜찮다는 반응이었다. 공간과 삶을 공유할 수는 없으나 얼마간의 금전적인 도움은 괜찮다는 입장이다. 내 마음을 들여다보니 나도 그들과 별반 차이가 없었다. 하지만 난민들이 원하는 것은 고립된 상태에서 일시적으로 주어지는 몇 푼의 경제적 지원일까?

아무래도 우리와 조금은 먼 이야기부터 시작하는 것이 좋을 듯해 『잃어버린 아이들』을 먼저 읽고, 『집을 잃어버린 아이』를 나중에 읽어 주었다.

『잃어버린 아이들』은 글 작가 메리 윌리엄스가 수단 난민의 삶을 도와준 경험을 토대로, 당시 난민 어린이 중 한 명인 가랑의 이야기를 재구성한 작품이다. 수단에 살던 가랑이 내전으로 인해 부모를 잃고 길 위의 아이가 되어 여러 나라를 옮겨 다녀야 했던 과정이 중심 내용을 이룬다. 가랑처럼 부모와 집을 잃은 아이들은 서로 의지하고 도왔다. 나이 많은 아이는 어린아이를 업고 보살피며 에티오피아의

잃어버린 아이들
메리 윌리엄스 글, 그레고리 크리스 그림, 노성철 옮김, 사계절, 2006

집을 잃어버린 아이
안네게르트 푹스후버 지음, 전은경 옮김, 푸른숲주니어, 2017

난민수용소로 향했다. 수용소에서 만난 톰 아저씨의 도움으로 가랑은 학교도 다니고, 서른다섯 명의 아이들도 돌봤다. 하지만 에티오피아에서도 전쟁이 일어나고, 가랑은 아이들을 이끌고 다시 케냐로 떠나야 했다.

책의 표지에는 키가 큰 흑인 소년이 작은 아이의 어깨에 손을 얹고 밝은 표정을 짓고 있다. 그 뒤로 많은 아이가 길을 걷고 있다. 아마 큰 소년이 가랑일 것이다. 아이들이 걷고 있는 길은 초록색 나무와 풀이 자라는 황토색의 아프리카 대륙으로, 뒤표지에도 길이 이어져 수많은 난민 아이들의 행렬이 나온다.

전쟁과 난민 문제를 다뤘지만, 아이의 시각으로 이야기를 느리게 전개해 전쟁이 주는 참혹함이나 긴장감은 덜했다. 또 새로운 터전에서 미래를 꿈꾸는 결말 역시 읽는 이로 하여금 안도감을 느끼게 했다. 그렇지만 난민의 삶이 이처럼 해피엔딩이 아니라는 것을 우리는 알고 있다. 난민이 고된 삶에서 벗어나 사람답게 살기 위해서는 개인의 노력도 중요하지만, 결국 제3자의 도움이 필요하다는 것을 우리는 은연중에 깨닫게 된다.

『집을 잃어버린 아이』는 우리의 마음을 정면으로 건드린다. 파란색 표지만 보이면 관심을 갖던 시기에 만난 책인데, 책을 읽는 내내 '이 아이를 어떻게 할 것인가?'라는 질문이 맴돌아 마음이 무거웠다. 표지에는 차갑고 푸르스름한 벽이 서 있고, 벽 너머로 숲이 우거져 있으며 파란 두건을 쓴 인물들이 벽 아래 맨발로 걷는 아이를 바라보고 있다. 마치 너는 절대 벽 너머로 들어올 수 없다는 듯 차가운 표정들이다.

이 책에도 『잃어버린 아이들』처럼 부모와 집을 잃어버린 아이가 나온다. 갑작스런 전쟁으로 떠돌이가 된 카를린은 평화로운 마을에 도착해 빵 한 조각, 물 한 모금을 구걸하지만 사람들은 경찰에 신고해 카를린을 쫓아내 버린다. 숲속을 헤매다 석상 마을에 도착한 카를린은 돌을 먹지 못한다는 이유로 다시 그곳에서 쫓겨난다. 황여새 마을에서는 꽁지가 없다는 이유로, 송장까마귀 마을에서는 죽은 쥐를 먹지 못해서 떠날 수밖에 없었다. 부자마을과 가난한마을에서도 카를린은 다르다는 이유로 거부당했다. 체념한 채 들판을 걷던 카를린은 광대 아저씨를 만나고, 광대는 카를린에게 먹을 것을 나눠주고 자신의 나무집에 머물도록 한다. 카를린은 광대에게 묻는다.

"아저씨는 누구예요?"
"사람들은 나를 '바보'라고 부르더구나."

카를린은 다른 사람에게 친절을 베푸는 사람을 바보라고 부르는 거냐고, 그럼 앞으로 자신도 바보가 되겠다고 다짐하며 이야기는 끝을 맺는다.

그림이 전하는 계절은 한여름이다. 하지만 몇몇 장면은 계절과 어울리지 않아, 작가가 상징적으로 심은 장치임을 알 수 있다. 예컨대 동물의 사체를 먹는 송장까마귀는 환영받는 동물이 아니므로, 송장까마귀 마을에는 겨울나무처럼 앙상한 나무가 가득 그려져 있다. 부자마을에서는 잔가지가 가시처럼 나 있는 나무들과 철조망이 쳐 있고, 모피를 입은 여인들이 나온다. 거만한 여인들의 표정은 온몸으로 자기와 다른 사람을 거부하는 듯하다.

장대비가 내리는 장면은 가장 극적으로 표현돼 있다. 회색빛으로 채운 화면에는 내리긋는 빗줄기의 차가움이 고스란히 전해진다. 카를린은 상대적으로 작게 그려져 더욱 춥고 가엾게 보인다. 반면에 광대의 나무집은 초록색 배경에 빨간색이 많이 쓰였다. 온갖 동물이 함께하는 광대의 나무집은 따뜻하게 그려져 위안을 전해준다.

처음에 이 책을 읽었을 때는 카를린을 그저 '고아'로만 이해했다. 그러다가 뒤표지의 책 소개 문구를 보고 나서야 카를린이 '난민'임을 알았다. 내 좁은 시각을 부끄러워하면서 처음부터 다시 읽으니 마음이 더욱 불편했다. 고아라고 인식했을 때와 난민으로 인식했을 때의 마음가짐이 달랐다. 왜 난민일 때 더 불편하고 부담스러웠을까.

고아는 가족과 개인의 문제이지만, 난민은 국제사회의 문제다. 고아는 소수의 문제이자 같은 국민의 문제이지만, 난민은 많은 사람이 발생하고 다른 국가의 문제였다. 전자가 기반 시설이 마련되어 있고 매뉴얼이 정해져 있다면, 후자는 우리가 받아들여야 한다는 의무감은 잘 다가오지 않고, 물질적이고 정신적인 준비도 제대로 되어 있지 않다. 그러다 보니 '나와 상관없는 일이야' 하며 모른 척하기가 쉬웠다. 난민들에게 도움이 정말 절실한 줄 알고 있으면서 그들을 나와 다른 사람이라고 규정하고 싶은 본심이 작동해서 불편했던 것은 아닐까. 카를린을 거부했던 마을 사람들처럼 나도 그런 마음이어서 콕콕 찔렸던 것은 아닐까. 이런 독자를 작가는 어떻게 설득할까 매우 고심했을 것이다. 작가는 마지막에 '바보'의 의미를 전복해 나처럼 이기적인 마음을 가진 독자에게 삶을 돌아보게 하고 반성하게 했다.

우리에게, 그리고 아이들에게 『잃어버린 아이들』과 『집을 잃어버린 아이』가 전하는 메시지가 머리에서 가슴까지 오는 데 얼마나 시간이 걸릴까? 마침 신문에서는 수단이 평화협정을 맺어 소년병이 총을 버리고 집으로 갈 수 있다는 기사가 실렸다. 다행이라는 생각이 드는 한편, 내전이 참으로 오랜 시간 국민을 힘들게 내몰았다는 생각이 들었다.

우리가 얼마나 쉽게 '평화'라는 단어를 사용하고 그 단어에 희망을 담았는지 생각해본다. 하지만 그 '평화'가 현실이 되기까지 쉽지 않다는 것을 우리는 잘 알고 있다. 그래서 더욱 평화를 갈망하면서 마음 깊이 이 단어를 심고 가꾸는지도 모르겠다. 오늘보다는 내일, 분명 한 발 더 다가가기를 바라면서.

다름을 받아들이는 삶

『내 동생 버지니아 울프』, 『누나에겐 혼자만의 세상이 있어』

　학교에서 통합학급운영으로 발달장애 아이의 담임을 한 적이 몇 차례 있다. 일상생활에 어려움을 겪는 아이를 만나면 그 아이와 의사소통하는 방법을 찾아야 한다. 매번 특수학급 선생님의 도움을 받을 수는 없는 일이고, 우선 나와 소통이 되어야 다른 친구들과의 관계도 풀어갈 수 있기 때문이다. 발달장애 아이들의 공통적인 특징은 정확하게 하지 않으면 따르지 않는다는 것이었다. 과제로 일기 쓰기가 있었는데 한 줄이라도 일기를 쓰지 않으면 교실로 들어오지 않았다. 자기가 정한 어떤 규칙이 어그러지면 아무것도 하지 않고 고집을 피울 때가 많았다. 이유가 무엇인지를 알아야 하는데 그것을 알기가 참 힘들었다.

또 가족 중에 장애를 가진 사람이 있어 정서적으로 힘든 아이도 있었다. 미국인 아빠와 한국인 엄마를 부모로 둔 한 아이는 엄마가 우울증을 앓고 있었다. 엄마의 돌봄을 잘 받지 못했던 아이가 학교에서 고집을 피우며 교사의 말을 거부하는 상황이 자주 발생했다. 나는 아이가 이해하고 받아들일 때까지 이야기를 나누어야 했다. 한 아이만의 선생이 될 수 없으니 나를 쪼개는 일이 중요했다. 어떨 때는 버겁게 느껴지기도 했다. 그럼에도 무사히 1년을 마친 후 다음 학년으로 아이들을 올려 보낼 때면 어려움을 겪고 있는 친구를 아이들이 참 많이 도와줬구나 하는 생각이 들었다.

'함께 사는 것'을 이해하고 받아들이도록 하는 것이 교육의 최고 목표다. 인권을 주제로 그림책을 읽는 것은 '인권'을 이해하고 지식을 습득하기 위한 것도 아니고, 다른 사람의 삶을 이해시키려는 목적도 아니다. 그들과 함께 살아야 한다는 것을 가르치기 위해서다. 다름을 그대로 인정할 줄 아는 삶, 그 다름을 일상에서 자연스럽게 받아들이는 삶을 사는 것이 중요하다.

장애는 겉으로 보이는 것이 다가 아니다. 겉으로 드러나지 않지만 이해하고 배려해야 하는 경우도 있다. 흔히 '마음의 감기'라고 하는 우울증은 아이들이 쉽게 이해하기 어려운 증상이다. 아이들과 함께 『내 동생 버지니아 울프』를 읽고 우울증이 어떤 병인지 이해하고자

내 동생 버지니아 울프
쿄 맥클레어 글, 이자벨 아르스노 그림, 노경실 옮김, 산하, 2014

누나에겐 혼자만의 세상이 있어
마르코 베레토니 카라라 글, 치아라 카레르 그림, 주효숙 옮김, 한울림스페셜, 2017

했다.

 이 책은 작가가 영국의 소설가 버지니아 울프와 그의 언니 바네사와의 관계에서 모티브를 가져와 창작한 작품이다. 책의 원제는 『Virginia Wolf』인데 소설가 버지니아 울프Virginia Woolf의 이름에서 'O' 자를 하나 빼서 늑대의 이미지를 나타냈다고 한다. 표지의 왼쪽에는 케이크, 파이, 잼 등이 열린 환상적인 나무가 있고, 위쪽 가지에 노란 원피스를 입은 소녀가 올라가 있다. 소녀는 나무 아래에 있는 늑대에게 손을 내밀고 있다.

 어느 날 갑자기 동생 버지니아가 달라졌다. 늑대 소리를 내며 으르렁거렸다. 평소에 그림 그리기를 좋아했던 바네사가 버지니아를 그리려 하자, 으르렁거리며 그리지 못하게 하고, 누군가 집에 찾아와도 큰 소리로 울부짖고, 지저귀는 새들에게도 조용히 하라고 소리를 질렀다. 버지니아가 변한 후 집안 분위기는 급격히 어두워졌다. 바네사가 동생의 기분을 풀어주려고 음식을 만들어주고 바이올린을 연주해줘도 화만 낸다. 바네사는 버지니아의 마음을 알기 위해 옆에 가만히 눕는다. 자매는 나란히 누워 창밖의 하늘을 바라본다. 이윽고 버지니아는 입을 연다. "하늘을 날 수 있다면 참 좋을 것 같아." 하늘을 날아 아주 행복한 블룸스베리에 가고 싶다고 말하는 버지니아. 버지니아가 잠든 사이 바네사는 벽에 블룸스베리 정원을 그린다. 초록빛 가지와 잎사귀를 그리는 바네사를 지켜보던 버지니아는 들판을 함께 그리고, 색종이를 접어 파란 새와 나비도 만든다. 둘은 정원을 함께 완성하며 많은 대화를 나누었다. 그리고 버지니아의 마음은 슬픔 대신 기쁨으로 차오른다.

그림 작가는 다양한 기법으로 버지니아의 심리를 표현했다. 우울한 버지니아는 늑대가 되어 울부짖는다. 버지니아의 우울감이 깊어지고 화를 내는 상황이 늘어나면 집안도 어두운색으로 채워지고 검은색의 사물들이 거꾸로 떨어진다. 물건이 떨어지는 장면은 뒤에서도 나오는데, 이때는 노란 바탕에 바른 모양으로 떨어진다. 물건이 거꾸로 떨어질 때는 버지니아의 치마 아래에 늑대 꼬리가 보였지만, 물건이 바르게 떨어질 때는 사라진다. 우울한 상태에서는 검은 색채의 흑백 그림처럼 보이고, 슬픔에서 벗어날 때는 검은색이 옅어지고 다채로운 색이 채워진다.

　버지니아가 우울증에 걸리면서 바네사도 점점 어두운색으로 변해 간다. 블룸스베리를 그릴 때도 바네사는 검은색이었다가 버지니아가 웃음을 되찾을 때 함께 밝아진다. 우울증 환자뿐만 아니라 옆에서 지켜보는 가족도 힘들고 슬픈 상황임을 색으로 표현한 것이다. 바네사가 동생의 아픔을 같이 나누고 도움을 주고 싶어 했던 간절한 마음이 내게도 느껴졌다.

　『누나에겐 혼자만의 세상이 있어』는 지난해 아이들에게 장애를 주제로 한 그림책을 읽어주고 뒤늦게 발견한 책이다. 시적인 문장에 아름다운 그림이 어우러져 아이들에게 읽어줬으면 좋았겠다는 아쉬움이 들었다. 이 책은 자폐증 누나를 둔 동생의 이야기로 『내 동생 버니지아 울프』처럼 장애인의 가족이 화자로 등장한다. 담담하게 자폐증 누나를 관찰하고 이야기를 전하는 화자는 마지막에 독자에게 다음과 같은 질문을 던진다.

　　"우리 누나는 누구와도 같지 않아. 돌멩이 두 개가, 개 두 마리가, 나뭇잎 두 장이, 그리고 사람 둘이 똑같을 수 있을까? 어떻게 생각해?"

　작가는 이미 정답을 정해놨을 것이다. 독자들도 예측이 가능한 정답이다. "우리는 누구나 달라, 이상한 게 아니라 다른 거야. 자폐증 환자도 다른 것뿐이야"라는 메시지가 책에 나오지 않아도 우리는 가슴으로 안다.

다름을 인정하는 것이 말처럼 쉽지는 않다. 다름을 그대로 받아들이고 환대하는 사회적 분위기가 완성되어야 가능한 일이다. 조금씩 그런 사회로 나아가기를 바라면서 아이들에게 책을 읽어준다. 장애를 주제로 책을 읽어주면서 나와 아이들 마음에 편견이 조금씩 옅어지는 게 느껴졌다. 아이들은 장애의 힘듦보다는 장애인을 감싸주고 돕는 가족의 따뜻함을 먼저 느꼈다고 한다. 그리고 장애가 없는 자신이 장애가 있는 친구에게 그처럼 따뜻하게 행동했는지 돌아보았다.

얼마 전 동료 선생님이 주변에 우울한 사람이 많아져서 힘들다는 이야기를 했다. 그들의 우울한 이야기를 들어주다 보면 본인도 우울해진다고 하소연했다. 나는 그것이 선생님의 장점 때문이라고 생각했다. 평소에 마음이 넓고 이해심이 깊어 잘 들어주는 선생님의 성격 때문에 나도 위로가 필요하면 그 선생님부터 찾는다. 나는 선생님을 위로하고 싶어 "우리 맛난 거 먹어요" 하니 "우울한 이야기를 하다가도 먹을 생각에 기분 좋아지는 걸 보면 우린 우울증에 걸리지 않을 거예요" 했다.

『내 동생 버지니아 울프』에서 버지니아가 바네사가 해준 맛있는 음식을 다 먹는 장면이 있다. 그 장면을 읽을 때 선생님과 한 대화가 떠올랐다. 그러면서 속으로 '버지니아가 음식을 잘 먹으니 괜찮아지겠다' 하는 생각이 들었다.

불편해도
직시해야 할 이야기

『꽃할머니』

몇 해 전 겨울, 〈꽃할머니 낭독극〉을 보았다. 아니, 보았다기보다는 차마 볼 수가 없어서 눈을 감고 들었다. 눈을 감고 있어도 대사가 이어질 때마다 온몸에 소름이 돋았다. '그동안 나는 도대체 무엇을 하고 있었지?' 하는 자책이 계속 들었다. 눈이 펑펑 내리던 날이었다. 일부러 일본대사관 앞 '평화의소녀상'을 찾아갔다. 소녀상은 목도리를 두르고 있었고 맨발이었다. 소녀의 맨발을 보는 순간 참았던 눈물이 주르륵 흘렀다. '아직도 맨발이구나, 아직도 서성이고 있구나….' 한번 터진 눈물은 멎지 않았다. 그날 이제는 이 문제를 외면하지 않아야겠다, 내가 가르치는 교실에서라도 목소리를 멈추지 말아야겠다고 결심했다. 그 후 권윤덕의 『꽃할머니』는 매년 아이들에게 읽어주고 있다.

위안부 문제를 다루기 위해서는 성폭력에 관한 이야기를 하지 않을 수 없다. 이를 아이들이 보는 그림책에 어떻게 표현할 것인지 작가로서 많이 고민되고 힘든 과정이었을 것이다. 또 한·중·일 평화그림책으로 계획한 프로젝트였음에도 일본에서 출간이 좌절되었을 때는 얼마나 안타까웠을까. 『꽃할머니』는 2010년 한국에서 출간되고 8년이 지나서야 일본에서 출간될 수 있었다. 일본 현지에서는 우익 단체의 시선 때문에 250부밖에 판매되지 않았지만, 의미 있는 발걸음이라 생각한다.

『꽃할머니』는 일본에 위안부로 끌려갔던 심달연 할머니의 증언을 바탕으로 만들어졌다. 이 책이 출간된 2010년 겨울에 할머니는 돌아가셨다고 한다.

미색 표지에는 제비꽃이 세 송이 피어 있고, 제비꽃 뒤로 빨간 댕기를 한 소녀가 턱을 괴고 엎드려 있다. 소녀의 옆에는 벗어놓은 흰 고무신 한 켤레가 가지런히 놓여 있다. 책의 뒤표지에는 빨간 모란꽃 한 송이와 풀어진 댕기가 중앙에 그려져 있다. 면지에는 총을 멘 군인, 포탄, 총알 등이 열을 맞춰 있고, 중간 중간에 쓰러진 소녀와 파란 꽃이 있다. 이는 전쟁으로 희생된 여자들을 상징한다. 속표지가 나오기 전, 면지가 또 나와 현재 할머니의 상태를 서술한다. 할머니는 '꽃누르미'를 하고 있으며, '꽃할머니'로 불린다는 것을 알려준다.

꽃할머니
권윤덕 지음, 사계절, 2010

　꽃할머니가 열두세 살일 무렵, 한국은 일본의 지배를 받고 있었고 나라 밖에서는 전쟁이 벌어져 젊은이들이 전쟁터로 내몰리고 있었다. 사람들은 먹을 게 없어서 나물죽을 쑤어 먹었는데, 꽃할머니도 언니와 나물을 캐러 나간 길이었다. 어디서 트럭이 오더니 나물 캐던 언니와 꽃할머니를 태워 끌고 갔다. 꽃할머니는 산비탈 막사의 작은 방에 갇혔고, 매일 군인들이 꽃할머니를 찾아왔다. 꽃할머니의 몸은 망가져갔다. 군인들에게 당할 때마다 마음도 같이 죽어갔다. 꽃할머니는 차츰 정신을 놓아버렸다. 몇 해가 흐르고 전쟁이 끝나자 군인들은 꽃할머니를 버리고 떠났다.

　그 후 20년을 어떻게 살았는지 꽃할머니는 기억하지 못한다. 어떤 사람이 꽃할머니를 한국에 데려와 절에 맡긴 사실을 나중에 알았다. 절에 불공드리러 온 한 여인이 꽃할머니를 잃어버린 언니라 생각하고 집으로 데려와 정성을 다하며 돌봐줬다. 그 여인이 병을 얻어 죽고 나서야 꽃할머니는 정신이 돌아왔다. 그리고 세월이 지나 꽃할머니의 이야기를 듣고 싶어 하는 사람들이 찾아왔다. 늘 숨어만 있던 꽃할머니는 세상에 나와 사람들과 친구가 되었다. 할머니의 소원은 "사람들이 꽃을 좋아하듯이 서로 좋아하며 살았으면 좋겠다"였다.

 작가는 어린이 책에서 다 설명할 수 없는 상황을 다양하게 해석할 수 있는 함축적인 문장으로 표현했다. 그림의 의미도 독자가 해석하며 읽어야 한다. 전체적으로 황토색을 많이 썼는데, 이는 일본군 군복의 색으로 일본 제국주의를 상징한다. 군복에 얼굴을 그리지 않은 이유는 군복을 입으면 본인의 의지와 다르게 명령에 복종하는 인간이 되는 상황을 표현함으로써 인간의 생각과 행동을 규제하는 제도와 관습도 상징하고 싶었기 때문이라고 한다. 파란색은 '죽음'을 상징한다. 위안부가 나오는 장면에 푸른 꽃잎이 등장하는 것도 그런 이유 때문이다.
 위안부에 대한 사료적 정보는 고딕체를 사용해 이야기의 서사와 분리했다. 나는 아이들과 읽을 때 이 부분에서 오래 멈춘다. 함축적인 문장의 서사에서는 구체적인 정보를 알기가 어렵다. 이런 정보를 유심히 살펴보면서 얼마나 참담한 폭력이 이뤄졌는지 살펴보게 한다. "마음도 한 번씩 죽어갔다"는 할머니의 증언이 자료를 통해 확인되는 순간이다. 동아시아 지도 위에 일본군 위안소가 표시된 정보도 자세히 보게 한다. 우리나라 여성들이 가장 많이 끌려가고, 동아시아 곳곳에서 피해를 본 사실을 시각적으로 확인시켜주는 정보다. 아이들은 웃음기가 사라진 얼굴을 하며 사뭇 진지하게 자료를 살펴보았다.

『꽃할머니』의 시작과 끝은 할머니의 얼굴이다. 주름진 이마와 두 눈 위로 처음에는 꽃 누르미를 하는 모습들이 펼쳐지고, 마지막에는 꽃을 좋아하는 열세 살 소녀의 눈과 이마 위로 밝고 환한 꽃이 한가득 그려져 있다. 마지막 장에는 작가의 목소리가 개입된다.

> 지금도 끊임없이 지구 곳곳에서 전쟁이 일어난다. 꽃할머니가 겪은 아픔은 베트남에서도 보스니아에서도 이어졌다. 그리고 지금 콩고에서도 이라크에서도 되풀이되고 있다.

지금까지 전쟁터에서 인권이 유린된 여성의 삶을 보지 않았느냐, 그런데도 계속 전쟁을 하고, 전쟁 상황을 지켜보고만 있을 것이냐! 작가가 호통을 치는 것 같다. 그림책의 이야기는 끝났지만, 꽃할머니가 겪은 일이 여전히 계속되고 있음을 작가는 말하고 싶었을 것이다.

그림책의 목소리가 이토록 강력할 수 있다는 것에 새삼 놀랐다. 그만큼 전쟁터에서 짓밟힌 인권의 참혹함이 말로 표현할 수 없고, 분노를 유발하기 때문이리라. 이런 비극적인 역사도 우리 아이들이 알아야 한다고 생각한다. 그래야 아이들이 만들어가는 세상은 보다 평화롭고 인권이 지켜질 수 있을 거라고 믿기 때문이다.

요즘에는 수요집회에 대한 관심도 높아졌고, 평화의소녀상이 곳곳에 생기면서 아이들과 위안부 이야기를 나누기가 어렵지 않다. 하지만 시간이 많지 않다. 어르신들이 한 분, 두 분 세상을 떠날수록 간담이 서늘하다. 하루빨리 일본의 진정성 어린 사과가 이뤄져 어르신들의 마음이 편안해지기를 바란다.

자기 안의 부리가
부러진 사람

『부러진 부리』, 『영이의 비닐우산』

출근할 때는 한강대교북단 버스정류장에서 버스를 타고 광화문까지 간다. 한산한 출근길을 좋아해서 보통 6시 40분 정도에 집을 나선다. 버스를 타고 서울역을 지나다 보면 아침에 배낭을 멘 사람들이 여럿 나오는 모습을 보게 된다. 사람들이 모여 있는 곳은 '인력센터'다. 한겨울 그 시간에는 인력센터만 불이 환하게 켜져 있다. 출근하는 길에 보는 사람들은 일거리를 구하지 못해 떠나는 사람들이다. 연령대가 다양한 그들을 보면 마음이 짠하다. '오늘은 공치는 날이겠구나' 하는 생각이 들면서 길가에 걸린 '최저임금 인상' 현수막이 크게 다가온 날이 여러 날이었다.

서울역 주변은 도로를 사이에 두고 전혀 다른 모습을 하고 있다.

서울역 맞은편은 높고 번쩍이는 빌딩이 가득하지만, 서울역 쪽으로는 낮은 건물이 많고 길거리에 누워 자는 노숙인도 많다. 바다를 가르듯 도로 양쪽으로 보이는 상반된 모습이 양극화가 심화된 대한민국의 민낯을 보는 것 같아 마음이 불편하다.

　서울신문사 앞 정류장에서 내려 광화문 횡단보도를 건널 때 매번 노숙인 한 분을 만난다. 그는 나와 반대 방향에서 걸어오는데 중간에 서서 세종대왕 동상이 있는 경복궁 방향으로 손가락을 높이 세우고 한참을 소리 지르며 호통친 후에 길을 건넌다. 난 반대편에서 그를 볼 때마다 '저분은 왜 화가 나신 걸까?' 생각한다. 그러던 어느 날, 광화문을 가로지르는 출근길이 허전했다. 다 건너고 나서도 무엇 때문인지 몰랐다. 다음 날 출근길에서 그 노숙인 할아버지를 만나고 나서야 어제의 허전함이 무엇 때문인지 깨달았다. '이 광화문 거리는 세종대왕이나 이순신 장군의 거리가 아니라 저 어르신의 거리로구나!'

　'노숙인'을 주제로 책을 고를 때 내게 다가온 책은 『부러진 부리』와 『영이의 비닐우산』이었다. 작가는 평범한 내가 느낄 수 없는 영혼을 지닌 사람이라는 생각을 자주 하는데 이 책들을 읽을 때도 그런 마음이 들었다. 언어가 빚어내는 울림은 읽을수록 가슴에 파고든다. 이런 책을 만나게 된 것이 내게는 행복이다. 그리고 그 울림을 그대로 전해 줄 아이들이 있다는 것 또한 감사하고 행복한 일이다.

부러진 부리
너새니얼 래첸메이어 글, 로버트 잉펜 그림, 이상희 옮김, 문학과지성사, 2004

영이의 비닐우산
윤동재 지음, 김재홍 그림, 창비, 2005

『부러진 부리』는 중고서점에서 만났다. 바닥에 주저앉아 책을 살펴보는데 고학년 아이들과 읽고 마음 나누기 좋은 책이겠다 싶었다. 집에 와서 찬찬히 다시 읽는데, 한 글자 한 글자 파고드는 힘이 있었다. 글 작가가 참 대단하다, 감탄하던 어느 순간 핵심만 그려놓은 그림이 눈에 들어오기도 했다. 이 책을 읽고 난 다음부터 노숙인을 볼 때면 '눈에 보이지 않는 자기 안의 부리가 부러진 사람'이라는 생각이 들었다.

책의 표지를 펼쳐놓으면 사람의 손이 있고, 손가락 위에 참새 한 마리가 앉아 있다. 뒤표지에는 손목이, 앞표지에는 손과 참새가 그려진 셈이다. 손은 지저분하고 손톱에는 검게 때가 끼어 있다. 손가락 위에 앉아 있는 새도 홀쭉하고 남루한 모습으로, 자세히 보면 위쪽 부리가 부러져 있다.

　책의 주인공은 꼬마 참새다. 공원의 커다란 나무에 사는 꼬마 참새는 잽싸게 날았고, 언제나 큼직한 빵 부스러기를 골라잡을 수 있었다. 그러던 어느 날 꼬마 참새의 부리가 부러졌다. 부러진 부리로는 빵 부스러기를 집을 수 없었지만 누구도 꼬마 참새를 도와주지 않았다. 오히려 부리가 부러진 모습이 자신과 다르다며 외면했다. 꼬마 참새는 나날이 야위어 가고 볼품없어졌다. 사람들에게 다가가도 야위고 지저분한 참새에게 먹을 것을 주지 않았다. 어느 날 저녁, 갓 구운 빵 한 조각이 큼직하게 떨어진 것을 발견한 참새가 야윈 몸을 이끌고 힘겹게 다가가는데 갑자기 손 하나가 쑥 내려와 빵을 집어가는 것이 아닌가. 올려보니 야위고 지저분한 데다 혼자서 중얼거리는 떠돌이였다. 참새는 그도 부리가 부러진 사람이라는 걸 한눈에 알아보았다. 떠돌이는 참새에게 빵을 나눠줬다. 사이좋게 빵을 나눠 먹은 참새와 떠돌이는 오랜 시간을 함께하는 친구가 되었다.

　세밀화로 그려진 그림은 배경을 과감하게 생략했다. 대신 명랑하던 참새가 부리가 부러진 후 몸의 상태가 어떻게 변해갔는지를 자세하게 묘사했다. 꽁지가 축 늘어지고 털이 빠지고 야위어가는 모습은 안타까움을 자아낸다. 떠돌이를 만난 후 참새는 다시 기운을 회복하고 꽁지가 꼿꼿하게 서 있는 모습이다. 떠돌이와 참새의 모습을 보며 부디 마지막 문장이 이뤄지기를 기원했다. "자기들의 부리가 반듯한 상태로 살아가는 세상을 꿈꿨단다."

『영이의 비닐우산』은 참 아끼는 시 그림책이다. 학교 도서관에서 발견하고 첫눈에 반했다. 표지에 나온 초록색 비닐우산 그림이 무척 예뻐서 펼쳐본 책인데, 표지의 그림만 아름다운 것이 아니었다. '노숙인'을 주제로 읽기에는 억지스러운 감이 있으나, '더불어 사는 삶'을 주제로 아이들과 함께 읽고 싶었다.

표지에는 유화로 그린 초록 비닐우산이 나온다. 비닐우산 위로 장대비가 쏟아지고 있다. 자세히 보면 비닐우산은 온전치가 않다. 뒷부분에 구멍이 난 허름한 비닐우산이다. 하얀색으로 쓰인 제목 '영이의 비닐우산'에서 '우' 자가 글자의 열에서 약간 올라가 있고, 우산살을 따라 흐르는 빗줄기가 '우' 자에 닿아 사방으로 물방울이 튀는 모습이다. 비 오는 날의 생기와 음악성이 느껴진다.

판자촌 꼭대기에 사는 영이는 비가 오는 월요일 아침 초록 비닐우산을 펴고 등굣길에 나선다. 언덕길을 다 내려오니 학교 근처 문방구 옆 담벼락에 거지 할아버지가 기대어 자고 있다. 영이는 차마 발걸음이 떨어지지 않는데 아이들은 거지 할아버지의 어깨를 툭툭 건드리고, 문방구 아주머니가 할아버지를 향해 악담하는 모습을 보다가 학교로 향한다. 아침자습을 하고 영이는 살며시 나와 할아버지에게 자신의 우산을 씌워주고 다시 학교로 뛰어간다. 오후에 비는 멎었고,

영이는 하굣길 담벼락에 기대어 있는 비닐우산을 발견한다. '가져가셔도 되는데….' 영이는 우산을 들고 집으로 향한다. 영이의 머리 위로 초록 비닐우산이 활짝 펴졌다.

  짧으면서도 마음을 울리는 서사와 함께 그림은 다채로운 장면을 보여준다. 영화기법으로 구성된 화면에서 인물은 프레임 안에 있기도 하고, 밖으로 나오기도 하고, 관점이 바뀌기도 한다. 밝은 노란색 티셔츠를 입고 우산을 활짝 펼치며 등교하는 영이의 모습을 멀리에서 가까이 카메라가 이동하듯이 보여주고, 담벼락의 거지 할아버지는 '줌인'하여 확대한다. 그리고 옆의 초록 깡통으로 시선이 이동하는데 이는 영이의 시선으로 바라보는 장면임을 알 수 있다. 할아버지의 어깨를 건드리는 아이들, 화를 내는 문방구 아주머니의 모습을 영이의 눈에 시뮬레이션처럼 보여준다. 아무것도 할 수 없는 영이를 프레임 바깥에 놓아 안타까운 심정을 느끼게 했다. 비가 줄기차게 내리는 자습시간, 영이는 살며시 교실을 나간다. 작가는 영이를 그리지 않고 연두색의 물 웅덩이를 만들었다. 시점이 바뀐 것이다. 영이가 비닐우산을 할아버지에게 씌워드리고, 쏜살같이 빗속을 달려가는 모습은 할아버지의 시점에서 바라보는 장면이다. 오후 담벼락에 가지런히 세워진 우산을 보는 영이는 또 프레임 밖으로 나가 있다. 담벼락 앞에서 우산으로 칼싸움하는 아이들과 할아버지가 앉았던 자리를 살피는 영이를 분리하려는 의도였으리라. 하늘은 갰지만 영이는 우산을 활짝 펴고 간다.

　작품을 읽고 나서 나도, 아이들도 숙연해졌다. 먹먹해진 감정을 말로 표현하기가 쉽지 않았다. 주변에서 몇 번씩 마주쳤던 노숙인을 피해 일부러 빙 돌아서 간 적은 없는지, 그들과 함께 살아갈 방도를 생각해본 적은 있는지 스스로에게 물었다. 교사인 나도 이런데 아이들에게 함께 더불어 살아야 한다고 말할 수 있을까? 어렵다.
　노숙인의 삶을 보살피는 지인이 있다. 그들이 새롭게 삶을 살아가려는 의지를 보이다가도 어느 한순간 예전의 모습으로 돌아갈 때마다 지친다고 했다. 욕심을 내려놓고 봉사하는 마음으로 사는데도 기도의 힘이 아니면 지탱하기가 어렵다고 했다. 그를 생각하며, 자기 안의 부리가 부러진 사람들을 생각하며, 더 따뜻한 세상을 기원한다.

생각 너머 생각

레이의 인생이 바뀐 계기

『달려!』
다비드 칼리 글, 마우리치오 A.C. 콰렐로 그림, 나선희 옮김, 책빛, 2017

레이는 세상 모든 것에 화가 나 있었다. 어려서부터 많은 이들과 싸우며 자랐다. 레이가 싸우는 이유는 검은 피부색 때문이었다. 싸움 때문에 불려간 교장실에서 레이는 챕맨 교장 선생님을 만났다. 챕맨은 레이가 넘치는 에너지를 조절하지 못한다며 운동장을 돌게 했다. 그 이후부터 챕맨과 함께 운동장을 달리며 레이는 육상스포츠에 빠져들었고, 마라톤을 완주하며 인생에 대해 깨닫게 된다.

아이들은 긍정적인 삶의 이야기를 좋아한다. 편안하게 이야기를 건네고 유머 코드가 있는 책을 좋아한다. 하지만 인권을 다룬 그림책 중에서 유머 코드가 있는 책을 만나기는 어렵다. 인종 차별 문제를 아이들이 이해하기 쉽게 다루고 긍정적인 가치를 전달하는 책을 찾다가 『달려!』를 만났다.

흑인에 가난한 레이가 백인 교장 선생님을 만나 변화하는 이야기를 담은 이 책을 발견하자마자 아이들에게 빨리 읽어주고 싶었다. 피부색으로 인한 차별을 보여주면서도, 자신이 처한 환경을 극복하는 긍정적 결론이 안성맞춤이라 생각했다. 인종차별이나 흑인의 인권 문제로 풀어갈 수도 있고, 분노를 푸는 방법, 혹은 선한 영향력에 관한 이야기로 풀어나갈 수도 있다. 어떤 관점에서 보느냐에 따라 다양한 이야기가 나올 수 있는 책이라고 생각했다.

질문 만들기와 짝 토론

아이들은 내가 생각지도 못한 관점의 질문을 만들었다. '인생이 변하게 되는 동기는 무엇인가?' '어떻게 해야 변화할 수 있는가?'에 집중했다. 이런 질문을 던질 줄 아는 아이들이 대견했다. 토론 주제는 하나로 정했다.

"레이의 인생이 바뀌게 된 계기는 무엇일까?"

주제를 칠판에 적고 보니 챕맨을 살펴볼 수도 있고, 레이를 살펴볼 수도 있는 질문이었다. 이런 질문을 만나면 나도 아이들과 토론을 하고 글을 쓰고 싶다. 분명 주인공의 행동과 자신의 행동을 비교하는 시간이 될 것이다.

토론1

기범: 넌 싸움 대장 레이가 왜 변화한 것 같아?
별이: 당연히 챕맨이지. 챕맨 교장 선생님이 없었다면 레이도 바뀌지 않았을 거야.

기범: 챕맨의 어떤 점이 레이를 변화시켰을까?

별이: 레이에게 물었잖아. 왜 싸웠냐고.

기범: 맞아. 레이는 그런 질문을 처음으로 받았다고 했지?

별이: 자신의 억울함을 말할 수 있게 해준 게 참 좋았어. 무조건 혼만 내면 더 화가 나잖아.

기범: 나도 그런 경험이 많아. 친구가 내 이름 가지고 놀리고 도망가면 쫓아가다가 선생님께 뛰어다닌다고 혼나기도 했어.

별이: 네게도 챕맨 교장 선생님이 필요했구나!

토론2

보아: 난 레이가 대단하다고 생각해.

민아: 왜? 난 챕맨 교장 선생님이 더 인상적이었는데.

보아: 챕맨의 가르침도 물론 중요하지만 가르침대로 따른 것은 레이잖아. 분명 선생님은 하기 싫으면 안 나와도 된다고 했는데 레이가 더 빨리 나가는 걸 보면 레이의 적극적인 행동도 아주 중요하다는 생각이 들어.

민아: 네 말을 들어보니 그렇구나. 사실 우리도 선생님이 많이 가르쳐 주시지만 그대로 따라 하지는 않잖아. 잊어버리고, 흘려버리고, 귀찮아서 미루고 그러잖아.

보아: 맞아. 레이는 무슨 일을 하든 늘 선생님과 함께 있다고 생각했던

거 같아. 고민이 생기면 선생님 찾아가고, 달리라면 달리고, 마라톤하라면 마라톤하고, 공부하라면 공부하고. 그래서 교장 선생님으로 출근하는 날도 예전에 챕맨 교장 선생님을 떠올리잖아.

민아: 노력하는 레이가 없으면 감동적인 챕맨도 없다. 노력하는 민아가 없다면 변화되는 민아도 없다, 이렇게 되는구나!

아이들은 서로에게 선생님이었다. 스스로 생각하고 그걸 나누면서 성장하는 아이들, 고마웠다. 학기 말에 기억에 남는 일을 발표하는 시간을 가졌는데, 한 아이가 '질문 만들기'를 언급했다.

"스스로 질문을 만들다 보니 많은 생각을 하고, 질문을 만들고 나서 '나라면 어떻게 할까?'를 생각하다 보면 자꾸자꾸 생각하게 돼요."

질문을 만들고 많은 생각을 하며 즐거워하는 자신의 모습이 신기하다고 했다. 어쩜 이렇게 대견할까!

생각 글쓰기

아이들은 책을 읽고 많은 에너지를 받은 것 같았다. 자신도 노력하며 변화할 거라는 각오를 다지는 모습도 보였다.

챕맨이 싸우게 된 원인을 물어보고 이해해 준 것이 레이의 마음을 열게 하고, 레이의 인생을 바꿨다. 학생들을 이해해 주는 태도가 교장 선생님을 믿고 따르게 된 계기다. 사람의 인생이 바뀐 것은 대단한 일인데, 그것은 레이의 노력과 챕맨 선생님의 도움 때문이다.(원영)

챕맨 교장 선생님은 레이에게 좋아하는 것을 시키며 꿈을 향해 나갈 수 있도록 도와주었다. 나도 화가 나면 다 귀찮고 모두 미운 날이 있다. 그럴 때마다 내가 좋아하는 것을 하면 기분이 좋아지고 칭찬을 받으면 뿌듯해진다. 레이도 그런 것 같다. 사람들은 좋아하는 것을 실컷 하고 칭찬을 받으면 기분이 좋아져 더 잘하게 된다. (가인)

챕맨의 가르침이 중요한 걸까? 아니면 레이의 하려고 하는 마음과 의지가 중요할까? 나는 둘 다 중요한 것 같지만 가르침이 있어도 본인의 의지가 없다면 성공할 수 없다고 생각한다. 레이가 끈질긴 의지로 성공한 것처럼 나도 무엇이든 할 수 있다는 마음을 가지고 하면 될 것 같다 .(나령)

챕맨이 레이의 힘과 마음을 다스리고 자신을 통제할 수 있게 만들어 준 것이 레이의 인생을 바꾸었다. 레이는 자신을 알고 승부욕에 대한 감정을 통제하는 훈련으로 힘을 기르기도 했고 마음을 다스리기도 했다.(윤)

생각 글쓰기에는 힘이 있다. 생각만 하고 지나가면 잊힐 것을 글로 쓰면 마음에 쓰고, 머리에 새기는 효과가 있다. 새롭게 생각하여 문장으로 옮기는 작업은 그래서 중요한 활동이다. 매번 생각을 쓰라고 하면 아이들은 귀찮아한다. 무엇을 얼마나 쓰느냐고 묻기부터 한다. 그만큼 쉽지 않은 일이며 귀찮은 일이라고 느끼는 것이다. 부담 없이 글쓰기를 하도록 하는 방법은 쓸거리를 많이 만들어주는 거다. 토론을 거치면 생각을 말로 표현하고 다른 사람의 생각을 들어서 쓸 거리가 풍부해진다.

할 말이 많은 주제를 만나면 글쓰기의 분량은 별로 중요하지 않다는 것을 경험으로 알게 되었다. 그 짧은 시간에 한바닥을 넘기는 친구가 나오고, 쉬는 시간이 되어도 글쓰기에 몰두해 있는 경우도 발견한다. 결국, 질문 만들기가 아이들의 생각을 바꾸고 글쓰기 습관을 바꾼 것이다.

함께 읽으면
좋은 책

『왜?』 니콜라이 포포프 지음, 현암사, 1997

『나스린의 비밀 학교』 지네트 윈터 지음, 고래이야기, 2012

『내 친구 루이』 에즈라 잭 키츠 지음, 비룡소, 2001

『글짓기 시간』 안토니오 스카르메타 글, 알폰소 루아노 그림, 아이세움, 2003

『내가 개였을 때』 루이즈 봉바르디에 글, 카티 모레 그림, 씨드북, 2017

『우리는 이민 가족입니다』 크리스타 홀타이 글, 게르다 라이트 그림, 시공주니어, 2015

『너는 어디로 가니』 맥신 트로티어 글, 이자벨 아르스노 그림, 산하, 2012

『비무장지대에 봄이 오면』 이억배 지음, 사계절, 2010

『운동화 비행기』 홍성담 지음, 평화를품은책, 2017

『내가 라면을 먹을 때』 하세가와 요시후미 지음, 고래이야기, 2009

7장

그림책이 내게로 오다

그림책의 세계를
만나다

"전 자식을 키우면서 매번 예상치 못한 시험지를 풀고 있다는 생각이 들어요. 계획된 시험에서 내가 마음의 준비를 하고 받아든 시험지가 아니라, 어느 날 툭 던져진 생전 듣도 보도 못한 시험지요."

선생님들과의 모임에서 그림책 『파랑새』를 읽고 한 선생님이 한 말이다. 선생님의 눈은 벌써 촉촉해지고 말이 뚝 끊어진다. 어찌 이분만 받은 시험지였겠는가. 우리도 자식을 키우면서 벽을 마주하고 있다는 느낌, 막막한 순간들이 얼마나 많았던가. '어머니와 자녀 독립'을 주제로 그림책 읽기를 했는데, 벌써 뭉클한 감정이 올라온다.

내가 그림책에 푹 빠진 건 그리 오래된 일이 아니다. 아이들에게 매일 그림책을 읽어주면서 그림책이 인생 전반을 말하는 책이라는 걸 알게 됐다. 서평을 찾아 읽고, 그림책 관련 서적을 읽으면서 나름의 공부로 그림책을 알아갔다. 그러다가 그림책 전문 교육기관이 있다는 것을 알게 되고 그곳의 강좌를 수강하면서 그림책 공부는 가지를 무성히 뻗어 나갔다. 퇴근 후에는 늦은 시간까지 강의를 듣고, 중고서점을 참새 방앗간처럼 드나들었으며, 절판된 책이 있는 곳이면

　먼 곳을 마다하지 않고 달려갔다. 그렇게 조금씩 그림책 보는 눈을 키웠다.

　그림책은 소리 내어 읽을 때 가장 가까이 다가오는 책이다. 아이들에게 매일 그림책을 읽어주면서 정말 좋다고 느껴 주변 선생님들에게 그림책 읽어주기를 권한다. 그림책이 나를 성장하게 하고 주변을 변화시키는 것을 볼 때면 그림책이 가진 힘이 정말 크다는 것을 확인한다. 그림책을 통해 위로를 받고 힘을 얻는 사람이 많아지길 진심으로 바란다.

　7장은 나를 그림책의 세계로 이끈 책들을 정리했다. 누구에게나 인생의 그림책은 있다. 이미 발견한 사람과 아직 발견하지 못한 사람이 있을 뿐이다. 내 인생 그림책은 『행복한 청소부』다. 내 삶과 닮아 있고 언제나 읽으면 기분이 좋아지는 책이다. 이것이 내 '인생의 책'이라고 생각하고 보면 더 의미 있고 소중한 책으로 느껴진다.

청소부의 행복을
나는 안다

『행복한 청소부』

"엄마는 옛날이나 지금이나 똑같아. 책만 읽어. 그동안 뭘 위해 읽은 거지?"

지난겨울, 프랑스에 있는 아들을 잠깐 보고 왔다. 마침 그때가 연말이어서 자연스레 한해를 어떻게 살았는지, 다가오는 새해는 어떻게 맞이할 것인지 이야기를 나누는데 아들이 내게 던진 말이다. 난 휘청했다. 그나마 독서라는 즐거움이 있어서 내 삶이 여유로워지고 정신적으로 풍요로워졌다고 느꼈는데, 아들은 내 모습이 소극적이고 책 속으로 도망치는 것처럼 보인 모양이다.

"왜? 책 읽는 게 나빠?"

"나쁘다는 게 아니라… 평생 그렇게 살 거야?"

된통 당했다. 난 궁금한 게 있으면 책부터 찾아본다. 강의를 듣고 마음에 들면 강연자의 저서를 훑어본다. 이렇게 하다 보니 호기심이 발동하는 분야는 꽤 많은 책을 수집했다. 그 분야에 대해서는 신간도 꿰고 있다. 하지만 이런 독서가 결실로 이어진 것은 없다. 그냥 내가 삶을 즐기는 방식일 뿐이다. 한국에 돌아와서도 아들의 말이 머리에서 떠나지 않았다. 난 그동안 왜 독서를 한 거지? 정말 앎을 위한 독서였을까? 내게 쓰고자 하는 욕구는 없었나? 꼬리에 꼬리를 물고 질문이 이어졌다. 그렇게 자문하다가 어렴풋이 삶의 방향을 잡았다.

'내게 책 읽는 건 밥 먹는 것과 같아. 읽고 싶은 책은 계속 읽자. 또 글을 쓰자. 내가 생각하고 내가 바라보는 관점에 대해 글을 쓰자.'

『행복한 청소부』에 나오는 청소부는 나 같다. 이 책은 아이들에게 교육하기 위해 찾는 책이 아니라 내 행복을 확인하기 위해 찾는 책이다.

청소부 아저씨는 독일 거리의 표지판을 닦는다. 바흐 거리, 베토벤 거리, 하이든 거리, 모차르트 거리 등 예술가 거리의 표지판을 닦는데, 그 일을 매우 잘해 다른 사람들로부터 최고라고 인정받기도 하고 스스로 그 일을 아주 사랑해 자신의 인생에서 바꾸고 싶을 것이 없을 정도로 만족하는 삶을 사는 청소부다. 그러던 어느 날 엄마 손을 잡고 지나가던 한 아이가 표지판에 쓰인 '글루크'라는 글자를 보고 '글뤼크(행복)'를 잘못 쓴 것이 아니냐고 말한다. 아이의 엄마는 표지판

행복한 청소부
모니카 페트 글, 안토니 보라틴스키 그림,
김경연 옮김, 풀빛, 2000

의 글씨가 '글루크'라는 작곡가의 이름을 따서 쓴 것이라는 사실을 알려준다. 그 대화를 들은 청소부는 자신도 아이만큼 모른다는 사실을 알게 된다. 그때부터 청소부는 자신이 닦는 표지판의 예술가들을 공부해야겠다고 마음먹는다. 먼저 표지판의 음악가를 순서대로 써 놓고, 음악회, 오페라 공연 등을 찾아다녔다. 크리스마스에는 자신에게 레코드플레이어를 선물하고, 밤마다 아름다운 음악의 세계로 빠져들었다. 머릿속에 흐르는 가락을 휘파람으로 불고 가사까지 외워서 부를 수 있게 되자, 이번엔 작가들로 공부의 목표를 바꾸고 도서관에 드나들기 시작했다. 작품 속에서 모르는 말들을 만나면 이해할 때까지 반복해 읽으며 얻게 된 깨달음.

"아하! 말은 글로 쓰인 음악이구나. 아니면 음악이 그냥 말로 표현되지 않은 소리의 울림이거나."

청소부는 표지판을 닦으며 마음에 드는 시 구절을 읊조리고, 휘파람으로 오페라의 멜로디를 불며, 사람들에게 자신이 읽은 소설 이야기를 했다. 나이가 들어 할아버지가 되었어도 여전히 표지판을 닦았지만, 청소부에게 더욱 소중해진 이름들을 어루만지며 사람들에게 음악과 문학에 대해 강연을 펼쳤다. 이 강연을 들으러 오는 사람은 날이 갈수록 많아졌고 텔레비전 방송에도 출연했다. 네 곳의 대학에서 강연 초빙이 들어왔으나 청소부는 "나는 종일 표지판을 닦는 청소부입니다. 강연하는 건 오로지 나를 위해서랍니다. 나는 교수가 되고 싶지 않습니다"라며 거절한다.

이 책을 처음 만났을 때는 그리 호감이 가지 않았다. 그림도 예쁘지 않았고, 청소부라는 직업에 대해 아이들이 편견 없이 읽을 수 있을까 염려도 되었다. 그리고 결정적으로 '내가 청소부라면 교수 자리를 거절할 수 있었을까?' 하는 질문 앞에서 쉽게 답을 할 수가 없었다.

나이가 들고 세월이 흐르면 마음이 바뀌나 보다. 지금은 있는 그대로 이 책을 받아들인다. 무지를 깨닫고, 호기심을 발동시키고, 관심과 노력을 지속하며 공부를 해 전문가의 경지에 이르는 행복과 즐거움을 알기 때문이다. 이 책으로 진로 교육을 하거나 직업의식에 대한 교육의 자료로 활용하는 것보다는 '배움의 즐거움'으로 주제를 잡으면 훨씬 편하게 접근할 수 있다.

이제 나는 이 청소부의 삶을 지지하고 응원한다. 나이 들고 보니 남들에게 명예롭게 보이는 것보다 나의 소소한 행복과 즐거움이, 하고 싶은 일을 하는 것에서 오는 편안함이 주는 희열이 더 소중하다. 소위 '작지만 확실한 행복(소확행)'을 아는 사람만이 공유할 수 있는 감정이다. 분명 좀 더 젊었을 때의 나라면 교수직 제안에 흔들리는 청소부였을 것이다. 시험이나 학위, 승진하기 위한 공부가 아니고, 궁금해서 찾아보고, 좋아서 들춰보고, 머릿속에 떠나지 않아서 불러보고 낭송해보면, 특히 좋아하고 마음이 통하는 사람과 함께 해보면 그 기쁨은 말로 다 표현할 수 없다.

나는 요즘 식물에 빠져 있다. 언젠가 30년 지기 친구들과 강화 석모도에 간 적이 있다. 보문사 참배를 하고 눈썹바위까지 올라갔다가 내려오는 길에 대웅전 마당의 반대편 숲길로 접어들었다. 그 길은 짙은 녹음이 우거진 숲길에 드문드문 키 큰 소나무가 있어 그늘지고 시원했다. 그때 아주 향기로운 꽃 내음이 바람에 실려 왔다. 일행들은 이 향기가 어디서 나는 거냐며 두리번거렸는데 내가 "주변에 칡꽃이 피었나 보네"라고 하니 모두 깜짝 놀랐다. 그러다 보라색 꽃을 찾아 내 냄새를 맡은 친구들이 내게 어찌 알았느냐며 신기해했다.

또 한번은 그 일행과 성북동 간송미술관에 전시를 보고 나오다 땅으로 향한 하얀 때죽나무 꽃을 보고 감탄하기에 "이 나무 사촌은 쪽동백나무야. 꽃차례는 다른데 꽃 모양은 비슷해. 어? 저기 쪽동백이 있네. 비교해 봐"라고 하니 두 꽃을 비교하며 고개를 끄덕이다 "애, 서울 한복판에 사는 애 맞아? 뭐 이런 것까지 알고 있어?" 하며 모두 '와하하' 웃었다. 칭찬인지 타박인지 모를 말을 들었지만 이런 앎은 내 독서에서 나온 것들이다.

긍정과 환희로
가득 찬 삶

『리디아의 정원』

젊어서는 누가 화분을 주면 손사래 쳤다. 살아있는 생명이 내 손에 왔다가 말라비틀어지면 어쩌나 하는 걱정 때문이었다. 그렇게 떠난 화분의 수가 적잖았다. 그런데 마흔이 넘어서부터는 내 손을 거친 화분의 식물이 살아나기 시작했다. 아파트 단지에 굴러다니는 화분이나 버려진 식물을 데려와 가족으로 들였다. 베란다와 거실은 식물들의 차지가 되고, 사람들의 공간은 자꾸 좁아져 갔다. 2002년부터 기른 테이블 야자는 기르고 있는 식물 중에 최장수 식물이다. 조그만 화분에서 자라던 테이블 야자는 그동안 쑥쑥 자라 식탁 옆 부엌을 가려주는 가림막처럼 떡 하니 버티고 서 있다. 15년이 넘게 식물을 길러 보니, 식물에 대해 아는 척도 하고, 혼자서 분갈이는 물론 가지치기와 잘라낸 가지를 뿌리내려 옮겨 심는 것도 거뜬하다.

식물에 애정이 커질수록 식물에 관한 책도 본능적으로 살펴보게 된다. 야생화, 우리 나무, 거목에 관한 책은 물론이고, 그림책도 나무 이야기라면 장바구니에 습관적으로 넣는다. 그렇게 만난 책 중 단연 최고의 그림책은 『리디아의 정원』이다. 꽤 오래전에 만난 책이지만, 지금도 이 책을 펼치면 저절로 미소가 번지고, 리디아가 내 옆에서 조잘거리는 듯한 착각을 일으킨다. 세월이 흘러 나는 중년을 훌쩍 넘어섰는데, 리디아는 처음 만난 그 모습 그대로 내게 싱싱한 활력과 위로를 준다. 종종 읽을수록 힘이 나는 그림책을 만나는데 이 책도 그런 책 중 한 권이다.

꽃을 사랑하는 소녀 리디아는 대공황기에 부모님이 직장을 잃어 어쩔 수 없이 외삼촌 댁으로 가야 했다. 외삼촌 댁으로 더부살이를 하기 위해 짐을 싸는 장면에서 이야기는 시작되어 11개월간의 더부살이를 끝내고 외삼촌과 아쉬운 이별의 포옹을 하는 장면으로 끝이 난다. 더부살이하는 동안 리디아는 한 번도 자신의 처지를 비관하거나 슬퍼하지 않는다. 어려운 상황에서도 리디아는 언제나 긍정적인 태도로 산다. 환희와 적극성이 넘치는 에너지 가득한 리디아를 어찌 사랑하지 않을 수 있을까!

리디아는 대도시에 있는 외삼촌 집에서 학교를 다니고, 빵집 일을 거들고, 식물을 가꾸고, 정원을 만들었다. 엠마 아줌마에게 빵 만드는 법을 배우는 것도, 식물의 라틴어 명칭을 가르치는 것도 너무 즐겁고 신나기만 했다. 가장 즐거웠던 순간은 비밀 공간을 발견한 순간이었다. 외삼촌 집의 옥상은 쓰레기가 쌓여 있고 지저분했다. 그 공간에서 리디아는 외삼촌이 웃을 만한 계획을 꾸몄다. 바로 옥상을 꽃이 가득한 정원으로 탈바꿈하는 것이었다. 꽃으로 가득한 옥상을 본 외삼촌은 감격했고, 그날 아빠가 직장을 얻었다는 기쁜 소식도 날아왔다.

삶의 긍정, 지금 여기에 집중하는 삶, 내 삶의 주인공으로 사는 삶… 누구나 이런 삶을 꿈꾼다. 하지만 많은 것들에 치여 나를 잃어버리는 순간이 많다. 번쩍번쩍 빛을 내며 자신의 존재를 알리는 스마트폰과 각종 미디어, 자존감이 형성되기도 전에 학습과 경쟁으로 내몰린 아이들…. 세상 걱정 없어 보이는 어린이들에게도 나 자신으로 살지 못하는 이유를 대라고 하면 수도 없이 튀어나온다. 인생의 전쟁을 치르고 있는 성인들이야 오죽할까! 어렵고 힘든 상황에서도 끊임없이 뿜어져 나오는 리디아의 에너지가 몹시 부럽다.

비밀의 열쇠를 풀어가는 것처럼 한동안 리디아에게 집중한 적이 있다. 무엇이 리디아를 긍정의 전사처럼 만드는지 추적했다. 우선 거기에는 '사랑'이 있었다. 가족의 사랑과 믿음, 특히 같은 원예사를 자처하는 할머니의 지지는 리디아에게 큰 힘이 되었다. 할머니의 지지

리디아의 정원
사라 스튜어트 글, 데이비드 스몰 그림, 이복희 옮김, 시공주니어, 2017

는 삭막한 대도시 생활에서 원예로 주변을 변화시키는 활력이자, 관계를 맺어가는 원동력이었다. 둘째는 늘 잃지 않는 '유머'다. 리디아와 헤어지기 전날 울다가도 외삼촌을 떠올리며 웃음을 터뜨리는 가족, 웃지 않는 외삼촌을 위해 특별한 계획을 세우는 리디아. 웃음은 상황을 가볍게 만들어주고 마음을 열게 한다. 마지막으로 리디아의 '적극성'이다. 리디아는 자신이 잘하는 것을 유감없이 발휘하고 부족한 것을 배우는 태도를 지니고 있었다.

아이들과 함께 이 책을 읽으면서 리디아의 긍정적인 태도와 나의 태도를 비교해봐도 좋은 공부가 된다. 리디아처럼 주변에 긍정적인 변화를 만들어내는 일이 나도 가능할까? 나도 리디아처럼 진실하게 관계를 맺을 수 있을까? 이런저런 생각을 해보면 앞으로 삶을 살아가는 태도에 영향을 받을 수 있다. 이 책을 보는 내내 아이들의 얼굴은 밝다. 리디아가 대도시에 도착했을 때의 짙은 회색 장면, 외삼촌의 굳은 표정을 따라 아이들의 표정도 굳어 있다가 리디아가 등장하면 함께 밝아진다. 어떤 순간에도 긍정적인 리디아를 보면서 아이들은 자신이 누리고 있는 삶이 행복하다는 것을, 앞으로 더 긍정적으로 살아도 된다는 것을 깨닫게 된다. 그리고 리디아가 집으로 돌아간다는 사실에 안도한다.

리디아의 긍정성은 자기 삶의 주인공으로 살고자 하는 태도에서 나왔다. 내게 닥친 절망을 외면하지 않고 긍정적으로 받아들이고 누군가를 탓하거나 회피하며 주춤거리지 않고 당당하게 사는 리디아를 보면서 오늘도 고개를 끄덕이고 배우게 된다.

원예는 치유의 힘이 있다. 뭔가 싹이 트고 성장하는 모습을 보는 건 참 행복한 일이다. 그 성장을 내가 돕고 있다면, 내 관심과 사랑으로 생명이 자라는 것을 확인하면, 마음에도 변화가 일어난다. 세상에 하찮은 생명이란 없으며 귀하지 않은 생명이 없다는 것을 경험하게 된다. 그리고 독촉하지 않아도 때가 되면 잎이 돋아나고 꽃이 피는 것을 보면서 '나는 내 삶을 성장시키고 있는지, 내 삶을 꽃피우고 있는지, 내 삶의 주인공은 나인지'를 생각하게 한다. 이것은 식물을 가꾸며 수없이 내게 던지는 질문이다.

왜 이러고
살아야 하지?

『돼지책』

    토요일, 일요일에는 주로 혼자 지낸다. 토요일은 모임을 다녀와 책을 읽고 낮잠도 자며 휴식을 취하지만 나머지 하루는 오롯이 가정주부로 보낸다. 반찬 두어 가지 정도 해놓고, 청소하고, 거실과 베란다에 있는 화분에 물 주고, 장을 보고, 마지막으로 셔츠를 다림질해 놓는다. 1년 내내 남편의 셔츠를 다림질하는데, 일주일에 기본적으로 다섯 개 이상 나온다. 다른 집안일들은 무심결에 하는데 셔츠를 다릴 때면 자꾸 내가 '우렁각시인가?' 하는 생각이 든다. '남편은 좋겠네. 입고 벗어놓기만 하면 되니' 하는 생각에 입이 삐쭉 나온다.

    제사, 명절과 같은 집안일도 모두 맏며느리에 외며느리인 내 몫이다. 혼자서 이것저것 하다 보면 시간은 빨리 흐르고 일의 진척도 더

돼지책
앤서니 브라운 지음, 허은미 옮김, 웅진주니어, 2001

다. 어느 때부턴가 무릎과 손목, 발목도 시큰거려 서서 일하는 것도, 움직이는 것도, 뭔가를 들어 올리는 것도 힘들고 버겁다. 저녁에 좀 쉬려고 소파에 앉으면 발이 퉁퉁 부어 있다. '왜 이래야 하지?' 화가 나다가도 '나 혼자 고생하면 다른 사람이 편하잖아' 하면서 마음을 돌린다.

앤서니 브라운의 『돼지책』을 보면 나만 그런 것도 아니고, 우리나라만 그런 것도 아니라는 생각이 든다. 위로 아닌 위로를 받았다고 할까. 책에서 피곳 씨 가족이 변화를 받아들였듯이 우리도 변해야 한다.

『돼지책』은 수업시간에 많이 활용한 책이다. 실과 교과의 '가족과 가정생활' 단원과 연결 지어 가사분담에 대한 문제 제기나 심화학습에 활용하기 좋은 책이다. 그리고 가정의 달 5월이 되면 '우리 집에서 부모님의 노고에 대한 나의 행동은 어떤가?' 점검할 때도 이 책을 읽는다. 그림책이 사회적 이야기를 다루는 것이 오래전의 내게는 익숙한 것이 아니었지만, 이 책이 던지는 질문은 많은 생각을 하게 만든다. 그러면서 이 책은 시종일관 유머를 잃지 않고 있다. 그림의 변화를 찾아가는 즐거움이 정말 컸다. 이 책을 처음 읽을 때는 그림의 변화를 금방 알아채지 못했다. 주변의 많은 것이 변하고 나서야 '도대체 어디부터 변한 거야?' '언제부터 주인공이 돼지로 변할 준비를 시킨 거지?' 하며 처음으로 돌아가 그림 변화를 중심으로 다시 읽었다. 이 책이 텍스트와 삽화식 그림만으로 만들어진 책이라면 지금과 같은 재미를 주지 못했을 것이다.

책의 표지를 안 짚고 넘어갈 수 없다. 제목은 아주 역설적이게도 사람을 그려놓고 '돼지책'이라고 붙였다. 가장자리를 액자 틀로 처리한 그림은 엄마의 등 위로 아빠와 두 아들이 올라타고 아주 행복한 미소를 짓고 있는 장면이다. 하지만 제일 아래 엄마의 표정이 아주 의미심장하다.

표지를 보고 '우리는 평소에 돼지를 어떻게 생각했을까?' '작가는 왜 제목을 돼지책이라고 지었을까?' '엄마는 지금 어떤 기분일까?'

'아빠와 아이들은 엄마가 어떤 표정인지 알고 있을까?' 등의 질문을 던지며 대화를 나누면 책이 말하고자 하는 주제에 깊이 들어갈 수 있다.

  속표지에 나온 분홍 꽃돼지는 날개가 달려 있고 공중으로 날아가고 있다. 날아가는 돼지를 보면 책에 나오는 이야기가 진실인가, 아닌가 의심하게 되고 날아가는 돼지가 누군지 생각하게 된다.

  피곳 씨와 그의 아들 사이먼과 패트릭은 아주 중요한 회사와 학교에 다니기 때문에 집안일은 아무것도 하지 않고 늘 엄마에게 밥을 달라고 요구한다. 그리고 식사가 끝나면 텔레비전 앞으로 가서 휴식시간을 갖는다. 엄마는 아침이면 남편과 아이들을 보내고 설거지하고, 침대 정리하고, 바닥 청소를 한 후에 일을 하러 나선다. 남편과 아이들이 저녁 식사를 하고 쉬면 엄마는 설거지하고, 빨래하고, 다림질하고, 조금 더 음식을 만든다. 이런 반복적인 일상들이 되풀이되던 어느 날, "너희들은 돼지야"라고 쓴 편지만 남겨 놓고 엄마는 집을 나갔다. 그때부터 피곳 씨와 아들들은 직접 밥을 해 먹어야 했다. 시간은 오래 걸리고, 맛은 끔찍했다. 시간이 지날수록 집안은 완전히 돼지우리로 변했다. 굶주린 채 먹을 것을 찾아 헤매던 날, 엄마가 돌아왔다. 피곳씨와 아들들은 "미안해요", "잘못했어요" 하며 엄마에게 용서를 빈다.

  묵묵히 집안일을 하는 엄마의 얼굴에는 표정이 없다. 작가는 엄마가 일하는 장면은 만화처럼 구성해 보여주면서 갈색톤으로 칙칙하게 그렸다. 엄마가 편지를 남기고 집을 떠났다가 돌아온 날, 용서를 비는 남편과 아이들을 보면서 정면을 향한 엄마의 얼굴에 다채로운 색감이 깔려 있다. 반성한 남편과 아이들이 가사분담을 할 때 엄마는 여유롭게 좋아하는 일을 하면서 행복한 미소를 짓는다. 처음으로 엄마가 보인 표정이다.

처음에 피곳 씨네 가족은 멋진 집과 정원과 차가 있는 부유한 집이라고 소개했으나, 엄마가 혼자 집안일을 하고 가족들이 대화를 나누거나 협력하는 모습은 보이지 않았다. 온 가족이 함께 있는 모습은 없고, 따스한 온정이 오가는 일상적인 가정의 모습이 아니었다. 회사에 다녀온 남편은 "어이, 아줌마 빨리 밥 줘"라고 재촉할 뿐이다. 식당에서 음식이 늦게 나와 재촉하는 손님의 모습과 다를 바 없다.

엄마가 집을 나간 후 돼지로 변한 피곳 씨와 아들들의 모습은 작가의 생각을 효과적으로 전달한다. 앤서니 브라운은 "가족이라면 이러이러해야 한다"라고 말로 설명하지 않는다. 그저 인물들의 행동과 상징으로 보여줄 뿐이다. 가사에 동참하지 않는 사람이 보면 아주 불편해지는 그림책이다.

이야기가 끝나고 나서도 많은 질문이 떠오른다. '왜 이 가정에는 대화가 사라졌을까?' '피곳 부인은 왜 참고만 있었을까?' '이 가정에서 힘든 사람은 엄마뿐이었을까?' '각자 할 일을 찾은 피곳 씨네 가족

은 행복해졌을까?' '그렇지 못했을 때는 불행하기만 했을까?'

　책과 조금 거리를 두고 보아도 다채로운 관점에서 생각할 거리가 많이 있다. 질문을 파고들면 나를 돌아보고 우리 가족, 우리 사회의 모습까지 돌아볼 수 있게 된다.

　재작년 7월에 아들을 본 남자 조카가 있다. 회사 다니는 조카는 아들을 보러 '칼퇴'한다고 했다. 아이 엄마는 소위 '독박육아' 중이다. 이 부부는 하루가 다르게 커가는 아기 모습을 보면서 행복해하고, 그 사진이 휴대전화 메신저를 통해 내게도 날아온다. 나를 이모할머니로 만든 고 녀석을 보면 흐뭇한 미소를 짓고 넋 나간 듯 바라보게 된다. 요즘 조카는 아내에게 저녁 두 시간 자유시간을 주어 운동할 수 있게 했다고 한다. 참 기특한 남편이고 아빠구나 싶다. 어느새 조카의 마음이 이렇게 어른스럽게 성장했는지 고마울 뿐이다. 다음에 보면 등이라도 두드려 줘야겠다.

　남편도 요즘 조금씩 변하고 있다. 명절이나 기일이 되면 병풍, 돗자리, 제기 등 뒷정리는 물론이고 설거지도 담당하고 있다. 지난 1월 시조부모님 기일에 시어머니와 시숙부 두 분도 오셨다. 뒷정리하고 소파에 다리를 올리는데 퉁퉁 부어 올려지지 않아 손으로 끌어 올렸다. 그 모습을 지켜보던 남편이 불쑥 한마디 한다.

　"자기는 나를 너무 사랑하는구나!"

"뜬금없이 무슨 말이래?"

"나를 얼마나 좋아하면 그렇게 힘든 일을 마다하지 않고 하겠어?"

"참나, 그냥 '고생했다' 하셔."

대화를 나누다 한참 동안 웃었다. 평소에 표현과 내색 없는 사람이 돌려서라도 말해 주니 피로가 확 달아났다.

얼마나 내 인생을 사랑하는가

『강아지똥』

'어이쿠, 이를 어쩌나?'

아침신문을 보던 나는 권정생 선생의 타계 소식에 비탄의 소리가 툭 튀어나왔다. 초등교육에 몸담고 있는 내게는 퍽 친숙한 인물, 한 번도 뵙지 못했으나 그냥 알고 있는 것처럼 느껴지는 분이었는데 유명을 달리했다는 소식에 가슴이 철렁 내려앉았다. 더 오래 우리 곁에 남아 정신적 지주 역할을 해줘야 하는데 너무 서둘러 가셨다는 생각이 들었다. 일부러 책꽂이에서 『강아지똥』을 꺼내 가방에 넣고 서둘러 출근했다. 버스 안에서 내내 '좋은 곳으로 가셨을 거야. 영혼의 안식을 얻으셨을 거야' 기도 아닌 기도를 했다.

그때 나는 그림책에 푹 빠져 있지 않았다. 그림책이라고는 아들이 어렸을 때 세트로 사서 읽어준 것이 다였다. 그러다가 도덕 수업이나 국어 수업에 그림책을 활용할 수 있다는 것을 알게 되면서 몇 권 사서 가지고 있었을 뿐이다. 그 몇 권의 그림책 중 한 권이 바로 『강아지똥』이었다. 그러니까 내 그림책 수집기의 초창기 작품이라 할 수 있겠다.

그날 1교시에 아이들과 함께 권정생 작가를 추모하는 시간을 가졌다. 그가 어떤 삶을 살아왔는지, 어떤 생활철학이 있었는지, 어떤 작품을 쓰고자 했는지 이야기하고, 그의 작고를 알렸다. 권정생 작가에 대해 알고 있는 아이는 얼마 되지 않았지만, 시종 엄숙한 분위기로 아이들은 수업에 임했다. 그러다 『강아지똥』을 꺼내자 몇몇 아이들은 알고 있다는 듯 미소를 지었다. 그날 읽은 책은 선생의 가시는 길에 우리 아이들이 보내는 애도사였다. 그 어느 때보다 내 마음은 무거웠고 아이들 역시 권정생의 삶을 오롯이 느끼는 시간이었을 것이다.

『강아지똥』은 원래 권정생 작가가 단편소설로 발표한 작품이었는데 정승각 화가를 만나 그림책으로 새롭게 탄생했다. 앞뒤 면지는 같은 그림이 그려져 있는데, 처음에 볼 때는 어떤 의미를 지니고 있는지 이해하지 못했다. 검은색 바탕에 색색의 빛나는 점들이 흩뿌려진 그림은 밤하늘의 별 무리 같기도 하고, 추상화 같기도 했다. 이야기를 다 읽고 나서 다시 면지를 펼치고 물끄러미 바라보며 자신에게 물

었다. '넌 이토록 간절하게 스며들려고 노력한 적이 있니?'

첫 장에는 양쪽이 돌담으로 이루어진 골목길이 나온다. 길에 비친 나무 그림자는 잎이 하나도 없이 앙상하다. 깊은 가을이다. 골목길 구석에서 강아지 흰둥이가 김이 모락모락 나는 똥을 생산하고 있다. 세상에 나온 강아지똥은 자신이 누구라고 깨닫기도 전에 참새와 흙덩이에게 멸시를 당한다. "똥! 똥! 에그 더러워." "넌 똥 중에서도 가장 더러운 개똥이야!" 강아지똥은 자신이 하찮은 존재임을 알고 슬픔에 잠긴다. "난 더러운 똥인데, 어떻게 착하게 살 수 있을까? 아무 짝에도 쓸 수 없을 텐데…." 봄비가 주룩주룩 내리는 날, 강아지똥은 민들레를 만난다. "네 몸뚱이를 고스란히 녹여 내 몸속으로 들어와야 해. 그래야만 별처럼 고운 꽃이 핀단다." 강아지똥은 기뻐하며 민들레 싹을 힘껏 껴안는다. 몸을 잘디잘게 부수어 땅속으로 스며들고 노란 민들레꽃이 피어난다. 강아지똥의 눈물겨운 사랑이 꽃으로 피어난 것이다.

강아지똥이 참새, 흙덩이, 병아리를 만난 후 자신이 더럽고 쓸모없고 하찮은 존재라는 것을 알게 되고 '난 더러운 똥인데 어떻게 착하게 살 수 있을까?' 하며 한탄하던 장면을 볼 때는 가슴이 먹먹해진다. '넌 이렇고 이래.' 사람들의 평가를 듣고, 내 능력의 한계를 온몸으로 느낀 날이면 몸이 물먹은 솜처럼 무겁고 한 걸음 떼는 것도 버거운 날들이 있었다. 그런 뼈아픈 내 한계를 직면한 순간, 끝 모를 바닥으

강아지똥
권정생 글, 정승각 그림, 길벗어린이, 1996

로 추락하는 순간, 나는 도대체 어떤 선택을 할 수 있을까. 차라리 주저앉고 외면하는 것이 쉬워 보이는 순간에 강아지똥은 삶의 방향을 찾고 용기를 내어 자신을 산산이 부순다. 마치 내게 하고 싶은 일이 있으면 온몸은 물론 영혼까지 던지라고 주문하는 것 같다. 그러면서 내게 질문을 던진다. '네 인생을 사랑하고, 최선을 다하고 있니?'

몇 해 전 학고재에서 주관한 유홍준의 '한국 미술사 강의'를 조계사에서 들은 적이 있다. 일주일에 한 번씩 가을에 시작한 강의가 제법 쌀쌀해진 12월 말이 되어서 끝났다. 겨울방학이 되자마자 『한국 미술사 강의』(눌와) 세 권을 차분하게 읽고 남편과 함께 안동 지역에 있는 통일신라 시대 전탑을 보러 갔다. 『한국 미술사 강의』 2권에 나온 전탑의 사진을 보니 생소하고 직접 보고 싶은 마음이 들었다.

안동역의 동부동(전 법림사 터)에 있는 오층전탑(통일신라, 국보 187호)을 시작으로 가까운 곳을 다 돌고 마지막으로 조탑동의 오층전탑(통일신라, 보물 57호)을 보러 갔다. 이 오층전탑의 1층 감실에 수호신이 새겨져 있는데, 그 수호신이 민화나 장승처럼 지방색이 드러나는 특징이 있다고 해서 실제로 보고 싶었다. 그런데 아뿔싸, 이 전탑은 해체 수리 중인 것이 아닌가. 사방이 가림막으로 막혀 있고, 아무리 빙글빙글 돌아도 볼 수 있는 것은 가림막에 인쇄된 전탑의 사진뿐이었다. 실망한 마음을 잔뜩 안고 돌아 나오는데 표지판 하나가 눈에 들어왔다. '권정생 생가.' 순간 실망한 마음은 온데간데없고 흥분으로 가슴이 마구 뛰기 시작했다.

권정생 선생이 살던 다섯 평의 집. 그 초라한 집을 방문해 한 칸 찢어진 문틈을 들여다보니, 조그만 상 위에 선생이 지그시 내다보고 있었다. 눈물이 왈칵 쏟아졌다. 그 소박한 삶의 터전이 마음 아프게 다가왔다. 자연을 사랑하고 평화를 사랑하고 아이들을 사랑했던 선생의 큰 사랑과 조촐한 삶이 대조를 이루며 많은 이야기를 하고 있었다. 언젠가 공사를 마치고 우뚝 서 있는 조탑동 오층전탑과 더 낡고 쇠락해 있겠지만 정신은 더 형형하게 빛나는 권정생 선생의 생가를 다시 보러 와야겠다는 생각했다. 그 다짐은 아직 지켜지지 않았지만, 올해는 볕 좋은 날 꼭 실천할 생각이다.

꼬마가 걸었던
외로운 그 길

『까마귀 소년』

2005년에 처음으로 독서 치료를 접했다. 독서 치료 연수를 받고 관련 책을 읽으면서 책으로도 아이들 마음을 보듬어줄 수 있다는 것이 흥미로웠다. 독서 치료는 문학작품을 읽고 등장인물과 자신을 동일시하고 카타르시스를 경험하며 통찰하는 과정이다. 학급 아이들을 대상으로 하면 좋을 것 같았으나 연수를 받았다고 성큼 시작하는 것은 무리였다. 심리학에 대한 이해가 깊지 않았고, 자연스레 나오는 공감적 대화를 나눌 자신이 없었다. 대신 상담에 쓰면 좋은 그림책 목록을 정리하고 한 권 한 권 모으며 아이들에게 읽어주었다. 그렇게 그림책과 안면을 텄다. 그림책을 모으며 찬찬히 읽다 보니 그림책은 아이들만 읽는 책이 아니었고, 그림책의 다양한 주제는 전방위 교육에 활용하기 좋다는 걸 알게 되었다.

그즈음에 만난 책이 야시마 타로의 『까마귀 소년』이다. 1956년에 칼데콧 상을 받은, 아주 나이 많은 작품이다. 야시마 타로는 일본 작가로 반군국주의 활동을 하다 1939년에 미국으로 건너갔다. 그는 칼데콧 상을 세 번이나 수상했는데, 이 책은 두 번째로 수상한 작품이다. 오래된 작품이지만 주인공이 처한 교실 안의 문제가 오늘날에도 그대로 반복되고 있어서 그렇게 오래된 책으로 느껴지지 않는다.

나만 그런지 모르겠으나 책 표지의 느낌은 편하지 않다. 아름답지도, 부드럽지도 않다. 왜 그렇게 불편한 느낌이 드는지 오랜 시간 생각했는데 요즘에 들어서야 표지의 그림이 정서적으로 다가온다. 표지에는 까마귀 소년이 학예회에서 '고목 나무에 앉아 있는 까마귀' 소리를 흉내 냈던 모습이 그려져 있다. 주변에 아무도 없고 삶의 찬가도 사라진 외롭고 고독한 까마귀의 처연한 소리를 흉내 내던 때의 모습이다. 소년은 인생을 달관한 듯한 그 까마귀에게 깊이 공감했을 것이다. 소년이 바로 그 외롭고 고독한 까마귀였으니까.

초등학교 3학년 때까지 시골에 살아 아이 걸음으로 한 시간 이상 걸리는 등하굣길을 경험했던 내게 골짜기에 사는 주인공의 등하굣길이 예사롭지 않게 다가왔다. 아이는 삭막한 숲길을 늘 혼자 다녔다. 숲에서 계절이 변하고 날씨가 변하고 동물과 식물이 자라는 모습

까마귀 소년
아시마 타로 지음, 윤구병 옮김, 비룡소, 1996

을 지켜보면서 자연의 심성을 배웠으리라. 시간 맞춰 등교하려면 겨울에는 캄캄한 새벽길을 걷고, 비가 오는 여름철에는 도롱이를 입고 불어나는 물길을 피하며 타박타박 걸어야 했을 것이다. 아이는 어떤 마음이었을까. 여덟 살 꼬마의 어린 몸으로 그 길이 익숙해지기까지 얼마나 무서웠을까. 얼마나 여러 차례 심장이 오그라드는 경험을 했을까. 얼마나 깊은 한숨을 토해냈을까. 아이의 외로움과 두려움이 내게 고스란히 전해졌다.

늘 혼자인 아이는 다른 아이와 소통하는 것이 두려웠다. 건물 아래 그늘진 곳에 숨고, 학습활동에 참여하지도 못했다. 아이들을 무서워하고 늘 꼴찌라서 외톨이였던 땅꼬마. 누군가와 마주치는 것이 두려워 천장, 책상, 앞 사람 옷, 창문 밖을 보면서 나름의 시간을 보냈다.

남들이 다 징그러워하는 벌레까지도 세세하게 들여다보았다. 그럴수록 아이들은 강도를 높여 "바보, 멍청이"라고 놀렸다. 6학년이 되어 이소베 선생을 만나기 전까지 아이는 교실에서 투명인간이었다. 이소베 선생은 아이와 함께 뒷산을 걸으며 아이가 들려주는 이야기에 감탄하고, 아이가 능숙하게 꽃밭을 가꾸고 꽃을 설명하는 모습에 놀라워했다. 학예회 날, 이소베 선생은 아이가 어떻게 6년간 학교를 빠지지 않고 다녔는지, 그 등굣길이 얼마나 먼 길인지 학급 아이들에게 들려주었다. 그리고 아이는 무대에 올라 까마귀 소리를 흉내 냈다. 방금 태어난 까마귀, 아버지와 어머니 까마귀, 기뻤을 때, 슬펐을 때, 즐거웠을 때, 행복했을 때 까마귀가 어떻게 소리 내는지 똑같이 흉내를 냈다. 마지막으로 고목 나무에 앉아 우는 까마귀 흉내를 냈는데 그 소리는 모두의 마음을 먼먼 산자락으로 인도해 타박타박 걸어오는 아이의 모습이 떠오르게 했다. 그 후 아이는 '까마둥이'란 말을 들으면 좋아했고 그가 가는 길에선 행복한 까마귀 소리가 났다.

처음에 이 책을 읽었을 때 가장 가슴에 와닿은 것은 이소베 선생이었다. 이소베 선생처럼 나도 아이를 제대로 살펴주고 알아봐 주는 교사일까를 되돌아보게 했다. 그래서 선생이 등장하는 책은 불편하다. 좋은 선생이든 나쁜 선생이든 내 모습이 오버랩되어 나를 공격하기 때문이다. 5년의 길고 긴 터널에서 아이를 나오게 해준 이소베 선생의 자상함을 눈 씻고 보아도 내게서는 찾기 어려웠다. 책을 반복해 읽으며 채찍질하듯 따뜻한 교사상, 세심한 배려의 교사상을 기르고자 했다. 학급에서 아이들이 친구 문제로 고민할 때도 이 책이 제일 먼저 떠올랐다. 아이들에게 이 책을 읽어주며 따돌림에 대해, 외톨이와 놀림에 대해 생각해보고 공감하는 수업을 하곤 했다.

그런데 언제부터인지 오롯이 이 까마귀 소년의 모습만 보인다. 그가 다녔던 숲길, 때론 두려움을 주기도 하지만 신비함을 보여주었던 숲과 그 속에서 그대로 자연의 한 부분이었을 조그만 아이가 떠오른다. 혼자 걸으면서 대화를 주고받았던 친근한 자연과 급변하는 모습을 보여주며 위협했을 자연 속을 6년간 하루도 빠짐없이 다니면서 했을 고생이 눈에 선하다.

처음 보는 아이라고 곁을 내주지 않는 친구들과 스스로 다가가지 못하는 소극적이고 열등한 내면을 지닌 아이는 어쩌면 정도의 차이는 있겠지만 내 모습이었다. 마을에는 내 또래의 여자친구가 없었다. 그 긴 등하굣길은 오로지 나 혼자 다니는 길이었다. 세월아, 네월아 하면서 딴 길로 빠져 오디와 산딸기 등을 따 먹으며 놀기도 했지만, 문둥이 이야기가 친구들 사이에 돌면 그 길이 얼마나 무서웠는지 모른다. 그리고 머리는 얼마나 아둔한지 한글을 깨친 것도, 구구단을 외운 것도 지금 생각해보면 신기할 따름이다. 가끔 나머지 수업이라도 하고 오는 날이면 지나가는 사람 한 명 없는, 하얗기만 하던 그 길이 참 무서웠다. 그래서일까. 이 까마귀 소년이 마음 한곳에 웅크리고 있던 내 모습의 일부로 보인다. 이소베 선생을 만나고 응원과 지지를 받는다는 것이 얼마나 행복한 일이었을지, 얼마나 환희에 찬 세상이었을지 조금은 알 것 같다.

> 생각 너머 생각

진솔한 글쓰기로 성장한 어린이 작가들
그림책 만들기 프로젝트

 2년 전 여름, '꼬마 작가 되기' 연수를 받으며 '우리 학급 아이들도 가능하지 않을까?' 하는 생각에 여름방학 내내 글쓰기와 그림책 만들기에 관련된 책을 찾아 공부했다. 색채 심리까지 공부하고 나서야 새로운 일을 시작할 용기가 났다.
 2학기가 시작되고 첫 수업에 '나를 아는 것이 글쓰기의 출발선'임을 말하며 내가 가장 잘 쓸 수 있는 글은 내가 잘 아는 내용이고, 그 내용은 자신과 관련된 일임을 강조했다. 그림책 만들기는 창의적 표현 활동이니 미술 시간을 활용하기로 했다.
 서사의 시작은 '나'에서 출발했다. '나의 상징'을 찾아 공통점을 표현하는 활동으로 아이들은 다양한 생각과 기지를 발휘했다. 마인드맵으로 자신의 장단점을 최대한 나열해보고 그림책 출판 계획서를 작성했다. 또 별자리로 성격과 궁합을 보며 캐릭터 설정을 고민하고 성격에 따른 주인공의 말투와 표정 등을 공부했다. 아이들은 다섯 번의 이야기 수정 과정을 거쳐 나만의 이야기를 완성했다. 그리고 손톱 스케치(섬네일 스케치)를 작성했다.

손톱스케치 작성부터 작품 완성까지

　손톱스케치가 계획안이라면 더미북 만들기는 그 계획을 실제처럼 만들어서 글과 그림을 세세히 검토하고 최종적으로 수정하는 실험 과정이다. 손톱스케치는 B4용지로 인쇄해 이야기를 장면에 따라 나누고 그림을 구안했다. 그림 위치와 서사 위치를 정하고 그림을 그려 넣으면 손톱스케치가 완성된다. 다음은 더미북을 만드는데 B4용지를 가로로 반 접어 풀로 이어 붙여 만들고, 그림은 연필로 그려 색칠하지 않고 완성했다.

　11월이 되자 몇몇 친구들은 완성본 만들기로 옮겨갔다. 완성본 만들기는 더미북과는 비교할 수 없이 힘든 일이었다. 두꺼운 8절 미술용지의 가운데를 송곳으로 살짝 눌러 접은 다음 양면테이프로 가장자리 네 면을 붙이고 다음 장을 올려 만들었다. 책이 완성된 순서대로 '2017-601-00'과 같이 등록 번호를 부여하고, 원하는 색으로 표지를 만들고 작가 소개와 출판 정보를 기록하게 했다. 표지와 책등, 바코드까지 완성하고 뒤표지에 담임의 추천사를 넣어 마무리했다.

　추천사를 쓰기 위해 아이들 작품을 읽을 때마다 가슴이 물결쳤다. 교실에서 소소하게 졸업 기념 작품 전시회를 하려다가 학부모를 초대해 도서관에서 진행하는 출판기념회로 바꾸고, 여기에 그림책에 관심 있는 선생님들까지 초대했다.

전시회 및 출판기념회

아이들에게 '나를 치유하는 글쓰기'를 강조했지만, 초등학생이 정말 내면을 드러내는 글쓰기가 가능할지는 의문이었다. 그런데 아이들은 자신을 진솔하게 드러내는 글쓰기로 상처를 극복하고 있었다. 글로 마음의 무게를 덜어내고 스스로 방법을 찾는 과정을 지켜보는 것은 실로 벅찬 감동이었다.

완성 작품은 아침 시간에 함께 읽었다. 작품을 완성한 성취감을 맛본 아이들은 한 권씩 읽어나갈 때마다 감탄하고 서로의 작품을 응원했다. 처음에는 '정말 다 해낼 수 있을까?' 걱정했으나 이 프로젝트로 단 한 사람이라도 자신감을 얻고 위로를 받아 삶이 변한다면 가치 있는 일이라고 생각하면서 힘을 냈다. 아이들은 자존감을 주제로 한 이야기, 옛이야기 서사 구조를 활용한 이야기, 가족 관계를 다룬 이야기, 시사를 다룬 이야기, 자신의 습관을 담은 이야기 등 다양한 주제로 자신을 드러냈다.

그해 12월 학부모를 초대해 출판기념회를 진행했다. 아이들은 어린이 작가로서 소감을 말하고 어른들의 질문에도 멋지게 대답했다. 오후에는 다른 학교 선생님들과 당시 내가 참여하고 있던 '그림책 읽는 어른' 프로그램의 운영자 김은미 마음성장학교 대표가 방문해 늦은 시간까지 작품을 감상했다. 관객들은 작품마다 독특한 매력이 있고 세심하게 신경을 쓴 흔적이 보인다며 감탄했다.

광장에서 이룬 꿈
지영주 지음, 2017

영주의 『광장에서 이룬 꿈』

유대인 학살을 은유적으로 표현한 『갈색 아침』을 읽은 날, 영주는 하루 종일 칠판 앞에 올려놓은 이 책 주위를 서성거렸다. 그날 책의 감동에 대해 이야기한 영주의 일기 마지막에는 이런 문구가 쓰여 있었다. "나도 이런 작품을 쓰고 싶다."

그림책 만들기 프로젝트에서 영주는 『광장에서 이룬 꿈』이라는 작품을 완성했다. 이 작품은 2016년 가을부터 2017년 3월까지 매주 토요일 광화문 광장에서 진행됐던 촛불집회를 소재로 한 것이다. 스토리를 단숨에 쓰고 스토리보드를 작성하고 더미북을 거쳐 완성본으로 가는 4개월 내내 쉬는 시간마다 영주의 손에는 자신의 그림책이 들려 있었다. 벌떼같이 모여든 사람들의 함성을 담아내느라 고심하고 고심하며 한 장 한 장 채워나갔다. 난 그 과정을 바라보면서 전율

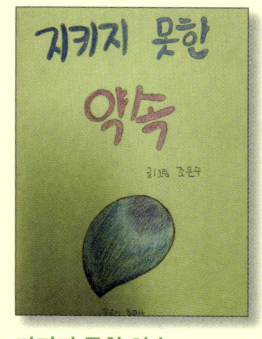 

지키지 못한 약속
조은수 지음, 2018

했다. 영주가 『갈색 아침』의 경고를 고스란히 받아들이고, 이를 작품으로 변화시키는 과정은 실로 감동적이었다.

은수의 『지키지 못한 약속』

은수가 만든 그림책 『지키지 못한 약속』은 '환경'을 주제로 읽고 하브루타 수업까지 한 『서로를 보다』와 관련이 있는 작품이다. 이 책을 보고 깊은 여운이 남은 은수는 자기만의 시선으로 또 하나의 동물원 이야기를 만들어냈다. 동물원에 있는 두 마리의 퓨마가 살아서 고향으로 돌아가자는 약속을 하고 동물원을 탈출했으나, 제목처럼 그 약속은 지켜지지 못했다. 다섯 차례의 이야기 수정을 거쳐 나온 책은 더미북을 보고 "앗 싸!" 소리가 절로 나왔다. 스토리가 탄탄하기도 했지만 그림이 시선을 확 끌었기 때문이다. 연필로 그린 그림인데도 매우 독특했다. 그림의 크기, 위치, 방향 등을 지도하면서 내심 어떻게 완성될지 기다려졌다.

"가면은 동물원을 찾아오는 사람들에게 보여주는 얼굴이에요. 아이들에게 친절한 척, 순한 동물처럼, 무심한 동물처럼 보이도록 가면으로 표현했어요. 하지만 퓨마의 마음속에는 야성의 본능이 살아 있지요. 동물우리가 답답하고 맘껏 뛰고 싶은 마음을 그림자로 표현했어요."

출판기념회에서 퓨마 얼굴을 가면으로, 그림자에 날카롭게 드러낸 이빨을 표현한 이유에 대해 질문하니 은수가 한 답변이다. 고민의 흔적이 느껴지고 표현의 발상이 놀라웠다. 두 마리 퓨마를 삶과 죽음으로 대비시키며 빨강과 파랑 색상으로 표현하고, 총에서 나오는 총알을 파란 꽃으로 표현한 부분은 전문작가처럼 느껴지고 절로 탄성이 나왔다.

이렇게 창의적이고 정 깊고 맑은 영혼들과 함께한 그림책 만들기 프로젝트는 그야말로 행복의 시간이었다. 가르치는 대로 개성을 드러내는 아이들과 함께하면서 내 마음은 한 뼘 자랐다. 아이들도 조금은 성장했으리라 믿는다.

함께 읽으면
좋은 책

『프레드릭』 레오 리오니 지음, 시공주니어, 2013

『용감한 아이린』 윌리엄 스타이그 지음, 비룡소, 2017

『크리스마스 선물』 존 버닝햄 지음, 시공주니어, 1996

『빨간 나무』 숀 탠 지음, 풀빛, 2002

『남쪽의 초원 순난앵』 아스트리드 린드그렌 글, 마리트 퇴른크비스트 그림, 마루벌, 2006

『길거리 가수 새미』 찰스 키핑 지음, 사계절, 2005

『두 사람』 이보나 흐미엘레프스카 지음, 사계절, 2008

『마음이 아플까봐』 올리버 제퍼스 지음, 아름다운사람들, 2010

『나의 형 빈센트』 이세 히데코 지음, 청어람미디어, 2009

『부엉이와 보름달』 제인 욜런 글, 존 쉔헤르 그림, 시공주니어, 1997

부록

아이들에게 읽어준 그림책

자존감 키우기

제목	지은이	출판사
너는 최고의 작품이란다	맥스 루케이도	두란노
너는 특별하단다	맥스 루케이도 글, 세르지오 마르티네즈 그림	고슴도치
고슴도치 X	노인경	문학동네어린이
100만 번 산 고양이	사노 요코	비룡소
치킨 마스크	우쓰기 미호	책읽는곰
중요한 사실	마거릿 와이즈 브라운 글, 최재은 그림	보림
암소 로자의 살빼기 작전	크리스텔 데무아노	사계절
나, 화가가 되고 싶어!	윤여림 글, 정현지 그림	웅진주니어
해티와 거친 파도	바버러 쿠니	비룡소
슈퍼 거북	유설화	책읽는곰
나는 다른 동물이면 좋겠다	베르너 홀츠바르트 글, 슈테파니 예쉬케 그림	아름다운사람들
겁쟁이 빌리	앤서니 브라운	비룡소
칠판 앞에 나가기 싫어	다니엘 포세트 글, 베로니크 보아리 그림	비룡소
짧은 귀 토끼	다원시 글, 탕탕 그림	고래이야기
고양이 피터	에릭 리트윈 글, 제임스 딘 그림	상상의힘
점	피터 레이놀즈	문학동네
내 귀는 짝짝이	히도 반 헤네흐텐	웅진주니어

독서 습관 기르기

제목	지은이	출판사
꿀벌 나무	패트리샤 폴라코	국민서관
고맙습니다, 선생님	패트리샤 폴라코	아이세움
도서관 생쥐	다니엘 커크	푸른날개
도서관의 비밀	통지아	그린북
유령 도서관	데이비드 멜링	주니어김영사
도서관에 도깨비가 으히히히	싱자휘 글, 양완징 그림	국민서관
꿈을 나르는 책 아주머니	헤더 헨슨 글, 데이비드 스몰 그림	비룡소
나는 책이 싫어!	맨주샤 퍼워기 글, 린 프랜슨 그림	풀빛
책만 읽고 싶어 하는 아이	소냐 홀트 글, 안나 클라라 티디홀름 그림	킨더랜드
아름다운 책	클로드 부종	비룡소
도서관 생쥐 2	다니엘 커크	푸른날개
브루노를 위한 책	니콜라우스 하이델바흐	풀빛
도서관	사라 스튜어트 글, 데이비드 스몰 그림	시공주니어
와작와작 꿀꺽 책 먹는 아이	올리버 제퍼스	주니어김영사
그래, 책이야	레인 스미스	문학동네어린이
책 읽어주는 고릴라	김주현	보림
내게 그 책을 읽어줄래요?	디디에 레비 글, 고치미 그림	책빛
도서관에 간 사자	미셸 누드슨 글, 케빈 호크스 그림	웅진주니어
화분을 키워 주세요	유진 자이언 글, 마거릿 블로이 그레이엄 그림	웅진주니어
프랭클린의 날아다니는 책방	젠 캠벨 글, 케이티 하네트 그림	달리

친구 관계

제목	지은이	출판사
록사벅슨	앨리스 맥레런 글, 바바라 쿠니 그림	고슴도치
친구 사귀기	김영진	길벗어린이
우리들의 비밀 놀이터	벌리 도허티 글, 로빈 벨 코필드 그림	문학과지성사
큰 늑대 작은 늑대	나딘 브룅코슴 글, 올리비에 탈레크 그림	시공주니어
알도	존 버닝햄	시공주니어
친구가 필요하니?	헬메 하이네	중앙출판사
뒷집 준범이	이혜란	보림
폭풍우 치는 밤에	기무라 유이치 글, 아베 히로시 그림	아이세움
아모스와 보리스	윌리엄 스타이그	비룡소
네가 있어 난 행복해!	로렌츠 파울리 글, 카트린 쉐러 그림	비룡소
알사탕	백희나	책읽는곰
룰루	그레고와르 솔로타레프	웅진주니어
넌 왕따가 아니야!	도리스 레허	웅진주니어
흔들흔들 다리에서	기무라 유이치 글, 하타 고시로 그림	천개의바람
찬성!	미야니시 다쓰야	시공주니어
악어오리 구지구지	천즈위엔	예림당
웨슬리나라	폴 플레이쉬만 글, 케빈 호크스 그림	비룡소
아툭	미샤 다미안 글, 요세프 빌콘 그림	보물창고

가족

제목	지은이	출판사
언제까지나 너를 사랑해	로버트 먼치 글, 안토니 루이스 그림	북뱅크
어머니의 이슬털이	이순원 글, 송은실 그림	북극곰
우리 가족입니다	이혜란	보림
알을 품은 여우	이사미 이쿠요	한림출판사
삐약이 엄마	백희나	책읽는곰
할머니의 여름휴가	안녕달	창비
우리 할아버지	존 버닝햄	비룡소
고릴라	앤서니 브라운	비룡소
망태 할아버지가 온다	박연철	시공주니어
아빠, 나한테 물어봐	버나드 와버 글, 이수지 그림	비룡소
나비를 잡는 아버지	현덕 글, 김환영 그림	길벗어린이
메아리	이주홍 글, 김동성 그림	길벗어린이
아빠는 지금 하인리히 거리에 산다	네레 마어 글, 베레나 발하우스 그림	아이세움
완벽한 아이 팔아요	미카엘 에스코피에 글, 마티외 모데 그림	길벗스쿨
기억의 끈	이브 번팅 글, 테드 랜드 그림	사계절
어머니 이야기	안데르센 글, 조선경 그림	북하우스
파랑새	조선경	노란돌

환경

제목	지은이	출판사
고래들의 노래	다이안 셸든 글, 개리 블라이드 그림	비룡소
시간 상자	데이비드 위즈너	시공주니어
강물이 흘러가도록	제인 욜런 글, 바버러 쿠니 그림	시공주니어
투발루에게 수영을 가르칠 걸 그랬어!	유다정 글, 박재현 그림	미래아이
피터의 바다	셜리 그린드레이 글, 마이클 포먼 그림	정인출판사
플라스틱 섬	이명애	상출판사
바삭바삭 갈매기	전민걸	한림출판사
탁한 공기, 이제 그만	이욱재	노란돼지
죽음의 먼지가 내려와요	김수희 글, 이경국 그림	미래아이
위험한 책	존 라이트 글, 리사 에반스 그림	천개의바람
돼지 이야기	유리	이야기꽃
레스토랑 Sal	소윤경	문학동네어린이
서로를 보다	윤여림 글, 이유정 그림	낮은산
나무를 그리는 사람	프레데릭 망소	씨드북
모아비	미카엘 엘 파티	머스트비
갈대의 길	송언 글, 김선남 그림	봄봄출판사
숲으로	호시노 미치오	논장
나무를 심은 사람	장 지오노 글, 프레데릭 백 그림	두레아이들

인권

제목	지은이	출판사
사라, 버스를 타다	윌리엄 밀러 글, 존 워드 그림	사계절
일어나요, 로자	니키 지오바니 글, 브라이언 콜리어 그림	웅진주니어
헨리의 자유 상자	엘린 레빈 글, 델로리스 조던 그림	뜨인돌어린이
선생님, 우리 선생님	패트리샤 폴라코	시공주니어
달려!	다비드 칼리 글, 마우리치오 A.C. 콰렐로 그림	책빛
노란 별	카르멘 애그라 디디 글, 헨리 쇠렌센 그림	해와나무
에리카 이야기	루스 반더 지 글, 로베르토 인노첸티 그림	마루벌
한 아이의 정원	마이클 포맨	웅진주니어
블룸카의 일기	이보나 흐미엘레프스카	사계절
천사들의 행진	강무홍 글, 최혜영 그림	양철북
아침 별 저녁 별	조 외슬랑 글, 요한나 강 그림	미래아이
나무들도 웁니다	이렌느 코앙-장카 글, 마우리치오 A.C. 콰렐로 그림	여유당
새로운 시작	파울라 카르바예이라 글, 소냐 다노프스키 그림	노란상상
잃어버린 아이들	메리 윌리엄스 글, 그레고리 크리스 그림	사계절
집을 잃어버린 아이	안네게르트 푹스후버	푸른숲주니어
브레히트의 어린이 십자군	베르톨트 브레히트	새터
갈색 아침	프랑크 파블로프 글, 레오니트 시멜코프 그림	휴먼어린이
부러진 부리	너새니얼 래첸메이어 글, 로버트 잉펜 그림	문학과지성사

영이의 비닐 우산	윤동재 시, 김재홍 그림	창비
사과나무밭 달님	권정생 글, 윤미숙 그림	창비
페페, 가로등을 켜는 아이	일라이자 바톤 글, 테드 르윈 그림	열린어린이
눈을 감아보렴	빅토리아 페레스 에스크리바 글, 클라우디아 라누치 그림	한울림스페셜
피카소도 나처럼 글자가 무서웠대	행크 린스켄스	한울림스페셜
삐비 이야기	송진헌	창비
누나에겐 혼자만의 세상이 있어	마르코 베레토니 카라라 글, 치아라 카레르 그림	한울림스페셜
꽃할머니	권윤덕	사계절
나무도장	권윤덕	평화를품은책
아빠의 봄날	박상률 글, 이담 그림	휴먼어린이
나는 아직도 아픕니다	최유정 글, 이홍원 그림	평화를품은책
오늘은 5월 18일	서진선	보림

아이의 마음을 여는 주제별 그림책 읽기

하루 한 권, 그림책 공감 수업

1판 1쇄 발행 2019년 6월 5일
1판 7쇄 발행 2024년 1월 15일

지은이   이태숙
펴낸이   한기호
책임편집 이은진
편집   여문주, 서정원, 박혜리, 송원빈, 이선진
본부장   연용호
마케팅   하미영
경영지원 김윤아
디자인   김경년
표지 일러스트 김도윤
인쇄   예림인쇄

펴낸곳   (주)학교도서관저널
             출판등록 제2009-000231호(2009년 10월 15일)
             주소 121-839 서울시 마포구 동교로12안길 14(서교동) 삼성빌딩 A동 3층
             전화 02-322-9677 팩스 02-322-9678
             전자우편 slj9677@gmail.com
             홈페이지 www.slj.co.kr

ISBN 978-89-6915-058-5 (03370)

· 책값은 뒤표지에 있습니다.

· 이 도서의 국립중앙도서관 출판예정도서목록(CIP)은 서지정보유통지원시스템 홈페이지(http://seoji.nl.go.kr)와 국가자료공동목록시스템(http://www.nl.go.kr/kolisnet)에서 이용하실 수 있습니다. (CIP제어번호 :CIP2019020380)